Ursula Krechel porträtiert ebenso klug wie poetisch Pionierinnen, die in ihren Fächern Maßstäbe gesetzt haben: wegbereitende und außergewöhnliche Frauen aus Kunst und Wissenschaft, denen wir durch die Jahrhunderte folgen, von Bettina von Armin über Ingeborg Bachmann und Vicki Baum bis zu Friederike Mayröcker. Die Namen dieser beeindruckenden Pionierinnen scheinen wir zwar zu kennen, von deren starken Lebensgeschichten wissen wir jedoch wenig. Alle diese Frauen wollten sich behaupten, sie wollten erkunden, was sie in sich und in der Welt entdeckten. Sie standen an einem Anfang, der jene, die nach ihnen kamen, im Weitergehen bestärkte und noch immer bestärkt.

Ursula Krechel wurde 1947 in Trier geboren. Studium der Germanistik, Theaterwissenschaften und Kunstgeschichte. Lehrtätigkeit an verschiedenen Universitäten. Erste Lyrikveröffentlichungen 1977, danach erschienen Gedichtbände, Prosa, Hörspiele und Essays. Zahlreiche Auszeichnungen für ihr Werk, insbesondere ihren großen Exil-Roman »Shanghai fern von wo«. Für den Roman »Landgericht«, der vom ZDF verfilmt wurde, wurde sie 2012 mit dem Deutschen Buchpreis ausgezeichnet. Ursula Krechel lebt in Berlin.

Ursula Krechel bei btb

Shanghai fern von wo. Roman (74061)
Landgericht. Roman (74649)

Ursula Krechel

Stark und leise

Pionierinnen

btb

Der Verlag weist ausdrücklich darauf hin, dass im Text enthaltene externe Links vom Verlag nur bis zum Zeitpunkt der Buchveröffentlichung eingesehen werden konnten. Auf spätere Veränderungen hat der Verlag keinerlei Einfluss. Eine Haftung des Verlags ist daher ausgeschlossen.

MIX
Papier aus verantwortungsvollen Quellen
FSC® C014496

Verlagsgruppe Random House FSC® N001967

1. Auflage
Genehmigte Taschenbuchausgabe August 2017
btb Verlag in der Verlagsgruppe Random House GmbH,
Neumarkter Str. 28, 81673 München

Umschlaggestaltung: semper smile, München
Umschlagmotiv: © Madame d'Ora, Modefotografie 1929 / Imagno / Austrian Archives
Satz: Uhl + Massopust, Aalen
Druck und Einband: GGP Media GmbH, Pößneck
mr · Herstellung: sc
Printed in Germany
ISBN 978-3-442-71538-1

www.btb-verlag.de
www.facebook.com/btbverlag
Besuchen Sie auch unseren LiteraturBlog www.transatlantik.de

»Weshalb der Essay, der in England und Frankreich so glänzend vertreten ist, in Deutschland ganz fehlt? Ich glaube, das liegt daran, daß die Deutschen zu viel pedantische Gründlichkeit und zu wenig geistige Grazie besitzen und wenn sie was wissen, schon gleich eine schwere Dissertation mit einem Sack Zitate lieber als eine leichte Skizze machen.«

Rosa Luxemburg

I

II

I

Mit den Bausteinen ihres Verstandes: CHRISTINE DE PIZAN

Christine de Pizan zu entdecken, ist ein fröhliches, lehrreiches und gleichzeitig rührendes Unterfangen. Es könnte sein, daß die Beschäftigung mit ihren Schriften zu einer Umwertung des Frühhumanismus führt, wie die Entdeckung oder erneute Lektüre der Marie de France die frühere Gewichtung der Werke von Chrétien de Troyes, Wolfram von Eschenbach, Gottfried von Straßburg, Walther von der Vogelweide ins Wanken brachte. Es könnte sein, daß in Zukunft gesagt werden muß: Der Humanismus begann mit einer Autorin, die sich entschieden gegen üble Nachrede über ihr Geschlecht wehrte, erzählerische und essayistische Nachweise gegen die Vorwürfe führte. Es könnte sein, daß zugegeben werden muß: Der Frühhumanismus setzte nicht ein wiedergefundenes antikes Menschenbild gegen das christliche, sondern ganz am Anfang fand jemand den Mut, die beschämenden Lükken in vielfältigen Menschenbildern aufzuzeigen, die Lücken, die auch die Arbeit, die Lebenskraft, die Menschlichkeit von Frauen betreffen. Es könnte zugegeben werden müssen, daß die Loslösung von den festgefügten höfischen und klösterlichen Riten und Denkbewegungen, die der Frühhumanismus bewirkte, die Betonung von Wissen gegenüber dem Glauben, eine ernstzunehmende Verkünderin jenseits seiner Wiege in Italien hatte. *Kindlers Literatur Lexikon* verzeichnet Christine de Pizan mit drei Werken, wobei ihre *Epistre au Dieu d'Amours*, eine parodierende Auseinandersetzung mit dem Frauenbild im *Rosenroman* von Jean de Meun, den größten Raum einnimmt. Sie entfachte mit ihrem Widerspruch den ersten Literaturstreit der französischen Geschichte.

Christine de Pizan wurde 1365 in Venedig geboren. Sie stammte aus einer Familie von Gelehrten und wuchs mit Brüdern auf. Ihr Vater Tommaso di Benvenuto da Pizzano, der in Bologna, einem der wichtigsten intellektuellen Zentren des damaligen Europa, tätig war, folgte einem Ruf Karls V., »des Weisen«, an den Hof in Frankreich. Er kam als Astrologe und Arzt. »Die Frau und das Kind des Meisters Tommaso, meines Vaters, wurden gleich nach ihrer Ankunft in Paris in allen Ehren empfangen. Der mildtätige, gütige und weise König begehrte sie, die noch ihre reichverzierten, kostbaren lombardischen Gewänder trugen, die Frauen und Kindern von Stand angemessen sind, schon bald nach ihrer Ankunft zu sehen. Der König hielt sich im Dezember im Schloß Louvre in Paris auf, und er empfing Tommasos Frau und Familie und machte ihnen schöne Geschenke.« Ihr Leben lang wird Christine den König ehren und der Friedenszeit unter seiner Regentschaft (1364–1380) gedenken. Im *Buch von der Stadt der Frauen* (*Le Livre de la Cité des Dames*) legt sie an einer Stelle der Frau Rechtschaffenheit eine vermutlich sie selbst betreffende Äußerung in den Mund: »Dein eigener Vater, ein bedeutender Naturwissenschaftler und Philosoph, glaubte keineswegs, das Erlernen einer Wissenschaft gereiche einer Frau zum Schaden; wie du weißt, machte es ihm große Freude, als er deine Neigung zum Studium der Literatur erkannte. Aber die weibliche Meinung deiner Mutter, die dich, wie es für Frauen gemeinhin üblich ist, mit Handarbeiten beschäftigen wollte, stand dem entgegen, und so wurdest du daran gehindert, in deiner Kindheit weitere Fortschritte in den Wissenschaften zu machen.«

Mit fünfzehn Jahren heiratet sie den zehn Jahre älteren Notar und königlichen Sekretär Étienne du Castel. Nach ihrem eigenen Bekunden muß dies eine glückliche Ehe gewesen sein, aus der eine Tochter und zwei Söhne hervorgegangen sind. Doch innerhalb der nächsten zehn Jahre verfinstert sich Christine de Pizans Glück; sie spricht ganz im Stil der Zeit davon, daß sich Fortunas Rad zu ihren Ungunsten gedreht habe. Zunächst stirbt der königliche Gönner ihrer Familie, so daß der Einfluß des Vaters bei Hofe abnimmt, dann stirbt der Vater, und im Jahre 1390 wird ihr Mann von einer Epidemie hinweggerafft. Mit 25 Jahren obliegt ihr die Sorge für ihre Kinder, für zwei noch unmündige jüngere Brüder und ihre Mutter; ihre Brüder kehren später nach Italien zurück, dafür kommt eine Nichte in ihre Obhut.

Christine de Pizan verzweifelt nicht, sondern besinnt sich auf ihre Fähigkeiten. Sie scheint mit dem Abschreiben von Manuskripten zunächst ihren Lebensunterhalt verdient zu haben, bevor sie dann ihre eigene Stimme erhebt, in Liedern, Balladen, in der Lehrdichtung und in ihren Streitschriften. In einer vielzitierten Ballade gibt sie Auskunft über den schwierigen Schritt ihres dichterischen Beginnens:

> Seulete suy et seulete vueil estre,
> Seulete m'a mon doulz ami laissiee,
> Seulete suy, sans compaignon ne maistre,
> Seulete suy, dolente et courrouciee.

(Ganz allein bin ich, und ganz allein will ich auch sein, / Ganz allein ließ mich mein süßer Freund zurück, / Ganz allein bin ich, ohne Gefährten, ohne Gebieter, / Ganz allein bin ich, von Schmerz und Kummer erfüllt.)

Von Anfang an ist diese Autorin, wie übrigens auch die Dichterin Marie de France, darauf bedacht, ihren Namen mit ihren Werken zu verbreiten. »Je, Christine« – »Ich, Christine«, so beginnen viele Abschnitte. Sie schützt sich vor der

Annexion ihrer Werke durch Dritte, insistiert auf ihrer Autorschaft. Und sie hat wohl bei ihrer vorliterarischen Arbeit des Abschreibens die Entdeckung gemacht, daß nicht das Schreiben allein, sondern auch seine Verbreitung für die Hierarchisierung der Literatur von Bedeutung ist. Die große Zahl der Handschriften ihres Werkes läßt vermuten, daß sie ihre Schriften selbst zur Vervielfältigung brachte und daß sie einmal eine vielgelesene Autorin war. Ebenso ließ sie sich häufig als Schreibende darstellen: eine schmale Frau im blauen Kleid mit einem bauschigen Witwenschleier.

Inmitten des höfischen Getümmels wagt sie von ihrer Einsamkeit, ihrer Verlassenheit zu sprechen. In *L'Avision de Christine* (*Christines Vision*) gibt sie eine Selbsteinschätzung: »Ich habe damit begonnen, anmutige Gebilde zu ersinnen, und diese waren in meinen Anfängen ohne allzu viel Tiefgang. Dann aber erging es mir wie dem Handwerker, der mit der Zeit immer kompliziertere Dinge herstellt: In ähnlicher Weise bemächtigte sich mein Verstand immer außergewöhnlicherer Gegenstände; mein Stil wurde eleganter, meine Themen gewichtiger.«

Der Hinweis auf den Handwerker ist interessant: Christine schreibt nicht, weil ihr Gott die Feder führt, ihr Konzept ist vollkommen anders als das der Mystikerinnen. Sie schreibt eine Art von poetischer Universalgeschichte, liest Quellen und interpretiert sie auf ihre Weise. Ihre Geschlechtszugehörigkeit verbietet es, sich um ein Lehen zu bemühen. Sie dichtet nicht zum Fürstenlob, wenn sie auch mit der Zeit hochgestellte Gönner findet. Nein, Christine de Pizan ist an handwerklicher Qualität interessiert, an der Ausbildung ihres Talents, an ihrer eigenen Stimme.

Wie kommt es, daß sie vom Wert der Weiblichkeit so unbedingt überzeugt ist und ihre Überzeugung beredt und tapfer vertritt? Wie kommt es, daß sie Respekt und Anerkennung der Leistungen für die weibliche Hälfte der Menschheit einklagt? Während in der höfischen Literatur der Frau gehuldigt wird, ihren Schönheitsattributen, wird sie in der Realität von vielen Bereichen des Lebens ausgeschlossen. Christine ist eine harsche Kritikerin der »folle amour« – »der törichten Liebe«. Sie ist eher an Werken als an Gefühlen interessiert. Die Verherrlichung der nicht eingelösten Liebe in der Minne, das Spiel der Sehnsucht, ist ihre Sache nicht. Das Kapitel über die großen Liebenden im Versroman *Buch von der Stadt der Frauen* schließt sie lapidar ab: »Es kann gar keinen Zweifel daran geben, daß eine charakterstarke Frau zu einer sehr tiefen Liebe fähig ist, wenn sie einmal wirklich liebt – daneben gibt es natürlich auch einige flatterhafte Frauen.«

Die höfische Literatur belustigt sich mit erotischen Scherzfragen wie: Zieht ihr warme Kleidung im Winter oder eine höfische Geliebte im Sommer vor? Was haltet ihr für vorteilhafter? Drei Glas eines Aphrodisiakums oder drei Damen alle Tage? Wenn eure Dame ihre Hingabe von einer Liebesnacht mit einer zahnlosen Alten abhängig macht, wollt ihr diese Bedingung lieber vorher oder nachher erfüllen? Dagegen benutzt Christine ihren logischen Verstand und sammelt Argumente gegen »derartig viele teuflische Scheußlichkeiten«, die Männer in ihren Schriften über Frauen verbreiten. Sie tut dies aber nicht in einem moralischen Traktat, sondern in der Erzählung vom Bau einer Stadt. Es ist ein allegorischer Zufluchtsort, eine »Festung gegen die Schar der boshaften Belagerer«, ein Aufbewahrungsort theologischer, juristischer und ethischer Argumente für die Rechte von Frauen, ein stolzes Gebilde, aufgetürmt aus den Leistungen von Frauen in verschiedensten Disziplinen, kurz gesagt: ein utopischer Ort ohne Vertäuung in einer Realität. Die Allegorien der Gerechtigkeit, Vernunft und Rechtschaffenheit weisen die Baumeisterin Christine an, die rühmenswerten Taten und Werke von Frauen sind das Baumaterial. Wunderschön sind die Dialoge zwischen den allegorischen Stadtpatroninnen und der Baumeisterin; es sind Dialoge voller Witz und scheinbarer Naivität. Manches Argument erinnert an die wunderbar witzige Hedwig Dohm, sicher die geistreichste Vorkämpferin der Frauenemanzipation um 1900, die schrieb, wenn der liebe Gott der Meinung gewesen wäre, Frauen seien für Haus und Küche bestimmt, dann hätte er sie gleich mit einem Kochherd im Schlepptau erschaffen.

Im *Buch von der Stadt der Frauen* richten die drei Gründer-Allegorien die Baumeisterin auf, wenn sie mutlos ist. »Es hat außerdem den Anschein, daß für dich jede Äußerung eines Philosophen den Status eines Glaubensgrundsatzes hat und du es für ausgeschlossen hältst, daß sie auch irren könnten. Was die Dichter angeht, von denen du sprichst: Weißt du denn nicht, daß sie schon oft nichts anderes als Ammenmärchen verbreitet haben? [...] Bediene dich wieder deines Verstandes und kümmere dich nicht weiter um solche Torheiten! Denn eines mußt du wissen: Alle Bosheiten, die allerorts über die Frauen verbreitet werden, fallen letzten Endes auf die Verleumder und nicht die Frauen zurück.« Das sitzt wie eine schallende Ohrfeige, ausgeteilt im Jahr 1405. Geradezu fulminant ist das Argument gegen die körperliche Schwäche. Die Vernunft überzeugt Christine und spätere Leser, daß Frauen gerade da, »wo sie sich ins Zeug legen« müssen, wo sie unterlegen sind, um so mehr Klugheit und Scharfsinn entfalten. »Kompensationsleistung« hieße der gegenwärtige Begriff. Es gibt ein Kapitel, in dem das Argument entkräftet wird, Frauen wollten vergewaltigt werden, und ein anderes über das systematische Vergessen der Leistungen von Frauen.

Kein Zweifel, Christine gräbt mit der »Spitzhacke« ihres Verstandes, wühlt in der Erde, baut ein selbstbewußtes Fundament, setzt Baustein für Baustein aufeinander, plant, mauert, mörtelt und umfriedet die Stadt lieber, als daß sie sich den Schneid abkaufen läßt. Unzählige Beispiele aus Geschichte, Legende und aus literarischen Vorlagen bezeugen für sie, »daß eine kluge Frau zu allen Dingen befähigt ist«. Umsichtige Herrscherinnen bevölkern schließlich die Stadt der Frauen, in Kemenaten, Wehrtürmen und in den Palästen wohnen sie, historische Gestalten der Antike und Mythologie, Amazonen, Sagenfiguren und Heilige: Die Märtyrerin Martina, aus deren Wunden Milch statt Blut floß, die Jungfrau Christine, der es gelang, mit einem Stück der ihr aus dem Mund gerissenen Zunge so zielsicher zu werfen, daß der Richter, den sie traf, sofort auf einem Auge erblindete, und eine andere Heilige, die sich zur Abschreckung ihrer Peiniger blutiges Kükenfleisch auf die Brust schmierte. Auch die einem antiken Mythos entlehnte Manilipe, die Herkules vom Pferd warf, hat das Stadtrecht bei Christine; manche Autoren, bekundet sie, seien der Meinung, es müsse am Pferd gelegen haben. Eine andere Bewohnerin der Stadt ist Königin Veronika aus Kappadokien, die ihren Schwager, der sie um ihr Erbe bringen wollte, eigenhändig tötete und mit dem Wagen über ihn hinwegfuhr.

Schöne junge Frauen bevölkern die Stadt, die ihre Ehemänner liebten, obwohl sie alt und häßlich waren. Auch von Männern, die zu ihrem eigenen Vorteil dem Rat ihrer Frauen folgten, wird erzählt, wie von den Erfinderinnen aller möglichen Künste. Es sind lehrreiche, komische und anrührende Geschichten, eine Kompilation von Biographien und Mythen, und alle dienen dem Zweck, misogyne Vorurteile zu entkräften. Sie »halten rationalen Argumenten nicht stand«, befindet Frau Rechtschaffenheit.

Erschreckend ist, daß viele Argumente die gleichen geblieben sind, traurig, daß Generationen von Frauen sie sich von neuem schmieden mußten. Dennoch läßt sich Christine de Pizans Buch nicht einfach in Parameter der Neuzeit übertragen. Ihr großer Schrecken vor der Sittenlosigkeit und Lüsternheit der Frauen spricht dagegen und auch ihr zeitgebundener Stolz, daß eine Frau die Pforte zum Paradies geöffnet habe. Dagegen ist ihr Argument, Adel begründe sich nicht auf Geblüt, sondern auf Tugend, staunenswert.

Nach dem *Buch von der Stadt der Frauen* wird Christine de Pizan in ihren Schriften politischer. Sie beklagt die Schrekken des Bürgerkriegs, schreibt Flugschriften und äußert sich zu tagespolitischen Fragen. Sie richtet Appelle an die Mächtigen: an den Herzog von Berry und Isabella von Bayern, die Gemahlin von Karl VI., die im Volksmund »la gaupe« – »die Schlampe« hieß und das geschundene Frankreich an England auslieferte. »Bestürzt und schmerzerfüllt sage ich: ›Wie kann das menschliche Herz es zulassen – so übel ihm Frau Fortuna im Augenblick auch mitspielen mag –, daß der Mensch zu einer grausamen, mordgierigen Bestie wird? Wo bleibt seine Vernunft, jene Eigenschaft, der er es verdankt, ein vernunftbegabtes Wesen genannt zu werden? Wie kann es angehen, daß Fortuna den Menschen so sehr zu verändern vermag und er sich in eine Schlange, in einen Gegner des eigenen Geschlechts verwandelt? Welch ein Jammer! Schließt eure Augen nicht, ihr Edlen Frankreichs! Was haben eure Untertanen euch angetan, die euch wie Götter verehren und allerorts euren Ruhm mehren, sie, die ihr indes jetzt nicht wie Kinder, sondern wie Todfeinde behandelt, denn eure Zwietracht gereicht ihnen zum Verderben und verursacht ihnen Kummer und Not, Kriege und Schlachten.‹« Mutige, starke Worte einer Architektin der Vernunft, der es im Jahr 1410 gelang, sich Gehör zu verschaffen. Der Machtkampf tobte zwischen den Herrscherhäusern von Burgund und Orléans. Ihre Brüder waren längst nach Italien zurückgekehrt. Sie harrte aus im Ausweglosen. Europa war in den Hundertjährigen Krieg getaucht. Der rätselhaften Fortuna hatte sie längst ein eigenes Gedicht von 23.636 Versen gewidmet: *Livre de la Mutacion de Fortune* (*Buch von der Wechselhaftigkeit des Glückes*).

Christine de Pizan: Das Buch von der Stadt der Frauen. Aus dem Mittelfranzösischen übersetzt, eingel. und komment. von Margarete Zimmermann. Berlin 1986.

Wege in die Stadt der Frauen. Texte und Bilder der Christine de Pizan. Hrsg., übersetzt und komment. von Margarete Zimmermann. Zürich 1996.

Author, Reader, Book. Medieval Authorship in Theory and Practice. Hrsg. von Stephen Partridge und Erik Kwakkel. Toronto 2012.

Joachim Bumke: Höfische Kultur – Literatur und Gesellschaft im hohen Mittelalter. München 1986.

Hedwig Dohm: Emanzipation. Zürich 1977.

Margarete Kottenhoff: »Du lebst in einer schlimmen Zeit«. Christine de Pizans Frauenstadt zwischen Sozialkritik und Utopie. Köln 1994.

Ursula Liebertz-Grün: Marie de France, Christine de Pisan und die deutschsprachige Autorin im Mittelalter. Euphorion. Bd. 78. 1984. S. 219–236.

Lire les textes médiévaux aujourd'hui: historicité, actualisation et hypertextualité. Hrsg. von Patricia Victorin. Paris 2011.

Régine Pernoud: Christine de Pizan. München 1990.

Klaus Reichert: Fortuna oder die Beständigkeit des Wechsels. Frankfurt am Main 1985.

Bettina Roß: Politische Utopien von Frauen – von Christine de Pizan bis Karin Boye. Dortmund 1998.

Irene Tischler: Historie und Wissenschaftskritik in der Philosophie der Renaissance: Theorien der Geschlechterdifferenz bei de Pizan, Cereta und da Pozzo. Innsbruck 2011.

Herrscherlob und Kniezittern: ANNA LOUISA KARSCH

An den Prinzen von Preussen, als von dem Nutzen der Geschichte gesprochen wurde.

Prinz! die Geschichte mahlt den Menschen und den Held,
Den König und die Unterthanen;
Sie lehret dich von Rom, wie unter seine Fahnen
Es niederwarf die ganze Welt;
Sie zeigt dir Griechenland die Siegerhand erheben
Und nachbarlichem Volk als Herr Gesetze geben;
Bald aber wiederum durch niedern Geiz empört
Von eignem Volk bekrieget und zerstört;
Und endlich siehest du Rom von dem Throne werfen
Ganz Griechenland zerrissen seyn;
Du siehst der Dinge Wechsel ein,
Um den Verstand in dir zu schärfen.

Stolz, Herrschsucht, Ehrgeiz, Tyranney,
War Ursach von der Thronen Falle.
Daß Pyrrhus groß gewesen sey,
Beweisen seine Thaten alle:
Jedoch, um grösser noch zu seyn,
Zog er vor eine Stadt, sprang über ihre Mauer,
Aus Ruhmsucht ward ihm nicht des Würgens Arbeit
sauer;
Von einem Dache flog ein Stein,
Dem Menschen-Würger ins Genicke,

Aus runzlichter, verdorrter Weiberhand;
Er fiel, und starb, verspottet von dem Glücke!

Du aber Hoffnung für das Land,
Sey deines Volkes Lust, die Zierde deines Sitzes!
Und wenn dein Nachbar dirs vergönnt;
So führ ein friedlich Regiment,
Das majestätisch ist, ohn die Gewalt des Blitzes,
Der um den König her vom Felde schrecklich fährt,
Wenn er mit hunderten sich gegen tausend wehrt!

Eine Dichterin schreibt an einen Herrn; es ist der spätere Friedrich Wilhelm II., der Neffe Friedrichs II. Sie redet ihn unverstellt an als Du. Sie tut dies im hohen Ton der Zeit, aber sie läßt sich nicht von Regeln leiten, ihre Zeilen schwingen unregelmäßig. Die Oden, die ihre Zeitgenossen, silbenzählend, mythologisch herausgeputzt, verfassen, hat sie nicht studiert. Jeder wollte in dieser Zeit besungen, dichterisch erhöht werden; es war erst ein halbes Jahrhundert her, daß ein Dichter ein Tauflied für eine preußische Prinzessin geschrieben hatte, in dem er diese mit dem Jesuskind verglich. Das Mythologisieren, das Heroisieren wurde mit klingender Münze bezahlt, es war vorauseilende Auftragsdichtung, ein Hofamt winkte. Die Karschin aber schreibt »nach der Natur«, schreibt von der bitteren Not ihrer Jugend, zum Beispiel in einem höchst anrührenden Gedicht an den Domherrn von Rochow oder in einem Brief an Johann Georg Sulzer vom 1. September 1762:

»Mein Oheim fragte eines Tages nach den Maßregeln meiner Erziehung, ›oh‹, sagte meine Mutter, ›das unartige Kind soll lernen, und es ist nichts in sie zu bringen‹. Mein Oheim bewies ihr die Unmöglichkeit in dem Geräusch des Wirtshauses. Er nahm mich mit. Seine Wohnung war in Polen. Er genoß in einem kleinen Haus die Ruhe des Alters und lebte von dem, was er in jugendlichen Jahren als Amtmann erspart hatte. Die liebreichste Seele sprach in jedem Wort seines Unterrichts, und in weniger als einem Monat las ich ihm mit aller möglichen Fertigkeit die Sprüche Salomonis vor. Ich fing an zu denken, was ich las, und von unbeschreiblicher Begierde entflammt, lag ich unaufhörlich über dem Buche, aus welchem wir die Grundsätze unserer Religion erlernen. Mein ehrlicher Oheim freute sich heimlich, aber riß mich oft vom Buche und wandelte mit mir durch ein kleines Gehölz oder durch eine blumige Wiese. Beides war sein Eigentum, und beides gab ihm Gelegenheit, mit mir von den Schönheiten der Natur zu reden. Ich wiederholte ihm alles Gelesene und verlangte die Erklärung derjenigen Stellen, die über meine Begriffe waren.« Die Mutter reißt das Mädchen aus dem gerade begonnenen Lernprozeß, als sie mit einem zweiten Mann – nach dem Tod des ersten – einen Sohn zur Welt bringt, »und ich bekam das Amt einer Kinderwärterin. […] Mein Stiefvater donnerte wegen meiner Lesesucht auf mich los! Ich versteckte meine Bücher unter verschwiegene Schatten eines Holunderstrauchs und suchte von Zeit zu Zeit mich in den Garten zu schleichen, um meiner Seele Nahrung zu geben.« Die Authentizität und die Frische des Textes sprechen für sich. Man denkt unmittelbar an Karl Philipp Moritz' *Anton Reiser*, den Entwicklungsroman eines zurückgesetzten Kindes, doch dessen erster Teil ist erst 1785/86 erschienen, der zweite 1790.

Die Kunst der Anna Louisa Karsch heißt Einfühlung, auch Einfühlung in die eigene Preisgegebenheit. Was sie schreibt, schreibt sie aus einer Empfindung heraus, aus innerer Bewegung. Herder wird später an diesen poetischen Zugang zur Welt anknüpfen. Die gebildeten Zeitgenossen der Anna Louisa Karsch sind eher verblüfft, daß diese Frau all das ignoriert, was sie, die alten Meister studierend, sich in Rivalitäten und Abhängigkeiten begebend, mühsam gelernt haben. Sie gilt als ein Wunder, ein Star im aufstrebenden Preußen. Es ist das Preußen des Siebenjährigen Krieges, in dem sie schreibt. Ein blutiges, verlustreiches Hin und Her zwischen Österreich, Rußland, Frankreich auf der einen Seite und Preußen auf der anderen, Einquartierungen, Abgaben für die Bevölkerung, besonders Schlesien, ihre Heimat, blutet. Die Dichterin mischt sich ein, enthält sich der patriotischen Vivat-Rufe, sie denkt über den Nutzen der Geschichte nach, während der Krieg unglaubliche Opfer auf allen Seiten fordert. Daß sie ausgerechnet Pyrrhus, den König der Molosser, der gegen die Römer kämpfte und diese unter außerordentlichen Verlusten schlug, als einzige mythologische Gestalt benutzt, ist erstaunlich, schier revolutionär in einem Widmungsgedicht. Sieh, Prinz, daß du nicht stolperst, daß du dich nicht zu Tode siegst! Das Blatt kann sich in jedem Augenblick wenden, dann bist du wahrscheinlich am Ende. Der Siebenjährige Krieg, den Preußen so verlustreich gegen die europäische Koalition führte, endete bekanntlich ohne Landgewinn für Preußen im Hubertusburger Frieden vom 15. Februar 1763. Im selben Jahr führt die Karsch ein Gespräch über Dichtkunst mit dem König, doch sein Interesse an der deutschen Sprache und ihren ästhetischen Erzeugnissen ist gering. Und die Kassen sind leer.

Die Dichterin, die mit einer solchen Verve dem Thronfolger schreibt, hat die Dichtung nicht in die Wiege gelegt bekommen. Sie ist als Tochter eines Bauernschankwirts 1722 in Niederschlesien geboren worden. Als der Vater stirbt, gibt die Mutter das Mädchen zu einem Großonkel, der es schreiben und lesen lehrt. Fortan liest sie Psalmen, träumt sich in eine heroische Welt; zu Hochzeiten und zu Beerdigungen schreibt sie Auftragsgedichte, auf Zuruf macht sie verblüffende Verse. Ihre tief empfundenen religiösen Gedichte erregen Aufmerksamkeit. Woher hat sie die Schöpferkraft, woher nimmt sie die Formen? Niemand weiß es, das macht sie interessant. Das »Natürliche« hat Konjunktur, es ist wie das Tasten nach einem unbekannten Neuen, bislang Übersehenen. Die Gelehrsamkeit hat sich erschöpft.

Der Ehemann der Karsch läßt sich von ihr scheiden, es ist dies die erste bürgerliche Scheidung in Preußen, ein Skandal. Ohne Chance, als Geschiedene leben zu können, heiratet sie von neuem und gerät vom Regen in die Traufe. Sie möchte den Mann loswerden und denunziert ihn, so wird er unter die Soldaten gesteckt. Hin- und herreisende Offiziere tragen ihren Ruhm weiter bis nach Berlin, Besatzungsmächte kommen ins Schlesische, die Neuigkeiten bringen. Ein Gönner, Baron von Kottwitz, sieht, daß die Karschin ihr Talent verschleudert, und nimmt sie in seiner Kutsche mit nach Berlin. Hier hat sie Raum und Zeit zum Schreiben, sie wird hofiert, protegiert und zankt sich mit ihrer ehrgeizigen Tochter, die unter dem Namen Caroline Louise von Klencke ebenfalls dichtet wie auch die Enkelin Helmina von Chézy. Ein kometenhafter Aufstieg – doch dann ist sie auf sich selbst gestellt, muß ihre Familie ernähren. Das vage Versprechen Friedrichs des Großen, ihr eine Rente auszusetzen oder zumindest ein kleines Haus in Berlin zu schenken, bleibt unerfüllt. Friedrich der Große mit seiner Neigung zur französischen Kultur ist nicht wirklich interessiert. Die Geschichte wartet auf ihn. Nur ein einziger Gedichtband von Anna Louisa Karsch erscheint zu ihren Lebzeiten. Erst Friedrich Wilhelm II., der als 42jähriger 1786 den

Thron besteigt, macht das Versprechen wahr: Die Dichterin bekommt ein Haus an der Neuen Promenade, da hat sie noch zwei Jahre zu leben.

Anna Louisa Karsch: Auserlesene Gedichte. Faksimiledruck nach einer Ausgabe von 1764. Mit einem Nachwort von Alfred Anger. Stuttgart 1966.
Anna Louisa Karsch (1722–1791): Von schlesischer Kunst und Berliner »Natur«. Ergebnisse des Symposions zum 200. Todestag der Dichterin. Hrsg. von Anke Bennholdt-Thomsen und Anita Runge. Göttingen 1992.
Die Karschin – Friedrich des Großen Volksdichterin. Ein Leben in Briefen. Hrsg. von Elisabeth Hausmann. Frankfurt am Main 1933.

Schwester der Erde und des Lufthauchs: KAROLINE VON GÜNDERRODE

Das lieben die Frauen: Das leidvolle Scheitern sind sie gewohnt, »so mußte es kommen«. Amerikanische College-Studentinnen bezeugten in psychologischen Tests: Die kluge Kandidatin, die das beste Examen macht, wird nicht unbedingt eine erfolgreiche Frau, die ihren Platz im Leben findet. Sie wird vielmehr – in der Phantasie von möglichen Überfliegerinnen beim Studium – eine außenseiterische Existenz, der der Freund abhanden kommt, die Anstoß erregt an allen Ecken und schließlich scheitert, weil für sie kein Raum ist in der akademischen und in der handhabbaren praktischen Welt.

Braucht die leidenschaftlich forschende, selbstgewisse Frau so viel Raum? Ja und abermals ja. Karoline von Günderrode ist über Generationen von Germanisten und Germanistinnen für das »tragische Schicksal« mißbraucht worden. Es hieß vielfach aufgefächert: Das Nichtlebbare des Weiblichen, die Hohepriesterin des Unlebbaren. Sie paßt nicht so recht zur Sinnenhaftigkeit der Romantik, zu der Profilierung der weiblichen Subjektivität, wie Caroline Schlegel-Schelling, Rahel Varnhagen und Bettina von Arnim sie verkörpern. Die Tragik, der eigenen Zeit voraus zu sein und an ihr zu leiden, hat besonders Christa Wolf in ihrer Sicht der Günderrode herausgearbeitet. Ein Beispiel für den Mut und die Tragik, die ängstlichen Männerbedenklichkeiten hinter sich gelassen zu haben. (Ohne diesen Mut erhebt sich kein weiblicher Kopf über das Nadelkissen und das Backblech.) Der Schauder, daß diese harsche Konsequenz mit einem spitzen Gegenstand, einem Dolch, am Ufer des Mittelrheins, dort wo er besonders flach, aber romantisch ist, geendet hat – unter Hinterlassung von Büchern, Konvoluten von Texten, Briefschaften. Und da die Romantik, zumindest in Deutschland, in den furchtbarsten Verrenkungen der Ideologien endete, in der staats- und religionsfrommen Lethargie, muß Karoline von Günderrode heute an der schattigen Friedhofsmauer in Oestrich-Winkel am Rhein gehuldigt werden. (Oder besser mit dem Kopf in der historisch-kritischen Ausgabe ihrer Werke, die Walter Morgenthaler vorbildlich ediert hat.)

Wo sie in Frankfurt am Main lebte und arbeitete, im v. Cronstetten- und Hynsberg'schen Adelig-Evangelischen Damenstift am Roßmarkt 17, an der Ecke zum Salzhaus, klafft heute eine Lücke, der Durchbruch zur Kaiserstraße. Daneben stand lange ein Möbelkaufhaus mit dem ernüchternd einsilbigen Namen »Mann«. Die Stadt hat nach der Dichterin eine Straße benannt – zwischen dem Paketamt und der Promenade, auf der sich die Autohändler die Kunden abzujagen versuchen, – eine gänzlich unpoetische Straße. Ihre erhaltenen Handschriften liegen im Deutschen Hochstift und in der Universitätsbibliothek Frankfurt. Kaum ein Philologe hatte sich die Mühe gemacht, Handschriften und Editionen zu vergleichen, so haben sich Fehler fortgezeugt, Zweifelhaftes wurde unter ihrem Namen publiziert. Mit kaum einem Werk der Frühromantik ist so nachlässig, gleichgültig umgegangen worden wie mit diesem. Und noch etwas: Akademische Karrieren werden durch die Beschäftigung mit großen, erhabenen Gegenständen eher befördert als mit außenseiterischen, unvollendet gebliebenen Dichtern und Dichterinnen, die den Außenseitern zur Behandlung überlassen bleiben, die eben darum am Rand des Wissenschaftsbetriebs ein Schattendasein fristen. Die Wahl des bedeutenden Gegenstandes adelt den, der sich mit ihm auseinandersetzt. Oder

der bedeutende Gegenstand wirft seinen Schatten. Walter Morgenthaler, der die Voraussetzungen geschaffen hat, diese Dichterin neu zu lesen, verdiente sein Brot als Computerfachmann. Die Edition wurde so zu einem Projekt der Leidenschaft – fast wie das Dichten. Keine deutsche Institution fand sich bereit, sie zu unterstützen; der Schweizer Nationalfonds mußte einspringen.

Es gibt keine Kategorien, in die diese Dichterin zu passen scheint. Und doch war Karoline von Günderrode nicht allein in dem aufrührerischen Klima, das sie mittrug und dem sie sich hingab. Sie saß mit Freunden und Freundinnen in wechselnden Zirkeln zusammen: Frankfurt, Marburg, Heidelberg, die universitären Zentren strahlten. Auf den Landgütern Trages bei Gelnhausen in Hessen und Winkel am Rhein erlebten leidenschaftliche Freundschaften ihre Blüte, taumelten die jungen, begabten Menschen aufeinander zu. Gleichwohl widersetzte sich die spröde Natur der Günderrode dem allgemeinen Geselligkeitskult. Sie ermüdete leicht unter Menschen, mit denen sie wenig Gemeinsames zu teilen glaubte.

Dienstboten stutzen das Licht, Postkutschen bringen immer neue Gäste, Abschiede und Begegnungen, einmal taucht ein Heidelberger Professor auf, der dem Juristen Savigny, der die Schwester von Bettina Brentano heiraten wird, freundschaftlich verbunden ist, während Clemens Brentano vergeblich Karoline umwirbt. Die Günderrode taugt gewiß nicht zu einer bürgerlichen Ehe, strebt sie nicht einmal an – im Gegensatz zu ihren Frankfurter Freundinnen. Der Professor Friedrich Creuzer beschäftigt sich mit der Antike, auch orientalische Mythen sind ihm nicht fremd; er ist ein Vorläufer von Johann Jakob Bachofen. Er ist bezaubert von der jungen, klugen Frau. Sie ist ihm freundlich gesonnen. Sie schickt ihm ihre jeweils neuesten Arbeiten, nimmt willig seine Korrekturen auf, die Zeichensetzung, moniert er, sei nicht ihre Stärke, und er lobt sie, lobt ihre großen Gedanken und manchmal, gesteht er, weint er über einem ihrer Gedichte. So beginnt eine Liebe, die sich fern von der wirklichen Welt im luftigen Raum der Gedanken und Möglichkeiten entwickelt. Creuzer beeindruckt alle durch seine Gelehrtheit, kehrt aber dann zurück in seine Staatssklaverei, wie er die Universität nennt, der er noch enger verbunden ist, weil er die 13 Jahre ältere Witwe seines Lehrstuhlvorgängers geheiratet hat. Sie hat schon eine Tochter im heiratsfähigen Alter, die ebenfalls im Haushalt lebt und gründlich in seiner Korrespondenz spioniert. Durch die Leidenschaft für das Stiftsfräulein setzt er seinen Lehrstuhl aufs Spiel.

Karoline von Günderrode sieht das alles mit offenen Sinnen. Sie praktiziert eine Idee von Liebe, die, wo nicht die geliebte Person, dann doch den Entwurf, den die geliebte Person von sich selbst aufscheinen läßt, erhöht. Man schreibt das Jahr 1804. Friedrich Schillers *Wilhelm Tell* wird im März am Weimarer Hoftheater uraufgeführt. Jean Pauls *Vorschule der Ästhetik* erscheint. Es ist Sommer. Ein reiches Jahr. Hölderlins Gedichte aus der Bad Homburger Zeit entstehen. Kleist schreibt seinen *Zerbrochnen Krug*, reist und möchte Tischler werden; diesen Plan gibt er wie so viele auf. Zwei Jahre später ist die Günderrode tot, sechs Herbste später ist auch Kleist tot. Es gibt Zeiten, in denen die Todessehnsucht das sicherste Zeichen von Lebendigkeit ist.

Die Günderrode hat 1804 ihre erste Sammlung *Gedichte und Phantasien* unter dem Pseudonym Tian veröffentlicht. Sie erregt Staunen und Bewunderung. Brentano lobt die Lyrikerin, doch mit ihren dramatischen Entwürfen kann er nichts anfangen. Das Dramenschreiben möge sie lassen. (Er selbst kann es ja nicht. Wie soll es ihr da gelingen?) Ihre Freundin Lisette Nees, die Hüterin des beruhigenden Ortes Winkel am Rhein, schreibt der Dichterin: »Wage es, liebste Lina, und biete den Frankfurter literarischen Zirkeln Trotz und erkläre Dich frei gegen alles was nicht frei ist, und der Leibeigenschaft zugesellt werden muß. Von allen deutschen Dichtern dürftest Du in diesem Geiste keinen lesen als Tieck, die beiden Schlegel, Goethe und Novalis.«

Als ich mit zagen Knien und trübem Herzen und zwei Freunden das Grab der Günderrode am Rhein zum ersten Mal besuchte, las ich den beiden Freunden ihr Gedicht *Der Nil.* vor. Es ist ein ungeheuer kraftvolles Gedicht über den lebensspendenden Fluß, zweifellos inspiriert von Hölderlins Fluß-Gedichten. Einer der beiden Freunde lebt heute nicht mehr. Er hat wohl auf gänzlich unromantische Weise das Lebensende der badisch-hessischen Dichterin nachvollzogen und ging in einen bayrischen See; nie wurde eine Spur von ihm gefunden. Tode, Tötungen sind Aktionen, die ein Innehalten fordern, doch auch eine Interpretation möglich machen. Nicht alle Selbsttötungen sind Aggressionen gegen sich selbst, die ursprünglich gegen andere zielten. Manche sind Hilfeschreie, die niemand gehört hat, andere gelungene Aktschlüsse in einem Lebensdrama. Sie sind im extremen Maße Pathosformeln und verletzen die Ordnung der Lebenserhaltung. In jedem Fall lassen sie Traumatisierte, Angehörige und Helfer zurück, die sich Vorwürfe machen, das Unglück nicht haben kommen sehen, Zeichen nicht erkannt zu haben. Die Günderrode ist als eine Schriftstellerin vorwiegend von ihrem selbstgesetzten rabiaten Ende her interpretiert worden.

Der Briefroman ihrer Freundin Bettina von Arnim *Die Günderode* hat dieser Rezeption Vorschub geleistet. Doch Bettina schreibt und argumentiert aus der Sicht der Jüngeren, des verlassenen Mädchens, das die Lehrmeisterin verloren hat und das deren Konflikte zwischen den unklassischen Philologien, den hochgesteckten Zielen einer weiblich-heldischen Dichtung und den Niederungen eines philisterhaften Gezerres zwischen Leidenschaft und Ehevernunft nicht überschauen konnte – wozu die Ältere, die bei ihrem Tode doch erst 26jährige Freundin, hochgemut und tief depressiv, in der Lage sein mußte. Vielleicht ist Bettinas geflochtener Kranz, der erst 34 Jahre nach dem Tod der Freundin im kalten Wind des reaktionären Preußens entstand und die rheinhessische Frühromantik wie eine rückwärts gewandte Utopie erscheinen ließ, ein Erahnen der Verschiedenheit, auch ein Erahnen, mit welchen explosiven inneren Materialien die so anders geartete Freundin, das Stiftsfräulein, umging. Die Briefe der Günderrode an ihre junge Freundin sind häufig mahnend, ein wenig lehrmeisterlich, ein Propädeutikum des Vor- und Nachdenkens. »Du stehst aber wie ein lässiger Knabe vor Deinem Tagewerk, Du entmutigst Dich selbst, indem Du Dir den steinigten Boden, über den Dorn und Distel ihren Flügelsamen hin und her jagen, nicht urbar zu machen getraust. Unterdes hat der Wind manch edlen Keim in diese verwilderte Steppe gebettet, der aufgeht, um tausendfältig zu prangen. […] Glaubst Du denn, dass ich ruhig bin, wenn Du so mit mir sprichst, von einem zum anderen springst, dass ich Dich aus den Augen verliere. Du hebst mich aus den Angeln mit Deinen Wunderlichkeiten!«

Karoline von Günderrode ist 1780 in Karlsruhe geboren. Ihr Vater war Kammerherr und starb, als das Kind sechs Jahre alt war. Ihre Mutter, eine literarisch außerordentlich gebildete Frau, ging mit sechs Kindern an den nassau-dillenburgischen Hof nach Hanau, danach wurde sie Hofdame der Erbprinzessin Augusta von Kassel. Der Vater hatte sich mit Texten zu geschichtlichen und staatsrechtlichen Themen einen Namen gemacht, die Mutter schrieb Gedichte und Aufsätze; es herrschte die dünne Luft deutscher Gelehrsamkeit. Die Mutter studierte Fichte, den »deutschesten« der Philosophen, der Spuren legte für einen Nationalismus, dessen Saat aufging und reiche, furchtbare Früchte trug. Alle Beigaben des »Völkischen« sind seinem Nationalbegriff beigemischt bis zur erhabenen Lächerlichkeit einer »deutschen Taufe«. Die Tochter liebte Schelling, den Luftgeist.

Drei von Karoline von Günderrodes Schwestern starben in ihrer Jugend. So war der Tod ein vertrauter Gast, einer, dem zu trauen war. Es fällt auf, daß in den Lebensgeschichten vieler, die den Freitod suchen, der Tod von frühauf eine lebendige Erfahrung und Erinnerung ist. Heinrich von Kleist war im Alter von sechs Jahren Waise, Cesare Pavese verlor ebenfalls im Alter von sechs Jahren den Vater, René Crevel wurde als Halbwüchsiger von seiner Mutter gezwungen, seinen Vater, der sich erhängt hatte, zur Abschreckung zu betrachten. Es ist eine Gewohnheit zum Tode, nahezu ein Automatismus, der dieses Ende als das beste aller schlechten Enden vor- und voraussieht.

Die Pension der Mutter ist äußerst bescheiden. An einen ihrem Stand gemäßen Eintritt der Tochter in die weibliche Welt mit Hilfe einer Mitgift ist nicht zu denken. So tritt die 17jährige Karoline als Kanonistin in das Stift ein. Die Damen tragen die schwarze Tracht mit dem Kreuz auf der Brust, sie haben Zeit, ihren Neigungen nachzugehen. An manchen Tagen werden der Günderrode ihre Neigungen zur Plage: Sie leidet an den Augen und muß im Dunkeln bleiben. Die Damen sind eine würdige Gemeinschaft in dem großen, kühlen Bau am Roßmarkt. Die Mauern öffnen sich, Besucher kommen und gehen, bringen Bücher, Nachrichten aus der literarischen Welt. Die Frau Rat Goethe wohnt nur einen

Steinwurf entfernt, das lebhafte und gesellige Brentanosche Haus strahlt in die Klausur hinein und übt seine Anziehungskraft aus. Dem Clemens Brentano erklärt die Günderrode, was sie sich erhofft. Leben und Schreiben mögen eins sein: »[...] leicht und unwissend, was ich tat, habe ich so die Schranke zerbrochen, die mein innerstes Gemüt von der Welt schied; und noch hab ich es nicht bereut, denn immer neu und lebendig ist die Sehnsucht in mir, mein Leben in einer bleibenden Form auszusprechen, in einer Gestalt, die würdig sei zu den Vortrefflichsten hinzutreten, sie zu grüßen und Gemeinschaft mit ihnen zu haben. Ja, nach dieser Gemeinschaft hat mir stets gelüstet, dies ist die Kirche, nach der mein Geist stets wallfahrtet auf Erden.« Die Poesie als eine *unio mystica*, ein dem Leben nicht standhaltender utopischer Anspruch.

Das Stiftsfräulein verliebt sich mit der ihr eigenen Unbedingtheit in den Heidelberger Professor der Altertumswissenschaft Friedrich Creuzer, dessen Häßlichkeit von vielen Zeitgenossen bezeugt wird. Vorher hatte sie schon dem Juristen Karl von Savigny Avancen gemacht und ihm tollkühn ihr Gedicht *Der Kuß im Traume, aus einem ungedruckten Romane.* zugeeignet und vermutlich in einem Brief zugestellt. Sie braucht einen intellektuellen Gesprächspartner. Fast täglich werden Briefe zwischen Heidelberg und Frankfurt gewechselt. Manchmal schreibt Creuzer, sich in den Universitätsversammlungen langweilend, an sie, während die Günderrode, klar und durchsichtig wie Wasser, alles sie Störende abstreift. Creuzer argumentiert: »Siehe, darum klage ich so oft über mein Amt, weil es mich hindert, einzig zu leben, um Dich zu erfreuen. Wäre ich reich, so würde ich bloß darauf denken, bloß für dich zu arbeiten. Dürfte ich doch die Wange küssen, die so rot war vom Morgentraum.« Er schlägt ihr das für ihn Bequemste vor, eine *ménage à trois*. Wilde, verzweifelte Pläne werden gemacht. Es eröffnet sich für ihn die Aussicht auf eine Professur in Rußland. Die Günderrode faßt den wahrhaft romantischen Entschluß, als Page, Schüler, Student, jedenfalls als männliche Begleitperson, mit dem unbeholfenen, erdenschweren Creuzer zu reisen. Doch auch diese Hoffnung zerschlägt sich. Creuzer taugt nicht zu hochfliegenden Plänen. »Wenn er zu fliegen versuchte«, schreibt ein Biograph der Günderrode, Richard Wilhelm, »zog er die ganze Last seines unklaren Hausstandes hinter sich her.« Mit einer mythischen Gewalt tritt dagegen die Gewißheit zu lieben in Karoline von Günderrodes Leben, steigert und radikalisiert es, ein Fest, bei dem der liebste Gast fast immer fehlt, ein Leben, das aus dem Mangel Reichtum macht.

Eins in Zwei zu sein,
Eins im Andern sich zu finden,
Daß der Zweiheit Gränzen schwinden
und des Daseins Pein

heißt es in ihrem Gedicht *Die eine Klage*. Die Liebe entgrenzt die festgefügte Person, verbindet sie rückwärts und vorwärts, mit allem Gewordenen und allem Denkbaren, und der Mann bleibt in seinen Grenzen gefangen.

In diesem für sie unaufhebbaren Konflikt trösten sie ihre philosophischen Studien über Schelling. »Damals kannte ich Schelling noch nicht. Wenn der nicht gewesen wäre, so wäre ich nichts«, schreibt sie einmal an Creuzer, der sich ein solches Geständnis ärgerlich verbittet. Vermutlich nicht, weil er die Demut der Freundin schlecht ertragen kann, sondern weil er ungern einen anderen Herrn neben sich, über Karoline von Günderrode dulden will. Die Günderrode dankt Schelling, daß er die Keime, die sie in sich trug, in ein System bringt, in dem sie weiterwachsen können. Nicht seiner Dialektik der Begriffe fühlt sie sich verpflichtet, sie dankt ihm, daß er ihr, der in den Grenzen der bürgerlichen Konfession verarmten Gläubigen, eine Vorstellung von »Religion« – um Novalis' Begriff zu gebrauchen – gab. Einer Religion in sich und außer sich, einer Religion, die keinen Gott braucht. Schellings Philosophie bestätigt ihre Blickrichtung auf das All, bestätigt ihren Zusammenhang mit Vergangenheit und Zukunft. In ihrem Nachlaß findet sich ein erstaunlicher philosophischer Text, *Jdee der Erde*, in dem es heißt: »So giebt jeder Sterbende der Erde ein erhöteres, entwikelteres Elementarleben zurük, welches sie in aufsteigenden Formen fort bildet und der Organismuß indem er immer entwikeltere Elemente in sich aufnimt muß dadurch immer vollkommener und allgemeiner werden. So wird die Allheit lebendig durch den Untergang der Einzelheit, und die Einzelheit lebt unsterblich dort in der Allheit deren leben sie lebend entwikelte, und nach dem Todte selbst erhöht und mehrt; und so durch leben und sterben die Jdee der Erde realisiren hilft.«

Im Lichte der neueren Märtyrerforschung, »stellt die Entscheidung zum Märtyrer den Versuch dar, unter Bedingungen der Unterwerfung oder Abhängigkeit ›souverän‹ zu agieren«. Schwäche werde dabei in Stärke, Ohnmacht in Macht konvertiert. Dies trifft auch auf Karoline von Günderrode zu.

In der Enge des Stifts, in den Konflikten der peinlichst geheim gehaltenen Liebe wächst sie über sich selbst hinaus, wird Schwester der Erde und des Lufthauchs, eine Priesterin der Liebe, die in sich selbst verschlossen sein muß. Eine Tat, die den Gordischen Knoten durchtrennt, fürchtet Creuzer. Er zögert und zögert. Er klagt. Und besingt die männliche Festigkeit, mit der die Günderrode an ihrer Liebe festhält, während er vorsichtige Vorschläge macht: Wenn sie sich anderswie an einen Mann binden, sprich: wohlanständig verheiraten wolle, so werde er ihr nicht im Wege stehen, sondern alles zu ihrem Besten tun. Eine Zumutung für eine Liebende: so viel falsche Fürsorglichkeit. Immer wieder verzögern sich die vereinbarten Treffen, allerlei Nichtigkeiten halten ihn in Heidelberg fest, manchmal scheint es, als fürchte er die unbedingt Liebende. Er spürt in seinen Forschungen den nächtlichen Seiten des Griechentums nach, ahnt sie, aber lebt sie nicht. Manchmal fürchtet er für ihren guten Ruf, wenn er im Stift auftaucht. Das sind geordnete Rückzugsgefechte. Einmal will seine Frau ihn freigeben und in eine Scheidung einwilligen. Endlich könnte das Paar ohne Skandal vereint sein, aber Creuzer zögert wieder, die Scheidung durchzusetzen. Er müßte dafür den Kurfürsten behelligen, aber der hat jetzt andere Sorgen. Es könnte Krieg geben, da darf man ihm nicht mit privaten Lappalien kommen. Creuzer zögert so lange, bis seine Frau die Bereitschaft zur Scheidung widerruft. Im Laufe des Jahres 1806 wird der Ton der Briefe zusehends gereizter, Creuzer fühlt sich in die Enge getrieben, erkrankt und entsagt seiner Liebe zu dem Stiftsfräulein. Die Botschaft dringt an den Rhein, die Dichterin nimmt sie ruhig auf. Sie spaziert ans Flußufer und sticht sich den Dolch ins Herz, den sie schon lange besitzt.

Ihre dritte Textsammlung *Melete. Fragment eines unediert gebliebenen Werks von Tian* war noch durch Creuzers Vermittlung auf den Weg gebracht worden und sollte 1806 bei Zimmer und Mohr in Heidelberg erscheinen. Nach dem Tod der Dichterin wurde der begonnene Druck wieder eingestellt. Es ist der Verlag, bei dem von 1805–1808 die Liedsammlung *Des Knaben Wunderhorn* erschien. So eng, so nah waren die Verbindungen. Doch Creuzer ließ den Druck abbrechen; ursprünglich wünschte er, auch einen eigenen Text in den Band aufzunehmen. An seinen Cousin, den Prediger und Professor der praktischen Philosophie in Marburg, Leonhard Creuzer, schrieb er von seiner Überzeugung, »[...] daß Unterdrükung dieser Schrift durchaus nötig sey. Auch wünscht der Bruder der Seeligen dies ausdrücklich, dem man doch hier wohl eine entscheidende Stimme lassen muß. [...] Schwarz ist auch gegen den Druck.« Am 31. Oktober schrieb Creuzer wieder an seinen Cousin, um den Nachlaß der Günderrode und die verschiedenen Briefwechsel zu ordnen und an ihre Empfänger zurückzugeben. Er war milde gestimmt, sanftmütig, gefaßt. »Wenn ich nur meine Sophie noch recht lange behalte.«

Creuzer wird sehr alt und lebt in Heidelberg bis zu seinem Tod mit seiner Frau Sophie. In seinem autobiographischen Bericht erwähnt er die Günderrode nicht; er spricht von dieser Zeit als einer »Periode schwerer Seelen= und Körperleiden«. Am 20. Oktober 1806 schreibt er an Leonhard Creuzer in ähnlichen Wendungen, wie Novalis sie im März 1797 nach dem Tod seiner Kindergeliebten Sophie gefunden hat: »Warum ist mir nicht die Harmlosigkeit solchen Daseins geworden? Oder soll ich erst durch Sturm und Wetter dahin gelangen? Dann möchte ich früher wohl zur ewigen Ruhe eingehen. Doch wie Gott will. Glaub mir, ich bin in einer ernsten Schule gewesen und dreimal töricht sollst du mich nennen, wenn es nicht Früchte trägt.« Der Tod, dieser sonderbar vertraute Bursche, bei dessen Anwesenheit jeder noch Lebendige, doch Todesfürchtige den Hut zieht, wirft einen großen Schatten – einen zu großen, der die jung Gestorbene vermutlich unter sich begräbt und den ehemaligen Freund erniedrigt und schweigsam macht, zu einer seltsamen Figur – aus der Zeit, aus dem Rahmen gefallen: Niemand beschuldigt ihn ja; aber vielleicht ist das um so schwieriger.

Man muß Karoline von Günderrode exhumieren anhand

ihrer wahren Hinterlassenschaften – und das sind ihre leuchtenden Texte und nicht die Erinnerung an die tragische Person an der feuchten Kirchhofsmauer. Was geht in einer jungen Frau vor, die eine Erzählung von einer unbedingten Heldin, die den Vater rächt und den Geliebten tötet, so beginnt: »Ermar hatte das Geschlecht von Parimor vom Thron gestoßen. Parimor selber, sein Weib und seine Freunde waren gefallen unter dem Schwerte des Ueberwinders, nur Timur sein einziger Sohn, fiel lebend in Ermars Hände. Ungern unterwarf sich das Land dem Sieger, der die Burg des unglücklichen Parimor an der Nordküste der Insel bezog; und die höchste Gewalt mit seinem Bruder, dem wilden Konnar theilte.« Das Heroische, das sich aus dem Idealischen ihrer Texte herausschält, bleibt fremd für die ästhetischen Bemühungen, die in der Literatur von Frauen gerade das Fragmentierte, lose Gefügte, Spontane, Authentische, »Nicht-Klassische« suchen. Liest man das Werk der Günderrode, so ist eine Autorin zu entdecken, die Heinrich von Kleist, auch in seiner Gewaltsamkeit, ungleich näher steht als Clemens Brentano. Christa Wolf hat diese Nähe als eine unausweichliche Konstellation in der Geschichtlichkeit imaginiert, die Günderrode allerdings in ihr eigenes Konzept von Literatur integriert. Wo das Schreiben als Prozeß Fragment geblieben ist – der zweite Band des Kunstautors Tian hieß bereits *Poetische Fragmente*, gedruckt bei Friedrich Wilmanns in Frankfurt am Main im Jahr 1805 –, ist eine offene Form angestrebt; es ist nicht »unfertig«, sondern fließend, es wehrt sich gegen Festschreibungen.

Der Kritiker der *Jenaischen Allgemeinen Literatur-Zeitung* Christian Nees, der Ehemann ihrer Freundin Lisette Nees, spricht davon, was diese Fragmente »sind, mit dem, was sie, gemäß ihrer ursprünglichen Anlage, und in dem, zu Tage brechenden Sinn der Dichterin, werden und seyn sollten«. Irritierend für ihn ist, daß die Günderrode »dichten [wollte] als Weib im männlichen Geist«. So erscheint ihm das Scheitern vorgezeichnet. Doch hätte sie zu dichten versucht als Weib im weiblichen Geist, ihre Arbeit wäre als eine höhere schriftliche Stickerei angesehen worden. Sie selbst empfindet sich wohl »den Sehern« in der Literatur am nächsten: Novalis, Friedrich Hölderlin. Sie will das Ganze, Glühende, Reine, nie das Lauwarme, Ungefähre, und wenn dies in der Realität nicht möglich ist, dann doch in der Vorstellung, die allemal reicher, kunstvoller, ernsthafter ist. Sie will den Augenblick der Wahrheit. Sie verlangt nichts weiter als Offenbarung, und wenn sie durch den furchtbarsten Schmerz zu ihr kommt. »Sie tritt als romantische Philosophin vor die Bühne, sie erblickt nicht Dasein, sie verlangt Offenbarung«, schreibt der Biograph Richard Wilhelm.

An Melete.

Schütze, o sinnende Muse, mir gnädig die ärmlichen Blätter!
Fülle des Lorbeers bringt reichlich der lauere Süd
Aber den Norden umziehn die Stürme und eisichte Regen;
Sparsamer sprießen empor Blüthen aus dürftiger Aue.

Die Zueignung des Bandes an *Melete.* – vermutlich Anfang des Jahres 1806 entstanden – spricht in stoischer Nüchternheit, in streng gemeißelter Schönheit vom Aushalten, von einem Durchhalten, das das Leiden purifiziert und zu einem Objekt des ästhetischen Kalküls macht. Der Titel entspricht einem der von Friedrich Creuzer gemachten Vorschläge aus der produktiven Zusammenarbeit des Paares. Hier spricht keine unglücklich Liebende, der der Schmerz Worte verleiht, hier spricht eine poetische Instanz und wendet sich an »die Muse des sinnigen Daseins – die Muse, die auf hohe Lieder sinnet.«

Zum Aushalten des Schmerzes gehört auch ihr unsentimentaler und weit über ihre Zeit hinausweisender Zugang zu Träumen. Sie literarisiert sie nicht, hält sie von prophetischer Bedeutsamkeit frei. Ungewöhnlich für ihre Zeit notiert sie sie nahezu »roh«. Auffallend sind die Todesschwärze und die Ergebenheit in das Unvermeidliche des Sterbens in diesen Traumnotaten. Zwei Traumberichte kreisen um den Tod der Schwestern.

»Jch ging an Lottens Seite durch eine schöne Gegend; vor uns war ein kleines zerfallendes Landhaus zwischen Kornfelder u Wiesen, aber alle Kornähren lagen wie vor ihrer eignen Schwere zu Boden gedrükt. Lotte war weis gekleidet, bleich u schwankend; u meine Seele war traurig. Die Zeiten wechslen, u eilen, sagte ich: die Geschlechter vergehen u du bist so krank, u wirst auch bald vergehen. Ach! sagte sie: sei nicht traurig daß die Geschlechter vergehen, u daß ich auch bald vergehe. ---«

»Jch hatte zwei Schwestern, die Älteste liebte ich vorzüglich weil sie mit mir eine große Ähnlichkeit der Gesinnung hatte; ich war seit mehrern Wochen von ihr entfernt und dachte oft in Sehnsucht und Liebe an sie, da träumte mir einst diese beiden Schwestern seyn gestorben, ich war sehr traurig darüber. Da erschienen mir ihre Geister in dem Hofe eines alten Hauses indem wir einen großen Theil unserer Jugend verlebt hatten. Sie traten beide aus einer dunkeln Kammer vor der ich immer einen gewissen Schauer gehabt hatte. Es war Nacht, eine feuchte Herbst-Luft wehte und reichlicher

Regen fiel herab. Meine ältere Schwester nahte sich mir, und sprach: Eine ewige kalte Nothwendigkeit regiret die Welt, kein freundlich liebend Wesen. Jch erwachte; Es träumte mir noch mehrmals sie sei gestorben obgleich sie sehr gesund war. Nach zwei Jahren erfülte sich der Traum, beyde starben kurz nacheinander.«

Was sich neben den Gedichten zu entdecken lohnt, sind Karoline von Günderrodes Dramen und Dramenentwürfe, die auch Christa Wolf in ihrer Auseinandersetzung mit dem Werk der Günderrode außer Acht läßt. Es sind Abbreviaturen, Skizzen, die breitwandige Gemälde anlegen; der gedankliche Elan ist nicht aufgebraucht vom Verlauf, sie sind nicht untergegangen in Wirklichkeit. Nicht Mimesis interessiert sie, sondern Konstruktionen, ein Aufeinanderprallen. »... und ich hab mir einen Plan gemacht zu einer Tragödie, die hohen spartanischen Frauen studiere ich jetzt. Wenn ich nicht heldenmüthig sein kann und immer krank bin an Zagen und Zaudern, so will ich zum wenigsten meine Seele ganz mit jenem Heroismus erfüllen und meinen Geist mit jener Lebenskraft nähren, die jetzt mir so schmerzhaft oft mangelt und woher sich alles Melancholische doch wohl in mir erzeugt.«

Im postdramatischen Theater ist das Bewußtsein vom Fragmentarischen in der romantischen Dichtung, das Interesse am Elliptischen, am Nicht-Ausgeschriebenen, an der Lücke an Stelle des vom Dramatiker Vorgegebenen, das den Darstellern keinen Raum mehr läßt, wieder erwacht. Die weiblichen Dramenfiguren der Günderrode, etwa Hildgund, die burgundische Prinzessin, geraten in Bewegung; es sind Amazonen, Grenzgängerinnen mit universellem Handlungsanspruch. Sie stehen für das Experimentelle, Gattungsübergreifende weiblicher Dramenproduktion. Es ist eine Eroberung des Raumes, der Gesten. »Dieser Bereich ist verklammert mit Größenphantasien, die von Triumph, Glanz und Größe sprechen. Insofern kann das Drama als ein Feld der ›Verheißung‹ gelten«, schreibt Dagmar von Hoff. In den Dramen wird eine Bedeutung des Tragischen definiert, die den weiblichen Figuren weitere Räume als die privaten öffnet. Die weiblichen Figuren der Günderrode sprechen in der Öffentlichkeit, und sie sprechen für eine Öffentlichkeit. Sie behaupten eine staatstragende, machtvolle Rolle. Dieser Anspruch ist konstitutiv für die Gattung, steht im Gegensatz zu den »intimeren«, subjektiv getönten Produktionsformen der Romantik: dem Gedicht, dem Brief, dem Salongespräch. Hildgund, eine Jungfrau in Waffen, fühlt die Macht, einen Dolch führen zu können. Die Verarbeitung der Attila-Sage, zu ihrer Zeit unschwer als Anspielung auf Napoleon zu erkennen, ist positiv gewendet. Zweifellos reagiert die Günderrode auf Friedrich Schillers Drama *Die Jungfrau von Orleans. Eine romantische Tragödie*, die in Leipzig 1801 uraufgeführt worden ist. Bezeichnenderweise wird der Untertitel des Dramas kaum beachtet bzw. zitiert. Hildgund, selbsternannte Erlöserin, Befreierin, ist per se eine Überschreitung aller Grenzen. Zwei Zeilen nur aus ihrem Monolog:

> Der Völker Schicksal ruht in meinem Busen
> Ich werde sie, ich werde mich befreien.

Diese Verschränkung und Doppelung des Persönlichen und des Politischen ist unerhört, auf dem Theater der Zeit und im Leben. So spricht bis heute keine weibliche Figur auf dem Theater.

Karoline von Günderrode: Der Schatten eines Traumes. Gedichte, Prosa, Briefe, Zeugnisse von Zeitgenossen. Hrsg. und mit einem Essay von Christa Wolf. Darmstadt und Neuwied 1979.
Karoline von Günderrode: Sämtliche Werke und ausgewählte Studien. Historisch-kritische Ausgabe. Hrsg. von Walter Morgenthaler. Bd. 1–3. Basel/Frankfurt am Main 1990–1991.
Bettina von Arnim. Die Günderode. Leipzig 1840.

David Bell: Wer tötet was oder wen? Anmerkungen zur inneren Phänomenologie des Suizids. In: Stephen Briggs, Alessandra Lemma, William Crouch (Hrsg.): Suizid und Suizidalität. Psychoanalytische Behandlung, Prävention und Theorie. Frankfurt am Main 2012. S. 81–104.
Die Liebe der Günderode. Friedrich Creuzers Briefe an Caroline von Günderode. Hrsg. und eingel. von Karl Preisendanz. München 1912.
Helga Dormann: Die Karoline von Günderrode-Forschung 1945–1995. Ein Bericht. In: Athenäum. Jahrbuch für Romantik. Heft 6. Paderborn 1996. S. 227–248.
Ludwig Geiger: Karoline von Günderrode und ihre Freunde. Leipzig/Wien/Berlin/Stuttgart 1895.
»Ich sende Dir ein zärtliches Pfand«. Die Briefe der Karoline von Günderrode. Hrsg. und eingel. von Birgit Weißenborn. Frankfurt am Main/Leipzig 1992.
Lesarten. Gedichte, Lieder. Balladen. Ausgewählt und kommentiert von Ursula Krechel. Darmstadt/Neuwied 1982.
Märtyrer-Porträts. Von Opfertod, Blutzeugen und heiligen Kriegern. Hrsg. von Sigrid Weigel. München 2007.
Walter Rehm: Der Todesgedanke in der deutschen Dichtung vom Mittelalter bis zur Romantik. Halle 1928.
Richard Wilhelm: Die Günderrode. Dichtung und Schicksal. Frankfurt am Main 1938.

Geometrie eines Paarlaufs: BETTINA UND ACHIM VON ARNIM

Das Paar wird ein Paar, ehe das romantische Liebesideal noch auf festen Füßen steht. Und die, die es sich ausgedacht haben auf dem flattrigen Papier, auf dem wie in Friedrich Schlegels Roman *Lucinde* die Briefe hin und her wechseln, können es weniger gut leben als das Paar, von dem hier die Rede ist. Was für ein empfindsames Gleichgewicht! Kann das gutgehen? Es muß nicht gutgehen. Die Konstruktion ist kompliziert, luftig, weitmaschig, aber doch überaus haltbar. Spricht man so über eine Ehe, über zwanzig Jahre Kinderaufzucht und ihren glückhaft ängstlichen Beginn? Die Innenschau einer solchen Beziehung hat für Außenstehende, also Dritte, immer etwas Peinigendes; man will sich auch lesend verlieben, hat es schon getan, hat seine Sympathien vergeben: Ein Teil des Paares steht einem näher als der andere. Will man es sich mit dem einen Teil nicht verderben, muß man mit ihm auch den anderen Teil achten, sonst begreift man beide nicht. Kann das gutgehen?

Der Mann aus märkischem Adel, protestantisch, streng gegen sich selbst, aber auch streng gegen andere, mit seinen dreißig Jahren ein anerkannter Schriftsteller, weit gereist und eng verwoben in ein Netz der Freundschaften, geortet, geerdet. Die Frau, vier Jahre jünger, eine Freie, Wilde, Widerspenstige, eine Prinzessin in ihrem anarchisch verwunschenen Phantasiereich, die sich lange genug gegen den Ehestand gewehrt hat, erzogen bei der weltläufigen Großmutter, bei den schon erwachsenen Stiefbrüdern und den Nonnen von Fritzlar, denen sie im freundlichen Angedenken die Urschrift eines kostbaren Briefkonvoluts schenkt. Die Nonnen danken ihr's schlecht und verbrennen das sündige Werk. Halb italienisch, weltläufig katholisch, frankfurterisch, aus einer Familie, die der Mann »eine Mischung von Feuer und Magnetismus« nannte. Talente: viele. Ausbildung: der Zeit, ihrem Geschlecht entsprechend unvollkommen, lückenhaft, eklektisch. Sie hat das Lernen nicht gelernt, aber sie hat Wissen aufgesogen. Zur Lehrmeisterin wählt sie sich Karoline von Günderrode, ja, »gleich hat sie sich an die um 5 Jahre Ältere angeklammert, hat sie täglich in ihrem Stiftszimmer besucht, hat ihr vorgelesen«, schreibt Christa Wolf vollkommen illusionslos, »weil sie sonst inmitten ihrer großen Familie allein, in der guten Gesellschaft, der das vermögende Brentanosche Haus angehörte, fremd und zu allerlei Grimassen gezwungen war«. Der Bruder Clemens hätte kupplerisch gerne gesehen, sein Freund, der Jurist Savigny, hätte Bettina geheiratet, der wählte aber, weltklüger und vernünftiger, die weniger exzentrische ältere Schwester Gunda.

Arnim reist nach Gotha und trifft den Buchhändler Becker, der mit den Vorarbeiten zu Hans Albrecht von Derschaus *Holzschnitten alter deutscher Meister* beschäftigt ist. »Der Sünder zerschneidet alte Bücher. [...] Es ist unglaublich, wie zerstörend eine äußere Ansicht der Kunst ist. Sein ganzer Wunsch ist, durch Zusammenstellung die Namen der Holzschneider herauszubringen. Die armen Teufel hatten sich nun gerade verschwiegen, weil ihre Arbeiten an sich nichts, nur in ihrer Stelle etwas waren [...].« Restauration und Vermischung: das zerstörte Heidelberger Schloß ohne Ruinenseligkeit. Clemens Brentano und Achim von Arnim wohnen am Schloßberg, berichtet Eichendorff, der sie besucht. Es ist eine ehemalige Wirtschaft, die sich »Faulpelz« nennt, und sie sind bienenfleißig in dem Saal, »dessen sechs Fenster mit der Aussicht über Stadt und Land die herrlichsten Wandgemälde, das herüberfunkelnde Zifferblatt des Kirchturms ihre Stockuhr vorstellte, sonst war wenig von Pracht oder Hausgerät darin zu bemerken«. Mit anderen Worten: eine zugige Murkelei. Arnim: hinter alten Büchern verschanzt, Altes mit neu Geschaffenem amalgamierend, so daß kein Übergang erkennbar ist, montierend, zitierend, collagierend, ehe die Collage noch erfunden wurde. Auch die Ehe ist eine Collage. Man pappt sich nicht mit dem Leimpinsel an die andere Person, die Schnittstellen, die Überlappungen, die Lücken sind es, die zählen. Attraktion: Anziehung, nicht Anklebung, oder wie Ernst Jandl den eigenen nichtehelichen Lebensentwurf beschrieb: Keiner hat die Einsamkeit des anderen angetastet. Das könnte eine leise, freundliche Maxime sein für alle Paare, sich nicht gegenseitig durch den Fleischwolf drehen zu wollen, damit eine amorphe Beziehungsmasse entsteht, die leicht verderblich ist.

Ein Knab auf schnellem Roß
Sprengt auf der Kaisrin Schloß;
Das Roß zur Erd sich neigt,
Der Knab sich zierlich beugt.

So beginnt das programmatische erste Gedicht in der Sammlung *Des Knaben Wunderhorn. Alte deutsche Lieder*. Arnim und Brentano, gemeinsam schreibend und lesend im Saal, führen auch eine Art Ehe, wobei Brentano ein Flüchtling aus der überaus komplizierten Beziehung mit Auguste Bußmann ist, und auch Arnim leckt eine Wunde, die die kühle Gleichgültigkeit der Königsbergerin Auguste Schwink bei ihm hinterlassen hat. Dagegen hilft das Schreiben, ein bißchen jedenfalls. Oder wie Bettinas Freundin Karoline von Günderrode geschrieben hat: »Gedichte sind Balsam auf Unerfüllbares im

Leben.« In dieser wunderhörnischen Freundschaft der beiden jungen Männer übernimmt Arnim eher den männlichen Part. Er sieht in aller Schärfe den Fall Preußens, er möchte Napoleon mit seinen eigenen Waffen geschlagen sehen. Er sieht eine verstörte Königin Luise durch Göttingen fliehen: »Das ganze Volk muß aus einem Zustande der Unterdrükkung durch den Adel zum Adel erhoben werden«, fordert er. Daß die Zeit des Absolutismus vorbei ist, ist ihm sonnenklar. So kommt es ihm in den Sinn, daß der König »das ganze Volk adelig« erklären solle. »Die kleineren Privilegien der einzelnen Provinzen, Städte und alten adeligen Geschlechter gehen dadurch unter, es gibt nur eine Landesgerichtsbarkeit, die scheinbare Adelsgerichtsbarkeit schwindet von selbst. [...] Talent hebt empor [...].« Für solche radikalen Gedankengänge war freilich kein Platz; der Aufsatz blieb ungedruckt. »Ich fühle es, daß der Staat mich jetzt eigentlich nicht brauchen kann«, schreibt er in einem seiner Essays. Doch in dieser wirren, ausweglosen und auf mehr als Reformen hoffenden Zeit nähern sich Achim von Arnim und Bettina Brentano einander an.

»Woher wissen Sie, daß die Erde rund? Mir scheint sie ziemlich scharf und spitzig«, schreibt Arnim 1806 an die Freundin Bettina, da haben sie noch nicht das Du getauscht. Arnim, das berichten alle Zeitgenossen, ist ein auffallend schöner blonder Mensch, der sich mit seinen bizarren Phantasien, seiner Melancholie und seiner Schroffheit häufig selbst im Wege steht. Von Anfang an ist der Akkord klar, in dem die beiden zusammenklingen. Bei einem Besuch am Rhein erinnert sich Bettina: »Gestern war ich auf der Ruine, wo Du mir einst die erste Strafpredigt gehalten, ich erinnere mich, daß ich Dir Deine graue Kappe in den Rhein warf, und daß Du nachfahren mußtest, um sie wieder zu fischen.« Einmal, beim

Besuch in Winkel am Rhein, tadelt er den Brauch, sich allgemein und überall zu küssen, und nimmt Bettina ernstlich übel, wie wild sie mit Savignys und Gundas kleinem Sohn umspringt, zu dessen Taufe er gekommen ist. Kommen und Gehen, Aufbrüche nach Landshut, nach Heidelberg, nach Berlin. »Nun war er da«, schreibt die staunende junge Person über den Mann, den sie bald heiraten wird, »nun war er da und es war nichts besser. Der Mensch bleibt ein Mensch und kann sich deswegen doch wieder einen Menschen nicht zu eigen machen.« Staunen und Lebensklugheit zugleich, die nicht im luftleeren Raum ein Liebesideal pflegt. Es ist ein Moratorium. Arnim kümmert sich in Berlin um seine reiche, vom Schlaganfall getroffene Großmutter. Die Heidelberger *Zeitung für Einsiedler* ist gescheitert, eine Hoffnung, vom Schreiben leben zu können, hat er nicht. Sehnlichst wünscht er sich eine Position, die ihn nährt, er möchte preußischer Gesandter beim Heiligen Stuhl werden. Dazu braucht er Wilhelm von Humboldts Empfehlung und Unterstützung. Bettina lernt singen in München, hütet ihre kleinen Nichten und Neffen und wird an der Universität Landshut eine bewunderte Mentorin der Studenten ihres Schwagers Savigny. In einen verguckt sie sich derart, daß sie ihn zum Seelenfreund und Schiedsrichter über ihre Entscheidung für oder gegen die Ehe macht. In Berlin geht sie im Oktober 1810 mit Rahel Levin spazieren, die später Frau von Varnhagen wird. Rahel berichtet feingliedrig über das Gespräch: »Über Liebe sprach sie tief und großartig; sehr scharf und geistreich über Ehe, sie hält nichts von dieser Anstalt, ist aber gefaßt darauf, ihr nicht zu entgehen, und ich bin überzeugt, sie wird die tugendhafteste Frau, wie sie ungeachtet aller Geistesfreiheit das sittsamste und strengste Mädchen ist.«

Humboldt sagt nein; so wie Arnim sieht kein zukünftiger

Gesandter aus. An seine Frau Caroline meldet er, der »Wunderhornmann« gehe »in solcher Pelzmütze und Backenbart herum« und sei »so verrufen«, daß er für den Posten nicht in Frage komme. Den Papst würde es grausen und die kardinale Gesellschaft ebenso. Als Dichter ist kein Staat zu machen, auch die Diplomatie ist eine Kunst mit Versfüßen und Kratzfüßen, die man lernen muß. Humboldt hat auch Bettina kennengelernt, mal sitzt sie auf dem Tisch, mal auf dem Boden, ein Alptraum für einen Mann, der Karriere machen will und gerade dabei ist, sie zu verspielen. Gleichzeitig ist Achim von Arnim ein fleißiger Beiträger der Kleistschen *Berliner Abendblätter*, ebenso wie Clemens Brentano, den man an diesem Publikationsort gar nicht erwarten würde. Arnims nüchterner Chronikstil paßt vorzüglich in dieses exemplarische Organ, das seinen Herausgeber nicht, wie erhofft, glücklich und finanziell unabhängig macht, aber in dem es doch unendlich schönes, strotzendes und gleichzeitig diszipliniert feines Spalierobst als Lesefrüchte zu ernten gibt. Dort, in der Nr. 31 vom 5. November 1810, veröffentlicht Arnim den ersten Teil der Erzählung *Warnung gegen weibliche Jägerei*. Sie hat eine genialische Exposition, als würde ein erster Schachzug auf dem Brett gesetzt, und glänzt mit ihrem schlanken Stilwillen: »Die Gräfin L... war kurzsichtig, aber sie liebte noch immer die Jagd, ungeachtet sie niemals gut geschossen hatte. Ihre Jäger kannten ihre Art und nahmen sich vor ihr in acht; sie schoß dreist auf jeden Fleck, wo sich etwas regte, es war ihr einerlei, was es sein mochte.« Wenn die Erzählung in der Ausgabe Nr. 32 fortgesetzt wird, ist man bekümmert, daß sie nur so kurz ist. Vielleicht fehlte es einfach an Raum; die *Berliner Abendblätter* fallieren bekanntlich; die preußische Pressezensur hat der Zeitung die Luft abgeschnürt.

Unter diesen Bedingungen wächst die Nähe, ein Entzücken

bei Achim und Bettina aneinander und ein Schweigen über die Untiefen und Ängste. Träume werden aufgeschrieben und hinübergereicht, wer sie mit den Augen, die die Psychoanalyse blankgeputzt hat, liest, sieht unzählige sexuelle Konnotationen, gerade noch mädchenverträglich verhüllt. Kein Brief antwortet direkt dem anderen, manches ist verquer, ein großes Vertrauen, ein enges Freundschaftsband, aber keine Verbindlichkeit. In dieser Zeit schreibt Bettina einen Traum für Achim von Arnim auf: »Heute träumte ich, daß wir beide einander gegenüber an einem offenen Fenster saßen, auf dem Sims standen wohlriechende Blumen, ich hatte meine Füße auf Deinen gestellt, und uns war so wohl, so ruhig wie nie in Schlangenbad und am Rhein.«

Ja, das ist der Mann, auf dessen Fuß sie ihre Füße ausruhen läßt, ein wenig besitzergreifend, aber auch voller Vertrauen, ein Bild des Friedens, ganz anders als die Realität. Sie möchte aus dem Winter Frühling machen und endlich einen Schemel unter den Füßen; anders ist der Wunsch nach verbindlicher Nähe nicht auszudrücken, nicht zu leben. Der Mutwille ist verschwunden, es folgt ein Wille zum guten Ende. Alles ist bereitet, im 89. Brief erwähnt der Mann zögerlich das Wort »heiraten«, er reagiert damit auf den 106. Brief seiner Freundin, so recht ehetauglich fühlen sie sich beide nicht.

Am 11. März 1811 geben sich Achim von Arnim und Bettina Brentano das Jawort. Bettina berichtet später, Achim habe bei der Werbung gestanden: »Ich habe nichts rundes als die Knöpfe an meinem Rock.« Neun Jahre kennen sie sich schon, ehe sie heiraten. Zeit zum Beobachten, Projektionszeit, Brutzeit für Phantasien, auch für Verirrungen, Eifersüchte, Dritte und Vierte kommen ins Spiel, Zeit für Schmollwinkeleien, Streit. Die Differenzen werden beschrieben, ausgelebt. Die Hochzeit ist heimlich. Arnim gibt darüber einen schrulligen

Bericht an Görres, in dem seine Neigung aufscheint, Erhabenes mit Komischem und Phantastischem zu durchsetzen, dem Gewöhnlichen die Würde und die Würze des Einzigartigen zu geben. »Wir sind ohne irgend jemands von unseren beiderseitigen Verwandten Wissen hier in der Stadt fünf Tage verheiratet gewesen, bis wir es selbst an Clemens und Savigny erzählt haben. Die Schwierigkeit wirst Du begreifen, wenn Du weißt, daß ich Zimmer an Zimmer mit Clemens wohnte, und Bettina bei den Savignys. Es ging aber wie in tausend Komödien: eine Kammerjungfer vermittelte alles. Heimlich wurde ich morgens auf dem Zimmer des alten achtzigjährigen Predigers getraut, kam abends wie gewöhnlich zu den Savignys, polterte die Treppe hinunter, schlug die Haustür zu, und schlich mich heimlich in Bettinas Zimmer zurück, das recht fröhlich mit Rosen, Jasmin und Myrten belaubt war. Morgens ging ich fort, behauptete dem Clemens, ich hätte in der Nacht eine heftige Kolik bekommen, daß ich mich in ein Wirtshaus begeben müssen, zugleich nahm ich ein leichtes Brechmittel ein und das überzeugte alle. Du wirst fragen, wozu alle diese Umstände? […] Weil alle lauteren Hochzeiten, wie unsere unvermeidlich geworden wäre, zu dem widrigsten Spotte alles Sakraments, zu den heillosesten Zoten gehören, wobei sich die Letzten gar noch verpflichtet halten, noch einige Tränen zu vergießen.«

Das Paar lebt zunächst in Berlin, ekstatisch einander zugewandt, Konventionen mißachtend, voller Mutwille und Körperlust. »Tollhäusler«, schimpft Goethe die beiden. Varnhagen von Ense drückt sich in einem Brief an Rahel vom 10. Februar 1812 noch etwas drastischer aus: Bettina bezeichnet er »als verrückt verschrieen«. Stolz schreibt Bettina an Schwager und Schwester Savigny: »zweitens hab ich mit Arnim zusammen einen Teig gemacht, wo wir nach Gutdünken von allerlei guten Sachen zusammenkneteten: er eine Handvoll Zucker, ich eine Handvoll Mehl, er Schnaps, ich Milch, er Zimmet, ich Butter, er Eingemachtes, ich Eier; und dann haben wir ihn gewelgert und in den Backofen getragen, und hätten wir nicht so oft geguckt, so wäre er noch besser geworden, aber er ist doch ganz vortrefflich geworden, und nun müssen wir bereuen, daß wir nicht wissen, wie er eigentlich gemacht ist, um Euch das Rezept zu schicken.«

»Daß wir nicht wissen, wie er eigentlich gemacht ist«, in diesen zwei Halbsätzen drückt sich ein Stück Programmatik der Frühromantik aus, das in den Surrealismus hinüberreicht: der kalkulierte Zufall, die kunstvoll hergestellte Naivität des Machens, die Lust an der gemeinsamen Arbeit, die die Urheberschaft verwischt. Man könnte von diesem Backwerk wie vom automatischen Schreiben sprechen. Aber das Glück kommt nicht automatisch, man muß es klug konzipieren, haushälterisch, was Bettinas Sache nicht ist. Keine Lucinden-Seligkeit, keine Verschmelzungs-Begeisterung, keine Utopie, ein Teig geht auf, ein Lebens-Teig. Die Brüder Schlegel dachten sich die Liebe (und die Frau, die sie gibt und empfängt) wie ein Gefäß, ein überquellendes Gefäß, in dem die eigene Genialität vorzüglich aufgehoben war und gärte.

Innerhalb von fünf Jahren gebiert Bettina vier Söhne. Ihre Namen Freimund, Siegmund, Friedmund, Kühnemund deuten auf den jeweiligen Stand der politischen Entwicklung hin; Napoleon wird zurückgeschlagen. Um die wachsende Familie zu ernähren und sicher auch aus Neigung zu einer praktischen Tätigkeit, bewirtschaftet Arnim ab 1814 das gänzlich heruntergekommene Gut Wiepersdorf im märkischen Bärwalde, das seine Großmutter Labes, bei der er mit seinem Bruder aufgewachsen war, erworben hat. Am Anfang pendelt das Paar gemeinsam zwischen Wiepersdorf und Berlin, bis sich herausstellt, daß Bettina die Urbanität braucht, Arnim aber unter der Unruhe und Geschäftigkeit der Stadt leidet. Bettina kommt in den Ferien zu ihm, Arnim zu ihr, wenn er landwirtschaftliche Verkäufe regelt.

Was nun folgt, ist eine einzigartige, halb freiwillige, halb erzwungene Konstruktion: Empfindliches Gleichgewicht zwischen einem genialen Mann und einer genialen Frau, die ihre Kunst notgedrungen phasenverschoben entwickeln, immer in Sorge, daß einer des anderen Last und nur mangelhafte Stütze sei. Wir verdanken dieser Konstruktion einen reichen, melodiösen, Höhen und Tiefen ausschreibenden Briefwechsel. Wo man ihn auch aufschlägt, man liest sich fest. Ein anrührendes Dokument.

Bettina, daran ist kein Zweifel, hat in diesem Briefwechsel die kräftigere, persönlichere Stimme. Ihre hohe Briefkultur, die auch eine Kultur des Mitempfindens, Anempfindens, der spontanen Umsetzung ist, zeigt sich später glänzend in *Goethes Briefwechsel mit einem Kinde* (1835), im Band *Die Günderode* (1840) und in *Clemens Brentanos Frühlingskranz* (1844), dem Briefwechsel mit dem Bruder Clemens, und in ihren politischen Schriften. Aber im Gegensatz zu den Bearbeitungen der Jugendbriefe, in denen die Anlässe meist klein sind, der Gefühlsaufwand und die Lust am Darstellen um so größer, nimmt sie nun teil am öffentlichen Leben der Hauptstadt. Sie besucht Theater, Ausstellungen, Vorträge, Abendgesellschaften, trifft Schleiermacher, Wilhelm von Humboldt, Schinkel, die Varnhagens, geht aus und ein bei Savigny und berichtet Arnim alles treulich, ebenso wie die nie abreißenden Haushaltssorgen, die Entwicklungsschritte der Kinder. Sie ist Teil der eng verflochtenen Berliner Romantik, nimmt und gibt in einer überaus produktiven Epoche. Sie ist Akteurin und Zeugin zugleich.

Arnim spricht von Unwettern, den Wollpreisen, der Einquartierung auf den umliegenden Gütern, dem neuen Schafstall, den gepflanzten Bäumen. Von seiner literarischen Arbeit spricht er höchst selten. Er beklagt sich bei Bettina über die Nachlässigkeit, mit der sie seine Briefe »zur Erlustigung der Mägde herumfahren läßt«. Aber sollten sich die Dienstboten ausgerechnet für die Pläne zu seinen Erzählungen interessieren? Das Argument scheint vorgeschoben. Wohl mehr interessieren die ungebetenen Leser die steten Vermahnungen der Hausfrau, die Gebetsmühle von der Sparsamkeit und Strenge in der Kindererziehung, die Sünden von Köchin, Verwalter und Hausmädchen, mit deren Aufrechnung er nicht geizt.

»Daß die Pomade von meiner Zärtlichkeit nicht schmilzt«, wünscht sich Bettina und ahnt, daß Liebe etwas ist, das sorgsam gepflegt und balsamiert werden muß, damit sie sich nicht die Kanten an der groben Wirklichkeit abstößt. Am Anfang steht das Sehnen der beiden nacheinander. »Komm ich aber zurück so soll mich nichts abhalten geradezu unter Deine Bettdecke zu fahren – Amen, Amen, es geschehe!«, schreibt Arnim. »Ach ich wollt ich hing an Deinem Hals und dürft nur Dich ansehn bis in den Tod«, schreibt Bettina zurück. Und Arnim, der immer Vergnügen hat an ungewöhnlichen Phantasien, wünscht sich, als Bettina ihm den Jammer schildert, daß ihr die Milch wegbleibt, nachdem sie sich über den Blutsturz der Magd erschrocken hat, und das Kind darbt: »ich wollte, daß ich mich könnte kochen lassen, damit du meine Bouillon tränkst, ich bin immer noch so gut wie Rindfleisch.« – »Du lieber, seidner Leib!«, zärtelt sie und setzt unter einen anderen Brief den energischen Imperativ: »Kauf dir doch um Gotteswillen einen Hosenträger und bring den Kindern Äpfel mit.«

Der Glanz der Zweisamkeit bekommt, kaum hat man sich in die mutwillige Vergnügtheit der ersten Zeit versenkt, Schrunden und Risse. Es tut weh zu lesen, wenn die vor ein paar Jahren noch so hochgemute junge Frau 1817 schreibt: »Ach lieber Alter, nun bin ich schon über die Hälfte meines Lebens, und sehe wohl ein, daß ich geboren bin zum Dulden, aber nicht zum eigenen freien Bewegen, so sehr ich mich auch in meinen früheren Jahren danach gesehnt.« Es folgt der Bericht, wie sie Freimund auf der Schiefertafel das Schreiben lehrt.

Die Falle ist zugeschnappt. Gründe lassen sich viele nennen: die Unfähigkeit Arnims weder durch eine Anstellung im Staatsdienst – wie Savigny, wie die Brüder Grimm sie erreicht haben – die Familie zu ernähren noch in einer freien Schriftsteller-Existenz. Clemens, der sich für letztere entschieden hat, setzt sich nur zu gern an die Freitische, die ihm seine bürgerlich seßhaften Geschwister seufzend decken. Die Erschütterungen des Zusammen- und Auseinanderlebens, die Kompromisse, die Freiheiten, die Bettina und Achim sich gegenseitig lassen oder schenken, die große Kinderzahl, der mangelnde Ertrag der Landwirtschaft, die durch den Zollverein vereinheitlichten Agrarpreise: Vieles kommt zusammen.

Arnim hat sich entschlossen, Gutsherr zu werden, als diese Tätigkeit, um einzige Grundlage einer komplizierten Ökonomie zu sein, schon ahistorisch geworden ist. Auch für Deutschland gilt, was Stendhal in seinem Roman *Le Rouge et le Noir* so unnachahmlich für die französische Provinz exemplifiziert: »Seit dem Sturz Napoleons ist jeder Anschein von Galanterie in den Sitten der Provinz streng verpönt. Man hat Angst, ins Geschwätz gezogen zu werden. […] Die Langeweile nimmt überhand. Bald bleibt keine andere Zerstreuung mehr als Lektüre und Landwirtschaft.« Nach der Bauernbefreiung hat sich der feudale Grundbesitz zu einer kapitalistischen Ertragswirtschaft gemausert. Östlich der Elbe dehnen sich Monokulturen, Schinkel hat von einer Reise nach England Muster einer großräumigeren Fabrikation mitgebracht. Justus Liebig, den Alexander von Humboldt protegiert hatte, erfand den Kunstdünger und revolutionierte die Landwirtschaft. Von weiter weg grüßte schon das wissenschaftlich ausgeklügelte System des Asperhofes, den Stifter im *Nachsommer* beschreibt. Die praktischen Gegebenheiten drücken Achim und Bettina auf ganz verschiedene Weise nieder.

1817 erscheint der erste Teil von Arnims Roman *Die Kronenwächter.* Es ist ein Montage-Roman, kompliziert und durchaus nicht überaus publikumsfreundlich gebaut. Der Freund Jacob Grimm äußert die Besorgnis, Arnim habe »eine eigene Lust daran, ganz gewisse und historische Personen« in seine Arbeit hineinzuweben, was aus heutiger Sicht eben die Kühnheit der Arnimschen Ästhetik ausmacht, seine Verschränkung des Faktischen mit der Fiktion. Der Roman setzt an mit den Bauernkriegen, schon in Heidelberg hat Arnim dafür Material gesammelt, und in gewisser Weise wächst ihm dieses auch über den klugen Kopf. Bettina ruht nicht, ihm haarklein jedes Lob, jede Ermutigung, die sie in der Großstadt aufschnappen kann, mitzuteilen. Ihr Stolz ist es nun, Frau dieses eigenwilligen Schriftstellers zu sein, den einmal die Surrealisten zu einem ihrer Ahnherren küren werden. Sie fordert ihn auf (treibt sie ihn an?), ein Arnim zu sein, wie Goethe ein Goethe ist. »Wenn ich mir manchmal ein Bild vom künftigen Leben zu geben suche, so sehe ich Dich ruhig und erhaben über alles Urteil einherschreiten, die Kinder Dir nachziehen und die Frau an der Hand, so steigst Du über Wolken bis zu dem Thron Gottes und hast sie alle mitgebracht, die Du liebst [...].« Es ist ein Bild, wie von Philipp Otto Runge entworfen:

das biedermeierliche Idyll der noch Heiligen Familie, doch voller Ironie, gebrochen. Sie will die Frau eines herausragenden Mannes sein, wenn überhaupt, und ist großmütig bereit, sich selbst in den Schatten zu ducken.

Arnims Skrupel vor dem kulturellen Leben wachsen, je weniger er schreibt. Die »Bärenhäuterfreuden«, wie Bettina das Landleben denunziert, stehen unversöhnlich gegen den »abdestillierten und filtrierten faden Menschengeist, der in Berlin herumgereicht wird«. – »Laß die Kunstlaufereien«, poltert er. Das Berlin, aus dem Bettina berichtet, ändert und wandelt sich ständig. Karl Friedrich Schinkel gibt ihm unter dem ängstlichen Blick Friedrich Wilhelms III. sein repräsentatives Gesicht. Wer immer im ersten Drittel des 19. Jahrhunderts auf der Suche nach kulturhistorischen Zusammenhängen und Zeitgenossenschaften ist, schlage bei Achim und Bettina von Arnim nach, es lohnt sich fast immer.

Als Schinkels neues Schauspielhaus bezogen wird (Bettina hat sich über den Brand des alten mit seinen lodernden sechshundert Zopfperücken sehr belustigt und zu den Plänen gemeint, Schinkel gerate jeder Schafstall klassisch), meint Arnim sarkastisch: »Es freut mich, daß das Schauspiel endlich eröffnet ist, so hat Leerheit und Langeweile ein neues Unterkommen gefunden und das öffentliche Geschwätz einen neuen Lückenbüßer.« Bettina ermutigt ihn zu Unternehmungen, er bremst sie. Als sie, die begabte Zeichnerin, die einen viel beachteten Entwurf zu einem Goethe-Denkmal gemacht hat, auch noch in Öl malen will, weist er sie auf die lange Reihe von Künstlern hin, denen die Malerei auch »etwas Unerreichbares blieb«. 1823 schreibt er: »Zeichne nicht zu viel, nimm lieber das Konversationslexikon und lies es durch von einem Ende zum anderen oder denke beständig an Deinen Achim Arnim.«

Schöne Ratschläge für eine Mutter von inzwischen sechs Kindern, die den größten Teil des Jahres alleinstehend ist. Ja, Arnim ist müde und verdrossen. Er gräbt sich ein in eine spartanisch-preußische Banalität. Daß er überhaupt neben der dauernd drängenden Landwirtschaft noch schreiben kann, ist fast ein Wunder. 1818 ist die Tochter Maximiliane geboren worden, 1820 Armgart. Rhetorisch liebenswürdig und gleichzeitig ratlos bietet Arnim einmal an: »Wenn ich nur einmal für Dich niederkommen könnte.« Bettina mahnt ihn, daß sie die »[…] Zahl unserer Kinder zu vermehren meiden«. Sie will nicht gelten lassen, was Arnim alles wichtiger ist als sie und die Kinder; sie mokiert sich über die »Abhaltungen, die so leicht wegzuräumen wären wie Spinnweben«. Der Viehmarkt hat für ihn »viel mehr Interesse als Grillparzers Sappho«, dort findet er »viel seltsam Volk, es ließ sich überall etwas Poetisches lernen«. Ganz und gar makaber liest es sich, wenn Bettina um Zärtlichkeit und Interesse an ihrer Lebenssphäre bittet und Arnim von der »Seligkeit« spricht, »die weiche Schnauze meines kleinen falben Füllens zu küssen und mit der bunten Schar Kälber unter viel hundertjährigen Eichen des Waldes zu jagen«.

1827 wird das siebte Kind, die Tochter Gisela, geboren; sie ist und bleibt der Liebling der Mutter, wird Schriftstellerin und später die Frau von Herman Grimm, dem Sohn von Wilhelm Grimm, der in Berlin Professor für Kunstgeschichte wird. Daß Bettinas »Gebärens Zeit« noch nicht »versiegt« ist, darüber zerreißt man sich in der literarischen Welt die Mäuler; auch daß sie Ammen und Ärzte nicht bei ihren Kindern duldet – mit bestem Erfolg, wie man sieht. Dagegen gibt sie ihren Kindern rohe Äpfel zu essen, wie sie sonst nur die Bauernkinder kauen; das großbürgerliche Kind wird mit Apfelmus traktiert. Bettina ist in ihren Erziehungsprinzipien eine höchst liberale Mutter, sie selbst beschreibt es in einem Bild, sie sei »wie die Katz mit den Jungen«. Sie will auch nicht dulden, daß die Kinder bis in die Nacht seitenweise lateinische Texte auswendig lernen. Arnim vertritt dagegen die Auffassung, wer schon bei so einer kleinen Hürde resigniere, wappne sich schlecht für den Ernst des Lebens.

Kein Zweifel, die Lebensweise der Arnims ist in den Augen der Zeitgenossen ein Skandal. Die Frau regelt alle möglichen Angelegenheiten, läuft »in einem Zustand, [...] wo andre doch wenigstens an ihrem Mann eine Krücke haben«, von Pontius zu Pilatus, um eine neue Wohnung zu mieten, was ihr auch immer wieder gelingt, aber um die Miete und die Dienstboten bezahlen zu können, muß sie häufig genug beim Schwager Savigny Geld leihen, eine demütigende Situation. Im Frankfurter Stammhaus der Brentanos hat nie Mangel geherrscht. Hin und her wird ihr Selbstgefühl gerüttelt. Die Damen der Gesellschaft haben Mitleid mit ihr; das anzunehmen, ist Bettina viel zu stolz. Die Männer stehen verwundert und verwirrt vor dieser zwischen Erschöpfung und Euphorie hin und her getriebenen Frau, die tatsächlich in vielem keine »Krücke« braucht.

Am 31. Januar 1831 stirbt Arnim an einem Schlaganfall. In Berlin bricht die Cholera aus. Und Preußen reagiert darauf, wie es zu reagieren gewohnt war: militärisch. Es zieht einen *cordon sanitaire* um die Stadt, der bis zur Oder reicht. Von Osten ist vieles gekommen, auch die Cholera, mutmaßt man. Als Preußen aufatmet, als die Pandemie schon abklingt, fällt Hegel ihr im November 1831 zum Opfer. Goethe stirbt im März 1832. Eine Epoche ist zu Ende, und alle, die daran teilgenommen und sie überlebt haben, torkelnd, sich die Augen reibend, verwaist, wissen es. Das schönste, leiseste und gleichzeitig poetischste Epitaph für Goethe setzt Rahel Varnhagen – in ihrem Tagebuch, sie hat keinen öffentlichen Publikationsort: »Milder als Mairegen sind Kinderküsse, Rosenduft, Nachtigallton, Lerchenwirbel. Goethe hört's nicht mehr. Ein großer Zeuge fehlt.« Ein Jahr später legte sie sich selbst zum Sterben nieder. Bettina von Arnim gehört zu den wenigen, die Rahel noch in der letzten Leidensphase sehen wollte.

Bettinas Lebenskurve ist eine andere. Nach dem Schock, gleichzeitig verwitwet und verwaist zu sein, beginnt ihre literarische Karriere. Schon ihre erste Veröffentlichung *Goethes Briefwechsel mit einem Kinde* macht Sensation. In Zukunft leistet sie sich, was sich kein Mann in Preußen mehr traut: ein politisch klar ausgerichtetes Leben als republikanische Königstreue und vereinigt den Gegensatz unbekümmert. Dies in einer Zeit, von der der Satiriker Adolf Glaßbrenner sagt, jeder Preuße scheine mit einem »inneren Gendarm« auf die Welt gekommen zu sein. 1840 erscheint ihr Buch *Die Günderode*. Es ist »Den Studenten« gewidmet, und die Studenten wissen, was sie an dieser jung gebliebenen Frau haben, die den Fortschritt der Reaktion nicht gelten läßt. Früh hat Bettina gelernt, Außenseiterin zu sein; diese Rolle schützt sie jetzt gegen Polizeistaat und Zensur. Mit der erstaunlich generösen Widmung schafft sie eine Klammer zwischen ihrer eigenen Jugend, den Aufbrüchen der Frühromantik und den jungen Menschen, denen alle Blütenträume im Eis der Reaktion erfrieren. Aber die Blütenträume ihrer eigenen Jugend in der Freien Reichsstadt Frankfurt, die vor niemandem das Haupt gebeugt hat, sind nicht versandet im mageren Boden Preußens. Von einer nun ziemlich weisen Dame genährt und gehütet, platzen sie auf. Die Samenkapseln lagen jahrzehntelang neben den Fingerhüten in den Knopfschachteln. Daneben ruhte sanft und friedlich das Nähkissen, in ihm die spitzen Nadeln.

Achim und Bettina in ihren Briefen. Hrsg. von Werner Vordtriede. Mit einer Einleitung von Rudolf Alexander Schröder. 2 Bände. Frankfurt am Main 1981.
Bettina von Arnims Armenbuch. Erweiterte Ausgabe. Hrsg. von Werner Vordtriede. Frankfurt am Main 1981.
Bettina von Arnim: Clemens Brentanos Frühlingskranz: aus Jugendbriefen ihm geflochten, wie er selbst schriftl. verlangte. Nachw. von Hartwig Schultz. Frankfurt am Main 1985.
Bettina von Arnim: Werke und Briefe. Hrsg. von Walter Schmitz und Sibylle von Steinsdorff. Frankfurt am Main 1195.

Stendhal: Rot und Schwarz. Chronik aus dem Jahr 1830. Vollständige Ausgabe. Übers. von Walter Widmer. Nachw. von Uwe Japp. Frankfurt am Main 1983.
Hildegard Baumgart: Bettine Brentano und Achim von Arnim: Eine Liebesgeschichte in Träumen. In: Jahrbuch des Freien Deutschen Hochstifts. Tübingen 1997.
Hildegard Baumgart: Bettine Brentano und Achim von Arnim. Lehrjahre einer Liebe. Berlin 1999.
Berliner Abendblätter. Hrsg. von Heinrich von Kleist. Nachw. und Quellenregister von Helmut Sembder. Darmstadt 1959.
Das Volk braucht Licht. Frauen zur Zeit des Aufbruchs 1790–1848 in ihren Briefen. Hrsg. von Günter Jäckel. Kommentiert und mit einem Nachwort von Manfred Schlösser. Darmstadt 1970.
Ingeborg Drewitz: Bettine von Arnim. Romantik – Revolution – Utopie. Köln/Düsseldorf 1969.
Helene M. Kastinger Riley: Achim von Arnim in Selbstzeugnissen und Bilddokumenten. Reinbek 1979.
Ursula Liebertz-Grün: Ordnung im Chaos. Studien zur Poetik der Bettine Brentano-von Arnim. Heidelberg 1989.
Heinrich Lilienfein: Bettina. Dichtung und Wahrheit ihres Lebens. München 1949.
Christa Wolf: Nun ja! Das nächste Leben geht aber heute an. Ein Brief über die Bettine. In: C. W.: Lesen und Schreiben. Neue Sammlung. Essays, Aufsätze. Reden. Darmstadt/Neuwied 1980.

Eine Unzeitgemäße:
ANNETTE VON DROSTE-HÜLSHOFF

Alles ist vorgebildet von Anfang an. Eine große Musikalität, die Freiheit, Noten Noten sein zu lassen und am Klavier zu phantasieren. Dann nimmt Annette von Droste-Hülshoff doch wieder Notenblätter zur Hand und beginnt zu komponieren. Eine Oper über die Wiedertäufer muß es sein. Sie hat eine Leselust, die eher gezügelt wird. Kein Schiller, keine *Räuber* für ein junges Mädchen! Eine Schreibfreude, die unmittelbar zum Vers drängt. Aus dem Vers wachsen Epen, ein Schlachtengemälde gar, *Die Schlacht im Loener Bruch* (1837/38 in Rüschhaus entstanden).

Zwischen Hingabe, Unterwerfung und selbstgewisser Überlegenheit gibt es keine Vermittlung; nur eine Spannung, die auszuhalten ist – lebenslang. Die Traumsprache der Dichtung drängt ins Verborgene, Leidenschaftliche, Vergrübelte. Die Droste hat Verständnis für das Dunkle, auch Böse im Menschen. Die aufgewühlte, rasende Natur, der sie Sprache gibt, die sie überhaupt erst wahrnimmt, ehe sie zur Sprache kommt, drängt ins Moor, in die Heide, den Wald, in die »tief tief trunkene Flut«. Die Droste weiß in ihren Gedichten von kranken Adlern und Seuchen, die in Herden fahren. Doch daneben herrschen Sitte und Anstand, die Begrenzungen des Standes, die Tröstungen und Empfehlungen ihrer Religion, die sie umfängt, die sie auch an den Rand des Denkens bringt.

»Sie hat alle drei Hochmute, den aristokratischen, den Damen- und den Dichterhochmut, aber sie ist trotzdem die liebenswürdigste Erscheinung, die man denken kann; sie ist natürlich im höchsten Grade, eine Beobachtungsgabe, die wirklich merkwürdig ist […].« So schreibt Levin Schücking am 6. März 1843 an Louise von Gall, seine Braut, und dabei hat er guten Grund, den Eindruck, den die Droste auf ihn gemacht hat, zu mildern, zu neutralisieren, zu objektivieren. Denn er will die junge Frau, die schriftstellerischen Ehrgeiz hat, mit der älteren, mit der er sich vorher verbündet hat, bekannt machen.

Wären von der Droste nur die Gedichte bekannt – *Am Turme*, ihr greller Abschied für das junge Paar Schücking-von Gall *Lebt wohl, Not* in seiner schneidenden Härte, *Die Mergelgrube* und noch eine Handvoll andere –, mühelos ließe sie sich mit solchem zerrissenen Weltgefühl in eine spätere Zeit hinüberziehen, die dem dichtenden Individuum prinzipiell einen außenseiterischen Ort anweist, an dem zu sein es einwilligt, wohl oder übel. Eine Zeit, in der das Wort »Emanzipation« einen guten Klang hat und in viele Münder paßt.

Am Turme

Ich steh' auf hohem Balkone am Turm,
Umstrichen vom schreienden Stare,
Und lass' gleich einer Mänade den Sturm
Mir wühlen im flatternden Haare;
O wilder Geselle, o toller Fant,
Ich möchte dich kräftig umschlingen,
Und, Sehne an Sehne, zwei Schritte vom Rand
Auf Tod und Leben dann ringen!

Und drunten seh' ich am Strand, so frisch
Wie spielende Doggen, die Wellen
Sich tummeln rings mit Geklaff und Gezisch
Und glänzende Flecken schnellen.
O, springen möcht' ich hinein alsbald,

Recht in die tobende Meute,
Und jagen durch den korallenen Wald
Das Walroß, die lustige Beute!
Und drüben seh' ich ein Wimpel wehn
So keck wie eine Standarte,
Seh' auf und nieder den Kiel sich drehn
Von meiner luftigen Warte;
O, sitzen möcht' ich im kämpfenden Schiff,
Das Steuerruder ergreifen,
Und zischend über das brandende Riff
Wie eine Seemöve streifen.

Wär' ich ein Jäger auf freier Flur,
Ein Stück nur von einem Soldaten,
Wär' ich ein Mann doch mindestens nur,
So würde der Himmel mir raten;
Nun muß ich sitzen so fein und klar,
Gleich einem artigen Kinde,
Und darf nur heimlich lösen mein Haar.
Und lassen es flattern im Winde!

Doch die Droste hat ihre ernsthafte dichterische Arbeit in einer Lebenskrise mit dem *Geistlichen Jahr* begonnen, das ursprünglich als Zyklus der Erbauung, auch als Abbitte an die fromme Großmama gedacht war, bis die Dichterin begriff, daß diese Gedichte niemals Andachtsbilder für den Betschemel werden. Da war sie schreibend schon bis zum Ostermontag vorgedrungen. 1820 schenkt sie ihrer Mutter einen Teil – und läßt die Arbeit liegen. Erst im Jahr 1839 vollendete sie den Zyklus, in dem Hader und Gottsuche, ein Ringen und Loslassen sich leidenschaftlich konterkarieren. Zum Ostermontag dichtet sie:

Deine Gnad' ist weich und warm,
Mag der Sorgfalt nicht entbehren,
Und mein Herz war kalt und arm,
Solchen zarten Gast zu nähren;
Aber wie die Quellen springen,
Losgerissen von dem Weh,
Taucht sie sich mit milden Schwingen
In den heißen roten See.

Die Großmama und der Münsteraner Dompropst-Onkel hätten dies mit guten Gründen für blanke Blasphemie halten können. So bleibt der Text im Nachlaß. Er wurde erst 1851 publiziert, drei Jahre nach Annette von Droste-Hülshoffs Tod.

Doch der Rest des Poems – bemerkenswerterweise folgt die Droste nicht dem Kirchenjahr, das mit dem ersten Adventssonntag beginnt –läßt auf sich warten. Als sie 1839 die Arbeit wieder aufnimmt, ist ihre Frömmigkeit keinesfalls konformer geworden. Der Text zum dritten Sonntag nach Ostern mit dem trostreichen Johannes-Evangelium (»Über ein kleines so werdet ihr mich sehen«) beginnt bei der Droste wie mit einem Donnerschlag.

Ich seh' dich nicht!
Wo bist du denn, o Hort, o Lebenshauch?
Kannst du nicht wehen, daß mein Ohr es hört?
Was nebelst, was verflatterst du wie Rauch,
Wenn sich das Aug' nach deinen Zeichen kehrt?
Mein Wüstenlicht,
Mein Aaronsstab, der lieblich könnte grünen,
Du tust es nicht;
So muß ich eigne Schuld und Torheit sühnen.

Verlassenheit, Gottverlassenheit, Deus absconditus könnte diese existenzielle Haltung heißen, die in dieser bedeutendsten religiösen Dichtung der Neuzeit im deutschen Sprachraum immer wieder durchscheint. In einem Widmungsgedicht an die Freundin Elise Rüdiger blinkt das Gottesauge bei weitem freundlicher:

> Und niemals wird das Himmelslicht,
> der Poesie Beleuchtung, fehlen.

Natürlich soll die Freundin auch zum Geburtstag nicht bekümmert werden.

Die sonderbare Vertraulichkeit, mit der in Deutschland die Dichterinnen geduzt werden, als hätten die Leser sie in der Tanzstunde kennengelernt und ihnen gutherzig errötend auf den Zehenspitzen gestanden! Rahel. Bettina. Annette. Ein scharfer Schattenriß umfaßt die Gestalt, eine Vorstellung von der Gestalt, wie zart sie immer ist, eine Vorstellung, hinter der das Werk verschwindet. Man hat ja den Rockzipfel erfaßt. Wer es zu dieser körperlichen Anwesenheit im literarischen Gedächtnis nicht gebracht hat, ist auch in der Werk-Rezeption toter als tot und wird nicht gelesen. Die vage Erinnerung an ein paar Lesebuch-Gedichte der Annette von Droste-Hülshoff: eine Beschämung, Irritation, was in diesem energischen weiblichen Körper an Schreib-Leidenschaft steckt. Wie »unweiblich« dieses Schreiben ist! Mit anderen Worten: Was sie sich traut jenseits der Körperlichkeit auf dem glatten Papier! Jane Austen, eine Generation älter als sie und bürgerlich als Pfarrerstochter auf die Welt gekommen, kann sich im liberalen England allerhand trauen. Emily Dickinson, eine Generation jünger als die Droste, traut sich im Leben fast gar nichts. Sie bleibt in ihrem Mädchenzimmer im ersten Stock des Hauses ihres Professorenvaters in Amherst sitzen und kommuniziert mit der Welt vorwiegend durch ein Körbchen, das sie für Obst und Briefe an der Hauswand hinunterläßt. Ihre radikal verknappten, eruptiven Gedichte werden erst nach ihrem Tod veröffentlicht.

Annette von Droste-Hülshoff, am 10. Januar 1797 auf einem Wasserschloß geboren, (nach anderen Quellen am 12. Januar) längt ihre Freiheiten, so weit sie kann, und das ist nicht weit. Sie geht am Bodenseestrande mit ihrem Freund spazieren und zeigt ihm ihre Manuskripte, ihre Gemmen und Münzen und ihr aufgewühltes Herz. Also zuerst ihre künstlerische Arbeit, dann der Körper und seine Empfindungen, der vergeßliche, empfindliche, der sterbliche, den schon früh der Bluthusten plagt. Doch der Körper ist keine Bürde. An die Freundin Elise Rüdiger berichtet sie: »Sie sehn, ich bin fleißig. Außerdem renne ich täglich ein paar Stunden spazieren und hoffe, mit der Zeit so mager und behende wie eine Peitschenschnur zu werden.«

Levin Schücking beschreibt sie in einem Lebensbild. Er ist der Sohn der verehrten Katharina Busch, die man die »Dichterin Westfalens« nannte, ehe die Droste auf den Plan trat. Sie ging eine unglückliche Ehe mit einem Herrn Schücking ein und verstummte, was der jungen Dichterin, beobachtend, wohl zu denken gab. Levin Schücking also, der nach dem Tod seiner Mutter Annette von Droste-Hülshoffs Freund wurde, schreibt über sie: »Ihr Äußeres machte einen eigentümlichen Eindruck. Diese wie ganz durchgeistigte, leicht dahinschwebende, bis zur Unkörperlichkeit zarte Gestalt hatte etwas Fremdartiges, Elfenhaftes; sie war fast wie ein Gebilde aus einem Märchen. Die auffallend breite, hohe und ausgebildete Stirn war umgeben mit einer ungewöhnlich reichen Fülle hellblonden Haares, das zu einer hohen Krone aufgewunden und auf dem Scheitel befestigt war. Die Nase war lang, fein und scharf geschnitten. Auffallend schön war der zierliche, kleine Mund mit den beim Sprechen von Anmut umlagerten Lippen und feinen Perlenzähnen. Der ganze Kopf war aber zumeist etwas vorgebeugt, als ob es der zarten Gestalt schwer werde, ihn zu tragen; oder wegen der Gewohnheit, ihr kurzsichtiges Auge ganz dicht auf die Gegenstände zu senken. Zuweilen hob sie den Kopf, um ganz aufrecht den zu fixieren, der vor ihr stand; und namentlich dann, wenn sie irgendeine humoristische Bemerkung oder einen Scherz machte; dann hob sich lächelnd ihr Haupt, und wenn sie neckte, lag dabei auf ihrem Gesichte etwas von einem vergnügten Selbstbewußtsein, von einem harmlosen Übermut, der aus dem ganz ungewöhnlich großen, trotz seiner Gutmütigkeit so scharf blickenden hellblauen Auge leuchtete. Dieses Auge war jedenfalls der merkwürdigste Teil ihres Gesichtes; es war vorliegend, der Augapfel fast konisch gebildet. Man sah die Pupille durch das feine Lid schimmern, wenn sie es schloß.« Clemens Heselhaus, der so unendlich viel über die Droste herausgefunden hat, spricht im Zusammenhang mit ihrer inneren Reizbarkeit und den hervorquellenden Augäpfeln von einer zu vermutenden Schilddrüsenkrankheit.

Die Freundin Adele Schopenhauer, die Schwester des Philosophen und Tochter einer selbstbewußten Schriftstellerin, in Weimar aufgewachsen und später unruhig reisend, eine feine traurige Seele und ein schönes Stimmchen – damit liest sie Goethe vor, der es gerne hört –, Adele, von der die literarische Welt ihrer Zeit zu erzählen wußte, daß sie mangels körperlicher Anmut unverehelicht blieb in Symbiose mit der alternden Mutter, strichelt zwei Zeichnungen für die Droste. Auf der einen von 1840 haschen aus einem biedermeierlichen Rankenwerk eine männliche und eine weibliche Figur nach einem Kometen. Die Anspielung versteht jedermann: Nur ein wenig heiter hinausgelehnt aus der freundlichen Umzäunung, hereinspaziert, alles ist offen. Und: Kometen gibt's eben nicht in die hohle Hand. In dieser Spannung bleibt die Droste lebenslang gefangen.

Auf der anderen Zeichnung sieht man die sitzende Annette von Droste-Hülshoff. Eine schwere Haarkrone über dem Mittelscheitel, die Ärmel gepufft, gerafft, die Hände verschränkt, der Blick geht ins Weite. Sie kauert in einer Sofaecke, wie für immerdar hat sie es sich dort eingerichtet. Aber wo sind die Beine, die Füße, die Erdung der so korrekt beherrschten Person? Die Beine sind in der Höhlung des weit bauschenden Rockes untergeschlagen, türkensitzartig. Sitzt so ein adliges Fräulein? Gewiß nicht.

Die Droste dankt der Freundin auf ihre Weise für die Dokumentation des Konventionsbruchs: Einer Dritten schildert sie die töchterlichen Bedrückungen, die die Schopenhauer-Mutter selbstsüchtig inszeniert, »wovon ich selbst mehrmal Zeugin gewesen bin, oft, wenn die Langeweile überhandnahm, sie zwang, im Fieber aufzustehn und mit ihr in Gesellschaft zu gehen; – die ihrer Tochter Vermögen (es gehört alles Adelen) rein verißt in Leckerbißchen und sonst zu ihrem Vergnügen verwendet, mit einer empörenden Gleichgültigkeit, da sie, wenn man ihr vor Augen stellt, daß sie Adelen an den Bettelstab bringt, ganz kalt antwortet, Adele sei beliebt, es würden sich schon Leute finden, die sie zu sich nehmen. Wie gefällt dir das? Und Adele muckt auch nicht, sucht dies häusliche Elend auf alle Weise zu verbergen und benimmt sich überhaupt dabei wie unter tausend keiner.«

Der Brief bleibt ambivalent, die scharfe Beobachtungsgabe fokussiert ein Problem, das der Schreiberin nicht unbekannt sein kann; er macht, was Adele zu verheimlichen sucht, in der Freundschaftskultur offenbar. Fällt sie der schüchternen Freundin in den Rücken? Oder stärkt sie ihr den Rücken? Die Erbitterung ist deutlich. Doch ist es in den Augen der Briefschreiberin eine Charakterstärke zu mucken oder eine Demutshaltung? Muckt die Briefschreiberin selbst in Sympathie mit der nichtmuckenden Freundin? Die Droste unterschreibt bis zum Lebensende ihre Briefe an die Mutter formelhaft: »Deine gehorsame Tochter Nette.« Überhaupt ist sie eine blendende, witzige, lebhafte Briefschreiberin. Haarklein schildert sie der Mutter ein Dampfschiff auf dem Rhein, wie es funktioniert (so ungefähr jedenfalls), und in fünf Stunden könnte man schon in Koblenz sein. Die Briefe als Lebenszeichen sind erwünscht. Die »Schreibereien«, wie die Mutter die Literatur der Tochter nennt, sind ihr, ebenso wie der großen Verwandtschaft, eher peinlich.

Der Körper steht der Dichterin im Wege, die Weiblichkeit ist unwägbar. (Hier erwischte mich kalt ein Verschreiber: unwegsam. Ja, auf gut patriarchalisch gepflasterten Wegen ist die Nichtzugehörigkeit zu dem einen Geschlecht ein Umweg, den die Droste selbstbewußt geht, ein »Und dennoch« und ein »Eben gerade jetzt«). Darum verunklärt sie sie, als 1838 ihr erster Gedichtband erscheint. Ihr Autoren-Name ist gleichzeitig eine Verstümmelung des weiblichen Vornamens und des Geschlechternamens, nur das Adelsprädikat ragt keck heraus, auflösbar wie ein schlecht konstruiertes Rätsel: »A. E. v. D. H.«

Die Günderrode hat sich das Pseudonym Tian zugelegt, Bettina von Arnim macht sich zärtelnd klein in der Nähe ihres erwählten Gottes Goethe. Dabei hat die Droste ihrer Mutter in zähen Verhandlungen die Einwilligung zum Druck ihrer Gedichte abgerungen. 1838, als die 41jährige debütiert, ist Goethe sechs Jahre tot. Sein Dichtergötterthron bleibt leer, bis Gerhart Hauptmann ihn usurpiert. Die Zeit ist in Deutschland in ein Loch gefallen, tief verschneit und verschnarcht. Über das Loch ist eine Zipfelmütze gezogen worden. Im Loch hausen Polizei und Zensur, inflationär vervielfältigt durch die Kleinstaaterei. Doch die herrschende schönfärbende und lebkuchenhaushohe Ideologie sagt: Im Loch hausen die Elfen und Gnome, dämmert ein rotbärtiger altdeutscher Kaiser, der die schlaftrunkenen Lider hebt und vielleicht wieder aufwacht, wenn die Deutschen nur recht ordentlich an ihrem gebrochenen Nationalbewußtsein weben und wirken. Die Germanistik wird begründet als eine Wissenschaft vom Deutschtum, das sich von deutsch geschriebenen Textkonvoluten herleitet.

Der Schwager der Droste, Freiherr von Laßberg, ist dabei ein nicht unmaßgeblicher Mann. Er ist 64 Jahre, als er Annettes Schwester Jenny heiratet. Ein würdiger weißer Rauschebart im Jagdrock oder in altfränkischer Montur. Für die Interessen derer von Fürstenberg war er als eine Art Prinzregent beim Wiener Kongreß gewesen. Die Fürstin ist mit seiner Arbeit für sie so zufrieden, daß sie sich ihm weiter verbindet. Ein gemeinsamer Sohn wird geboren. Untröstlich ist er, als die Fürstin stirbt. Dann freit er, wie es sich geziemt, Annettes Schwester. Die neue westfälische Verwandtschaft sieht mit freundlicher Bigotterie und Bonhomie über den Makel seines Vorlebens hinweg.

In Wien hatte er für ein paar hundert Dukaten eine Handschrift des Nibelungenliedes erstanden – die Germanisten benennen sie mit dem Buchstaben C –, außerdem Evangeliare, Codices, Handschriften mittelalterlicher Gedichte. Die Säkularisation der Klöster ließ solche Schätze auf den freien Markt kommen, und Laßberg griff mit vollen Händen zu. Er hatte den Fürstendienst quittiert und sich zunächst im schweizerischen Eppishausen angesiedelt, das Schloß wurde mit Geldern der Fürstin erworben. Annette von Droste-Hülshoff berichtet unnachahmlich sarkastisch über einen Besuch beim Schwager im Thurgau: »Hier im Hause giebts ganze Ladungen von Minneliedern und drunter mehrere starke Hefte mit Melodien dazu. Mein Schwager lebt in Nichts Anderm ... und übrigens ist er angenehm, geistreich, sehr gelehrt, kurz ihm fehlt nichts, sondern Er hat nur etwas zu viel, nämlich zu viel Manuskripte und INCUNABELN, und zuviel *Lust*, sie *vorzulesen.*«

Dann zieht Laßberg um und kauft das mittelalterliche Schloß Meersburg am Bodensee. (Auch so eine neumodische Mittelalter-Marotte, ebenso wie die leicht entflammbare Begeisterung, den Kölner Dom zu Ende zu bauen.) Die Droste wohnt häufig bei Schwager und Schwester. Die Meersburg wird Forschungs- und Sammelstätte, Laßberg öffnet seine Bibliothek den Interessenten, die süddeutschen Dichter, die im Rückwärtsgewandten ihre Gegenwart spiegeln, sind viel dort zu Gast. Die Droste spart nicht mit spitzigen Bemerkungen über den mittelalterlichen Bazillus, den Schimmel und den Philologenstaub im alten Gemäuer. Über den alten Herrn schreibt sie 1841: »Mein Schwager hat einen sehr lebhaften Geist, aber allmählich sehr abnehmenden Körper, drum baut er gerne Schlösser in die Luft; kömmts aber darauf an, ihnen ein solides Fundament zu geben, dann hat er die Gicht in Arm und Bein oder Husten, und der Weg scheint ihm dreimal so lang als vorher.« Aber auch Laßberg spart nicht mit Kritik an der Schwägerin. Es ist nicht angenehm, eine bedeutende Dichterin der Gegenwart zu sein und ständig von sich bedeutsam fühlenden Herren, die sich in die Vergangenheit versenken, geflissentlich übersehen zu werden.

Von den Unzeitgemäßen in Literatur und Kunst, zu denen

Annette von Droste-Hülshoff gehört, ist die Rede. Wenn die Zeit stillsteht, sieht man die vergangenen Gegenstände und die fehlenden zukünftigen genauer. Ihr erster Gedichtband bleibt unbeachtet. Erst als 1842 die Novelle *Die Judenbuche* im *Morgenblatt für gebildete Leser* erscheint und 1844 ein Band Gedichte bei Cotta, bekommt sie Aufmerksamkeit, aber da hat sie nur mehr vier Jahre Lebenszeit. Nach dem Erscheinen der Gedichte schreibt Laßberg an Franz Pfeiffer: »Nette's Gedichte gefallen Inen also sehr wohl! – mir gefallen sie nicht! Originalität, Erfindung und dichterischen Schwung kann man inen zwar nicht absprechen; aber sie ermangeln der classischen Reinheit der Sprache gar zu ser! und welches Heer dem nicht Westphalen ganz unverständlicher Provinzialismen! one ganz reine, höchst gebildete Sprache kann ich keinen Dichter anerkennen.«

Ebenfalls 1844 veröffentlicht Heinrich Heine *Deutschland. Ein Wintermärchen*. Im Kaput X, das sich liebevoll über die westfälischen Reise-Eindrücke beugt, um sie wieder rasch hinter sich zu lassen, wird der Himmel aufgefordert:

Er schenke deinen Söhnen stets
Ein sehr gelindes Examen,
Und deine Töchter bringe er hübsch
Unter die Haube – Amen!

Mehr ist dazu nicht zu sagen, der Sarkasmus ist dem Gegenstand eingeschrieben.

Die erzählerischen Vorhaben der Droste-Hülshoff sind alle in ihrer westfälischen Heimat angesiedelt. Von sehr weit weg prüft sie die Gegenstände ihres Erzählens, nüchtert sie so aus, daß sie blank und fast roh in der Hand liegen. Emotionen läßt sich die Erzählerin nicht durchgehen, auch keine Schnörkel, keine Behäbigkeiten. In Stifters Erzählung *Der Hochwald*, im gleichen Jahr wie *Die Judenbuche* erschienen, gibt es ein schönes Bild, das für die Methode der Unzeitgemäßen insgesamt stehen kann: Zwei in Sicherheit gebrachte Mädchen, Johanna und Clarissa, schauen dem Brand des väterlichen Schlosses durch ein Fernglas zu. Die Erzählung spielt im Dreißigjährigen Krieg. Das moderne Instrument der naturwissenschaftlichen Forschung vergrößert ihren Schmerz. Die beiden führen sich die Katastrophe sozusagen als historisches Ereignis im Überblick vor die gepeinigten Augen.

In ihrem »Sittengemälde aus dem gebirgichten Westfalen«, der Novelle *Die Judenbuche*, auch in den Chroniken *Bei uns zu Lande auf dem Lande* und den *Bildern aus Westfalen* regiert reiner Forscherdrang. Die puffernde, gleichzeitig Neugier und Distanz verkörpernde Gestalt des Erzählers in *Bei uns zu Lande auf dem Lande*, der Vetter aus der Lausitz, den es nach Westfalen verschlägt, bringt das ins Spiel, was wir uns angewöhnt haben, den fremden, ethnologischen Blick zu nennen. Eine Erzählhaltung, die seit Baron de Montesquieus *Lettres persanes* (Persische Briefe) frisch wie am ersten Tag geblieben ist. Das Vertraute wird ausgekältet, so wirken die Gegenstände wie nie gesehen.

Die bedrohliche Distanzlosigkeit von Heimat, wie die Erzählliteratur des späten 19. Jahrhunderts sie als eine Lähmung vorführt, bleibt aus. Wenn in der *Judenbuche* geheiratet wird, heißt es: »Das junge Blut weinte sehr, teils weil es die Sitte so wollte, teils aus wahrer Beklemmung. Sie sollte einem verworrenen Haushalt vorstehen, unter den Augen eines mürrischen alten Mannes, den sie noch obendrein lieben sollte. Er stand neben ihr, durchaus nicht wie der Bräutigam des hohen Liedes, der ›in die Kammer tritt wie die Morgensonne‹. – ›Du hast nun genug geweint‹, sagte er verdrießlich; ›bedenk, du bist es nicht, die mich glücklich macht, ich mache dich glücklich!‹ – Sie sah demütig zu ihm auf und schien zu fühlen, daß er recht habe.«

Schärfer, kühler, knapper kann man den Handel nicht umreißen. Und gleichzeitig hat die kleine Szene eine wichtige Gelenkfunktion in der Erzählung. Es folgt der Auftritt des jüdischen Händlers Aaron, dieser wird kurz nach der Hochzeit erschlagen aufgefunden. Und diese Hochzeit verweist in ihrer stillen Tragödienhaftigkeit auf die Hochzeit am Anfang der Novelle, als der Witwer Mergel die brave und anständige, aber weit über das übliche Hochzeitsalter hinausgewachsene Margreth heiratet, die in ihrer »selbstbewußten Vollkommenheit« nicht ahnt, was ihr in dieser Ehe an Unglück blüht. Die »Waldeinsamkeit«, in der das dramatische Geschehen spielt, bleibt ein Schlüsselbegriff der deutschsprachigen Literatur des 19. Jahrhunderts bis hin zur sanftmütigen Trivialisierung durch Peter Roseggers *Waldschulmeister*.

Die Droste hat dieses schwere Kaliber von Erzählstoff nicht aus dem Nebel gezogen, sondern aus einem Text entwickelt, den ihr Onkel August von Haxthausen nach einer wahren Begebenheit niedergeschrieben hat. Sie erfindet dieser urtümlich dramatischen Schürzung eine Vorgeschichte und eine soziale Situierung zwischen den im Leben reinlich geschiedenen Situationen. Ihre Erzählhaltung will nichts von persönlicher Schuld und Selbstjustiz und der selbstverständlichen Rechtlichkeit des behäbigen, zur Gerichtsbarkeit berufenen Adels wissen. Eher setzt sich ein Fatum durch, eine schärfer und schärfer sich ausbildende Asozialität, die sich am Ende gegen das eigene Leben richtet. Die Natur ist zugleich Zeuge (von Morden) und Opfer (des Holzdiebs), sie ist niemals Stimmungsgeber oder nur Kulisse. Stürmisch und mondhell ist der Wald, das Geschehen wird durch Zeugen ins Dorf getragen. Das Dunkle, Verbrecherische der menschlichen Handlungen kontrastiert roh mit dem zerstörten, verwüsteten Wald. Die Beschreibung der von Menschen angerichteten Gewalttaten: Das ist auch ein Konterkarieren der biedermeierlichen Sittlichkeitsideale, hier gepaart mit dem Schauder vor dem Geschehen in der Vergangenheit.

Ganz anders die Erzählhaltung in dem frühen Prosafragment *Ledwina* (1819–1824). Warum diese kühn angelegte Arbeit nicht zu Ende geführt werden konnte, ergibt sich fast von selbst. Zwischen der Entfaltung des weiblichen Charakterbildes, einer Frühform des weiblichen Narziß, der Schilderung des sich verfehlenden familiären und nachbarschaftlichen Austauschs und den großen Aufzügen des Wetters entfaltet das Fragment Schichten um Schichten. Vielleicht ist *Ledwina* als ein großräumig angelegtes Panorama des Stillstandes zu lesen. Deshalb kann es nicht in erzählerische Bewegung gebracht werden. Deshalb muß die sensitive Hauptfigur durch die Gegend stromern, deshalb muß ein Junge im Fluß ertrinken, das Wetter peitschen und toben, während in den Stuben vage Heiratspläne geschmiedet werden. Ein romantisches Seelengemälde ist das nicht. Eher ein Beweisstück einer nahezu unmöglichen Kunst.

Annette von Droste-Hülshoff: Sämtliche Werke und Briefe. Hist.-krit. Ausgabe. Hrsg. von Winfried Woesler. Tübingen 1985f.

Annette von Droste-Hülshoff: Sämtliche Werke. Hrsg. und mit einem Nachwort und Erläuterungen von Clemens Heselhaus. München 1966.

Die Briefe der Annette von Droste-Hülshoff. Hrsg. von Karl Schulte Kemminghausen. 2 Bde. Jena 1944.

Heinrich Heine: Deutschland. Ein Wintermährchen: geschrieben im Januar 1844. Mit Komment. von Winfried Woesler und Thomas Vormbaum. Berlin 2006.

Clemens Heselhaus. Annette von Droste-Hülshoff: Werk und Leben. Düsseldorf 1971.

Marbacher Magazin: Annette von Droste-Hülshoff und ihre literarische Welt am Bodensee. Bearbeitet von Ulrich Gaier. Nr. 66. Marbach 1993.

Marbacher Magazin. Joseph Freiherr von Laßberg (1770–1855). Imaginierte Lebensformen des Mittelalters. Bearbeitet von Ulrich Gaier und Helmut Weidhase. Nr. 82. Marbach 1998.

Norbert Mecklenburg: Der Fall Judenbuche: Revision eines Fehlurteils. Bielefeld 2008.

Levin Schücking: Annette von Droste. Ein Lebensbild. Stuttgart 1942.

Friedrich Sengle: Annette von Droste-Hülshoff und Eduard Mörike. Zeitgenossenschaft und Individualität der Dichter. In: Kleine Beiträge zur Droste-Forschung 3. 1974/1975.

II

Linksseitig, kunstseidig: DAME, GIRL UND FRAU

Ich möchte Ihnen das Personal vorstellen, mit dem ich mich beschäftige, das hier auftreten wird, und schon zögere ich. Am liebsten hätte ich einen Besetzungszettel wie im Theater geschrieben, Auftritte und Abgänge festgelegt. Das Personal ist klar umrissen, es besteht aus einer Nackttänzerin, einem fürstlichen kleinen Hund, einer Schauspielerin, vielleicht müßte ich auch Diva sagen, sehr vielen bienenfleißigen, adretten, jungen Frauen, die das Schreibmaschineklopfen und andere Fertigkeiten beherrschen, durch deren Achtstundentag erotische Wunschbilder gaukeln; ein Sexualforscher gehört zum Personal, eine morphiumsüchtige lesbische Schweizer Reisende, ein Arzt und noch etliche Herren, die aber hier – Sie werden es mir wohl oder übel verzeihen müssen – eher als Staffage auftreten.

Doch was tut das Personal? Tritt es auf? Nein, das hört sich nach einer Bühne an, die ich Ihnen nicht bieten kann. Betritt es den Raum? Nein, das hört sich nach fest hinter der Etagentür geschlossenen Wohnungen an, nach einem Satz wie: »Die Frau gehört ins Haus.« Das Personal bewegt sich aber eher in öffentlichen Räumen; es meidet die Privatheit. Ich weiß schon, Sie wollen mir jetzt beistehen und schlagen vor, das Personal flaniere den Kurfürstendamm entlang; daran habe ich auch schon gedacht und den Gedanken gleich wieder verworfen. Erstens: weil in Paris schon bald nach 1850, als Georges-Eugène Haussmann begann, die Boulevards zu schlagen, flaniert wurde. Und so hinter dem Mond sind die Berliner nicht, daß sie den Parisern erst nach 50 Jahren etwas abgucken; sie haben es schon früher getan. Und zweitens, das entscheidendere Moment: Die Personen, von denen ich zu sprechen habe, mögen den Kurfürstendamm überhaupt nicht. George Grosz spricht von der »geschmacklosen, aber protzigen Häuserkulisse des Kurfürstendamms«. Else Lasker-Schüler, sich stets und überall fremd fühlend, auch im himmlischen Jerusalem und am meisten in Berlin, wo sie sich am längsten aufhält, beklagt die mangelnde Transzendenz auf der Achse des Neuen Westens und fordert im 6. Brief des *Malik* den Blauen Reiter Frank Marc auf: »Bitte gehe einmal über den Kurfürstendamm, bieg in die Tauentzienstraße ein, kannst Du Dir vorstellen, daß ein Dirbegegnender in den Himmel kommt?« Und die immer kluge, vertrauenswürdige Gabriele Tergit nennt ihn »die scheußliche Erfindung der Neureichen von 1900«. Irmgard Keun läßt die Erzählerin Doris, das »kunstseidene Mädchen«, in ihr fiktives Tagebuch schreiben: »Auf dem Kurfürstendamm sind viele Frauen. Die gehen nur. Sie haben gleiche Gesichter und viele Maulwurfspelze – also nicht ganz erste Klasse – aber doch schick – so mit hochmütigen Beinen und viel Hauch um sich.«

Ich könnte sagen, das Personal reist an und ist einfach da. Es ist da, und es ist trotzdem immer in Bewegung, und jeder Punkt auf dieser Bewegungsbahn ist soziologisch klar definiert. Das Personal reist an – meist aus der Provinz, woher sonst? – und bleibt, taucht ein ins Großstädtische. Kaum einer oder eine ist in Berlin geboren, im Gegensatz zu der expressionistischen Generation. Sie reisen an und bleiben, bleiben in einer heftigen Bewegung begriffen. Ich könnte Berlin auch als Auffanglager, Durchgangslager der Intelligenz bezeichnen, ein Durchgangslager, das sich 1933 radikal entleert, das ausgeräuchert wird.

Folgen wir der Bewegung und treten wir einen Schritt oder zwei zurück in die Vergangenheit, um sie besser zu verstehen. »Möhrings wohnten Georgenstraße 19, dicht an der Friedrichstraße. Wirt war Rechnungsrat Schultze, der in der Gründerzeit mit dreihundert Talern spekuliert und in zwei Jahren ein Vermögen erworben hatte.« Unzweifelhaft gehört Mathilde Möhring nach Berlin, ihr lebensgeschichtlicher Ausflug in die östliche Kleinstadt endet wieder in der Georgenstraße, dritter oder vierter Stock, je nachdem, wie man das Berliner Hochparterre bezeichnet. Der kleine Roman *Mathilde Möhring*, im August 1891 begonnen und noch im Herbst des gleichen Jahres »im Brouillon« beendet – die letzte Bearbeitung legte Fontane immer wieder zugunsten größerer Entwürfe beiseite –, wurde aus dem Nachlaß 1906 in der *Gartenlaube* in sieben Folgen abgedruckt, als Buch zwei Jahre später. Keine Zweifel läßt Fontane an der festgefügten Existenz der Hauptfigur aufkommen. Mit der Mutter, die nach dem Tod des Vaters Zimmer vermietet, sitzt Mathilde fest. Eine Spinne im Netz, die sich einen Kandidaten der Rechte fängt. Ein bildbares Objekt ihrer Bestrebungen, ein ewiger Student, sein Name kontrastiert seltsam zu seiner sanften Schönheit: Hugo Großmann. Fontane gebraucht für die Inszenierung des weiblichen Aufstiegs mehrmals den Begriff »hexen«; zunächst bekundet Mathilde ihrer Mutter gegenüber: »ich kann eben hexen«. Wohl ist dem Autor nicht, und wohl soll bei dieser energisch, am sozialen Rollentausch vorbeiexperimentierenden Hauptperson auch dem Leser in keinem Augenblick sein. Im »Hexen« bleibt eine Erinnerung an geheimnisvoll imaginierte Kräfte von Frauen aufgespart, Kräfte, die Mathilde durch kühles Kalkül überflügelt. Die männliche Angst vor unabhängigen Frauen rettete sich über Jahrhunderte ins Vexierbild der Hexe. Das »Hexen« der Mathilde ist eine Abart des Bürgerinnenfleißes geworden. Mathilde, der ihr Vater den Rat »Thilde, halte dich propper.« gegeben hat, verläßt plötzlich regelmäßig das Haus. Sie taucht in der städtischen Lesehalle unter und studiert die Anzeigen. Eine vollkommen zweckgerichtete Bewegung, Mathildes Eigenschaften entsprechend: »quick, findig, praktisch«. Tatsächlich findet Mathilde auch ihrem verträumten Juristen eine Stelle, ein Bürgermeisteramt in einem westpreußischen Nest. Erotik, Verlobung und Heirat sind nicht das, was Fontane an dieser Figur interessiert, anders als bei Effi Briest. Mit feiner, spröder Ironie läßt er Mathildes Medium des Aufstiegs, Hugo Großmann, sinnieren: »Aber Küssen ist nicht ihre Force.« Die Briefe der Mutter aus Berlin an die Tochter: lästige Mahnungen in der befremdlich schnellen Bewegung von der zielstrebigen Kleinbürgerin zur reputierlichen Dame der Kleinstadtgesellschaft.

Das Oben der Berliner Gründerzeitgesellschaft ist zu hoch für Mathilde. Der ersehnte Aufstieg ist nur über den Umweg zu erreichen. Der Bürgermeister könnte Landrat werden, Abgeordneter usw. Zwischen den lokalpolitischen Winkelzügen in Woldenstein gerät die Großstadt in Vergessenheit. Nur der alte polnische Graf Goschin versetzt die Maßstäbe. »›Ja, ja, Berlin … bin nicht preußisch ich, nicht serr … aber Berlin … o Berlin, eine merrkwürdigen Stadt, eine tollen Stadt …‹ Thilde versicherte lächelnd, daß sie davon eigentlich wenig gemerkt habe. Das Berlin, das sie kenne, sei sehr wenig toll, fast zu wenig. Es passiere ja eigentlich gar nichts.« Worauf Fontane den alten Grafen mit papierdünner Ironie sagen läßt: »›Ja, meine Gnäddigste, das macht die Stelle, wo man steht, von derr aus man sieht … Ich habe gestanden immer serr in Front, immer serr avancé.‹«

Leider stirbt Hugo Großmann überraschend an einer Lungenentzündung. Die ehemalige Frau Bürgermeister kehrt klaglos und tapfer nach Berlin zurück – in die Georgenstraße 19 – und entschließt sich, Lehrerin zu werden. Den

Wunsch ihrer Mutter, daß sie sich wieder verheirate, lehnt sie ab. Eine avancierte Position für eine Heldin um 1890, aber eine, zu der Fontane ganz und gar nichts einfällt. Spröde und lieblos wie eine amtliche Belobigung fertigt er ihr weiteres Schicksal auf einer halben Seite ab. Sie macht ein Examen mit besserer Note als Hugo und bekommt eine Stelle in Berlin N zwischen Moabit und Tegel. »Hinaus fährt sie jeden Morgen mit der Straßenbahn, den Weg zurück macht sie zu Fuß und kauft öfters was ein für die Mutter, eine Tüte voll Prünellen, einen Pfannkuchen, einen Geraniumtopf und wohl auch am Oranienburger Tor eine Hasenleber, weil sie weiß, daß Hasenleber das Lieblingsgericht der Alten ist.« Auch das ist eine ordentliche, trostlos geordnete Bewegung, hin und zurück täglich, uhrwerkhaft, deren einzige Verzögerung im Kauf von Alltagsfreuden für die Mutter besteht.

Ich habe mich eine ganze Weile bei Mathilde aufgehalten, weil sie die rechtmäßige Vorfahrin all der späteren Frauen ist, von denen Mascha Kaléko im *Interview mit mir selbst* dichtete:

Es hieß, wir sollten jetzt ins Leben treten.
Ich aber leider trat nur ins Büro.

In der Fontane-Literatur gilt Mathilde als das Urbild einer Berlinerin, nüchtern, solid, geordnet in der Eroberung und im Rückzug. Else Lasker-Schüler hätte die spätere Mathilde naserümpfend zur Kategorie der »Frauenrechtlerinnen mit breitem Fußstampfen« gezählt.

Else Lasker-Schüler mochte die Frauen in Berlin ganz und gar nicht, am liebsten hatte sie noch die Huren, die »gepuderten Schlendermädchen«. »Sie sind mir Alle zu gemein in Berlin, ich habe seitdem ich Dir zuletzt geschrieben habe, nur Kämpfe gefochten. Aber sie sind Alle zu nüchtern und wenn ich nicht dichtete, hätten sie mich Alle vertrieben, auch fürchten sie sich vor meinen Pistolen«, schreibt sie 1910 an ihren »Earl of Manchester« Jethro Bithell. Die Pistolen sind durchaus wörtlich zu nehmen. Nell Walden, die zweite Frau von Herwarth Walden, berichtet in ihrem Erinnerungsbuch, daß Else Lasker-Schüler, Waldens Frau in erster Ehe, offenkundig unter Drogen, einmal in die *Sturm*-Räume gestürzt sei, um die blonde Frau, die sie, die Dunkle, verdrängt hatte, zu bedrohen. Im Büro sei aber nur die ebenfalls blonde Sekretärin gewesen, und Herwarth Walden sei glücklicherweise hinzugekommen, um die Rasende zu entwaffnen. Und ein wenig später wieder ein Brief an Bithell: »es sind nichts wie wildgewordene Bürgerinnen.« Ein anderer Zornausbruch gilt den »Töchtern vom Kurfürstendamm, Corsett-Fabrikantentöchtern mit künstlichem Busen oder Lockenfrisuren oder kellnerschreiende ›wulstige‹ Lippen«.

Sonderbarerweise gehört auch Else Lasker-Schüler, die mit ihrer *Kaisergeschichte* – so der Untertitel – *Der Malik* aus ihrer ahistorischen Tagtraumwelt herüberragt in die Weimarer Republik, nach eigenem Bekunden in diese Stadt. *Kaisergeschichte*: Was für ein provokanter Untertitel im Jahr 1919! Hat die Lasker-Schüler denn verschlafen, daß der deutsche Kaiser abgedankt hat? Ein wenig später wird er in Doorn Holz sägen und statt Orden kleine handgesägte Holzscheiben verleihen. Gabriele Tergit behauptet das jedenfalls. Oder wen will sie provozieren?

1894 war Else Lasker-Schüler nach Berlin gekommen. Die Großstadt hatte für sie wie für viele Träumerinnen etwas von der Verheissung eines wilden dramatischen Lebens, ein Netz, in dem die eigene Verheißung nicht abstürzen mußte wie in der provinziellen Enge. »Die kreisende Weltfabrik«, wie sie Berlin nennt, ist Bedingung ihrer Phantasie-Reisen und

Überflüge. Sie schreibt an den »verehrten österreichischen Kardinal« Karl Kraus, sie sei wieder in Berlin, »wo ich hingehör', ich setze mich immer wieder dorthin. Unbegreiflich.« Es ist ein Schmerz in diesem »Dorthinsetzen und Nicht-Bleiben-Können«, im Wandern von Pensionszimmer zu Pensionszimmer, ein Schmerz, den die später Angekommenen nicht mehr nachvollziehen können. Die Dichterin möchte sich überall bewegen. Ihr Ungestüm, das sich nur noch in der Sprache einzuholen scheint, wird Ausbruch, Aufbruch zu imaginierten Freiheiten, die sie sich nimmt; geben wird sie ihr niemand. Die Bewegung ohne finalen Charakter verknäult, wiederholt sich. Die Fesseln der Realität müssen immer aufs neue durchschnitten werden, und da sich die Lasker-Schüler in ihren poetischen Träumen überallhin bewegt, so ist es fast, als hätte sie sich nicht bewegt, die Bewegung hebt sich selbst auf. »Ist es verwunderlich, wenn das Wirkliche für diese Frau nur noch im Unmöglichen liegt? Zwischen Revolte und Regression buchstabiert sie ihre Ortlosigkeit entlang der Linie Urvorgestern–Übermorgen«, schreibt Judith Kuckart in ihrer schönen Studie über die Lasker-Schüler. Die jüngeren Schriftstellerinnen sind von den Bewegungen selbst angezogen, sie setzen sich nicht »dorthin«, sie rasen mit der Stadtbahn und rasten an der Normaluhr. Berlin ist ihr Alltagskleid.

Ich habe lange in literarischen Texten aus der Weimarer Republik gesucht, um eine ähnliche oder eben ganz andere Zuschreibung wie die bei Fontane zu finden »Möhrings wohnten Georgenstraße 19, dicht an der Friedrichstraße«. Eine Zuschreibung, die dann natürlich im Neuen Westen der Stadt angesiedelt hätte sein müssen. Ich habe sie nicht gefunden. Die ordentlich begründeten Adressen haben andere Personen. Der Roman *Kleiner Mann – was nun?* von Hans Fallada beginnt mit dem Auftritt des Buchhalters Pinneberg und seiner kleinen Frau Lämmchen vor dem Haus Rothenbaumstraße 4. Die Stadt an der Ostsee hat keinen Namen, aber sie hat vornehme Straßen mit einer einseitigen Bebauung und Arbeiterquartiere, aus einem davon stammt Lämmchen. Rothenbaumstraße 4: Hier ist die Praxis des Frauenarztes mit dem übertrieben anspielungsreichen Ouvertüren-Namen Dr. Sesam, der Lämmchens Schwangerschaft feststellt und zu Pinnebergs Schrecken gratuliert. »So müßte man wohnen können, denkt Pinneberg.«

Die mehr und mehr selbständigen Frauen, die aus der Provinz in die Großstadt kommen mit einer vagen Hoffnung, ihr Glück zu machen, haben keine Adressen, die es zu vermelden lohnt, sie wechseln zu häufig. »Die hübsche blonde Elli Link kam 1918 nach Berlin.« So trocken beginnt Alfred Döblin seine Erzählung *Die beiden Freundinnen und ihr Giftmord* von 1924. Das Verhängnis ist mit Ellis lebenslustiger Blondheit in den Verwirrungen der jungen Weimarer Republik begründet. Es tut nichts zur Sache, daß der Friseur, bei dem sie arbeitet, in Friedrichsfelde wohnt; man erfährt es beiläufig. In den Unterschlüpfen, die sowohl die Heldinnen als auch die Autorinnen bewohnen, hinterlassen sie keine Spuren. Die Sessel des Bürgertums sind zu schwer und zu plüschern für die leicht und schmal gewordenen Mädchen.

Es herrscht Wohnungsnot, die Welt ist aus den wilhelminischen Fugen, die Schnörkel sind abgebrochen. Wenn der Tischler Link, der Ehemann und das spätere Mordopfer, auftritt, heißt es: »Er hatte vor, sie zu versorgen; sie sollte eine eigene Wirtschaft führen. Es kam ihr vor: eine Ehe ist etwas furchtbar Drolliges, aber Nettes; er will mich versorgen und freut sich darüber. Sie war ihm eigentlich recht gut. Von gelegentlichen heimlichen Seitensprüngen ließ sie auch jetzt nicht.« Staunenerregend für uns Heutige ist, daß der Wunsch nach einer fest gegründeten kleinen Existenz bei Elli auch Staunen erregt. Aus der eigenen Wirtschaft wird dann nichts, das Paar lebt mit Links Mutter zusammen. Der beharrliche Besitztrieb des Mannes wird lästig, Elli und ihre Freundin Grete Bende bringen ihn um. Döblin schreibt über diese beiden Frauen mit kalter wissenschaftlicher Aufmerksamkeit, Psychologie versus Moral, also sehr zeitgenössisch, keine Einfühlung, keine Sympathie, aber auch keine Verurteilung. Die Giftmörderinnen sind Fremde, Außenseiter der Gesellschaft – und das bleiben sie auch. Der Kleinbürgerinnenfleiß der Mathilde Möhring, ihr »Hexen«, ist zeitgenössisch fortgeschritten, es ist männermordend geworden. So könnte das literarische Bild der Berlinerin, wie Männer sie sehen mögen, beschrieben werden.

Der Beginn der Weimarer Republik: Die Frauen schweigen noch. Sie haben zwar das Wahlrecht erhalten, sie haben sich selbst erhalten, haben während der Kriegsjahre Männerarbeit getan, vielen ist ihr Bruder, Bräutigam, Ehemann gefallen. Mit anderen Worten: In einer ganzen Generation herrscht Männermangel. Die Frauen sind da, sie beherrschen das Straßenleben, aber sie sprechen nicht, und niemand – kein Mann – vermißt ihr Sprechen. Ernst Bloch hat, mit diesen Frauen sympathisierend, in einem Essay geschrieben: »Verwunderlich und hoffnungsvoll die Wandlung der deutschen Frauenerscheinung im Nachkrieg, das Schlanke, Braungebrannte, die Durchdringung der Großstädte mit dieser Leichtigkeit und Eleganz.«

Im übrigen waren alle Leute, die man kannte, dort,
wo sie hingehörten, und schnell greifbar. [Gabriele Tergit]

»Liebes Gretelein«, schreibt um 1921 eine Künstlerin aus Berlin an ihre Schwester. »Liebes Gretelein, von Dir weiß ich jetzt so wenig. [...] Für Frauen wie wir es sind gibt es aber heute noch keine Männer, sicher bringt die Zeit, die aus unserer Revolutionierung geboren wird, einmal auch unseresgleichen den Ausgleich, wir aber sind Kämpfer. Auch wir Frauen. [...] Gretelein, politisch sind wir natürlich ganz radikal. [...] Aber politisch will ich mich jetzt nicht ausbreiten.« Und fährt in demselben Brief fort, daß sie Weihnachten gerne mit ihrem Lebensgefährten in Gotha bei ihren Eltern verbracht hätte. Aber ihr Vater, Subdirektor einer Versicherungsanstalt, hatte geantwortet: »Quatsch – und er solle nicht kommen. Quatsch ... ist ... Ausländer – ... kann nichts von deutschen Weihnachten wissen wollen ... etc. – unerhörter Quatsch. Da habe ich ihm diverse gesalzene Episteln geschickt – die er sicher zum Teil niemals verstehen kann.« Die Künstlerin, die hier in wenigen energischen Strichen die Situation der emanzipierten Frauen, die große Politik und den Kleinkrieg in der Familie zusammenzwingt – mit einem Begriff: das Private und das Politische, wie es dann in der zweiten Frauenbewegung hieß –, schneidet gleichzeitig »mit dem Küchenmesser Dada durch die letzte Weimarer Bierbauchkulturepoche Deutschlands«. Ihr Lebensgefährte, dem ihr Vater kein deutsches Weihnachten gönnen will, schreibt 1921 den Artikel ›*Présentismus gegen den Puffkeismus der Teutschen Seele*‹. Es handelt sich um Hannah Höch und Raoul Hausmann, und es ist natürlich eine Kriegserklärung gegen Gotha und andere Städte mitsamt ihren unerschütterten Bewohnern. Eine solche Kühnheit und Innovationskraft haben die Schriftstellerinnen und erst recht die von ihren männlichen Kollegen entworfenen Weiblichkeitsbilder nicht. Auch Hannah Höch bezahlt auf ihre Weise für ihre radikalen Bildfindungen. Seit sie Kunststudentin ist, arbeitet sie von 9 bis 15 Uhr im Ullstein-Verlag und läßt sich als Entwurfszeichnerin für Schriften und Vignetten löhnen. Andere Quellen sprechen davon, daß sie Filetmuster und Spitzenvorlagen entwirft. Allzu glatt scheint mir der behauptete Weg vom Ausradeln der Schnittmusterbögen in der Hausschneiderei zur Erfindung der Photomontage zu sein. Die Zeit der Frauen in der Literatur ist noch nicht gekommen. Noch schreibt Vicki Baum, der später zu jedem Zeitproblem rasch etwas einfallen wird, einen sentimentalen kleinen Roman *Der Eingang zur Bühne* über die Leiden einer Musikstudentin, die sich in einen Heldentenor verliebt, und einer Sängerin, die ihre Stimme verliert, aber die Liebe ihres Windhundmannes wieder gewinnt. Noch schreibt ein junger Autor, der sich später, 1932, sehr viel auf seine Zeitgenossenschaft als *Kind dieser Zeit* zugute hält, vom Plan für ein »klösterliches Freudenhaus«. In einem Stück, das 1925 erscheint und »heute« spielt – es ist *Anja und Esther* von Klaus Mann –, grübeln die beiden Hauptfiguren, ob sie vielleicht heiliggesprochen werden. Da schreckt die eine vor dem hitzigen Handkuß eines jungen Mannes zurück, da sagt ein 19jähriger zu einem jungen Mädchen – bitte lachen Sie –: »Jetzt sehnt sich mein Leib nach dir.« Und Esther sagt mit allem Ernst des Autors: »Wir sind hilflos zwischen alle Extreme gestellt, und niemand ist unser Führer. Jetzt wendet die Sittlichkeit dieser Väter sich gar noch erschrocken ab von dem fragwürdigen Geschlecht, das sie verschuldet haben.«

Der Kritiker Herbert Ihering spricht bei der Berliner Aufführung vom »szenischen Marlitt-Roman der Homosexualität«, vom »verzärtelten Auskosten«, von »Sacharin«. Mit einem Wort: Die deutsche *lost generation* ist im Dreisprung im Vorgestern gelandet, sie hat die Expressionisten verschlafen, sie arbeitet sich an der Vätergeneration ab. Vom Landschulheim über Stefan George gleich ins Kabarett, das geht nicht gut. Klaus Mann ist zuzustimmen, wenn er in *Kind dieser Zeit* über sich und seine Schwester Erika beim ersten gemeinsamen Berlin-Besuch 1923 schreibt: »Während wir uns auf eigene Faust toll zu gebärden dachten, tanzten wir nur nach dem Takt, den die Zeit uns angab.«

»Mögen Sie auch – mögen Sie auch – Schminke so gern?« [Klaus Mann]

Man redet vom »Rhythmus«, der »Dynamik der Zeit«. W. E. Süskind, ein Freund von Erika und Klaus Mann, prägt den Begriff von der »tänzerischen Generation«. Es ist die Zeit der Trude Hesterberg, für die Heinrich Mann und Friedrich Hollaender Texte schreiben. Aufregender scheint mir die Gestalt der Anita Berber: Sie hat ihr Kostüm, ihre blasse Haut, ihre Magerkeit selbst erfunden. Sie tanzt ihre Vorstellungen, die sich nicht einfügen lassen in die Choreographie des Plurals, vorwiegend nackt. Elegant gekleidet, posiert sie mehrmals für die Zeitschrift *Die Dame*. Sie spielt aber auch in den von Magnus Hirschfeld initiierten ersten Aufklärungsfilmen. Doch ist die Konjunktur der Nacktheit mit der Inflation zu Ende. 1928 stirbt Anita Berber im Bethanien-Krankenhaus in Kreuzberg an Schwindsucht, eine Kerze, die an beiden Enden brannte.

Auftritt das Girl: Das Girl wird mit Beifall bedacht, und es ist gut organisiert. Aber das Girl hat nichts zu sagen. Es wirft seine Beine und tritt vorwiegend im Plural auf. Es ist: sein Körper. Sein Gesicht ist in anonymer Schönheit erstarrt, in gleichmäßiger Künstlichkeit. Tiller Girls. Siegfried Kracauer spricht von den »unauflösliche[n] Mädchenkomplexe[n], deren Bewegungen mathematische Demonstrationen sind«. Sie stehen im männlichen Blickpunkt, bilden ein Ornament der Anschauungslust. Auch dieser männliche Blick ist stumm. Das Grammophon dröhnt. Noch einmal Kracauer: »Die Massenbewegung der Girls dagegen steht im Leeren, ein Liniensystem, das nichts Erotisches mehr meint, sondern allenfalls den Ort des Erotischen bezeichnet.« Nehmen Männer ihre Frauen und Töchter ins Kabarett oder in die Revue mit? Vermutlich nicht. Das Girl ist Oberfläche, Schritthöhe, Schnittmenge, Haarfarbe, Stil, aber nicht Person. Es lebt vom zeitgenössischen Mythos, vom Wunsch des Mannes, von der Projektion. Es tanzt für den Nachfahren des Fontaneschen Grafen, »serr avancé«, für Kriegsgewinnler, für die, die sich über den Verlust ihres Vermögens durch die Inflation elegant hinwegtrösten wollen.

Kein Wunder, daß das Girl die zeitgenössischen Schriftstellerinnen nicht zum Schreiben angeregt hat. Die Projektion war nicht nachvollziehbar, deckte sich nicht mit ihren Erfahrungen, ihren Wünschen. Nur Mascha Kaléko, die ihre glatt gereimten Verse widerstandslos jedem Gegenstand öffnete, über den in der Großstadt gestolpert wurde, reagierte:

Die Beine, die sind uns Betriebskapital
Und Referenzen.
Gehalt: so *hoch* wie die Hüfte *schmal.*
Logische Konsequenzen …

Das Girl ist Abstraktion, und somit Versuchsmaterial für Oskar Schlemmers Figurinenkunst am Bauhaus, seine Reduktionen des Körpers auf geometrische Muster. Das vermessene, zu jeder Verrenkung, zu jeder Körperphantasie bereitstehende Girl ist auch die Urform von Hans Bellmers Puppe, deren lebendige Figuration die Dichterin Unica Zürn wurde.

Sally Bowles, eine der Figuren in *Goodbye to Berlin* (1939) von Christopher Isherwood, ist zweifellos ein Girl. Ihre raschen, jedoch jeglicher Logik entbehrenden Bewegungen werden wie unter dem Mikroskop betrachtet. Sally ist auch ein schimmernder Käfer, »totenblaß gepudert«, »auf dem Kopf, keck auf eine Seite gedrückt, ein Käppchen wie ein Liftboykäppi«. Nur ihre nikotingelben Finger verraten etwas von ihr, ihrem verrauchten Lebenshunger. Wenn sie mit einem Liebhaber telefoniert, sieht der Erzähler ihr »wie bei einer Theatervorstellung« zu. Sallys so gewaltsam inszenierte erotische Anziehungskraft geht bedauerlicherweise ins Leere, der Erzähler der *Berlin Stories* ist eher an proletarischen Jungen interessiert. »Die soziale und ökonomische Nutzbarmachung des Mannes«, von der Uta Treder bei Mathilde Möhring als dem »Kern der weiblichen Emanzipation« spricht, ist dysfunktional geworden. Die ständige Anstrengung produziert Erschöpfung. Daß Sally Bowles durchaus keine fiktionalisierte Einzelgestalt war, mag man aus Klaus Manns Erinnerungen schließen: »In den Handtäschchen, die offen liegen, knistern die Devisen, mit denen man fast umsonst in Deutschland lebte. Der Typus dieser verwirrten und anmutig schmarotzenden kleinen Ausländerinnen gehörte zum Bild der deutschen Inflationsstädte.«

Na ja, 'n bißchen viel Seele! Kann unsereiner nicht vertragen. [Gabriele Tergit]

Im Jahr 1926 verläßt Hannah Höch das Haus Ullstein. Im gleichen Jahr tritt Vicki Baum in die Redaktion der *Dame* im Ullstein-Verlag ein. Am 1. Januar 1925 ist Gabriele Tergit Redakteurin des *Berliner Tageblatts* geworden; sie bleibt bis 1933. Seit sie 19 ist, hat sie für Zeitungen geschrieben. Sie hat ein Ungenügen an ihren Kenntnissen. Außerdem sollte ein junges Mädchen aus gutem Haus nicht für Zeitungen schreiben. Basta. Die Tergit macht ihr Abitur nach, studiert und promoviert. In dem ihr eigenen Understatement bekundet sie: »Es war alles der gleiche Unsinn. Für die künftige Laufbahn und um den Lebensunterhalt zu verdienen, waren Abitur und Doktor […] völlig überflüssig, genau wie das Schwarzfärben des einst so hübschen weißen Kostüms.« Die weiße Farbe des Kostüms fällt der Abiturfeier zum Opfer.

Emphatisch schreibt Erika Mann in einem Artikel in den *Wiener Neuesten Nachrichten*: »Seit kurzem gibt es einen neuen Typ Schriftstellerin, der mir für den Augenblick der aussichtsreichste scheint: Die Frau, die Reportage macht, in Aufsätzen, Theaterstücken, Romanen. Sie bekennt nicht, sie schreibt sich nicht die Seele aus dem Leib, ihr eigenes Schicksal steht still beiseite, die Frau berichtet, anstatt zu beichten. Sie kennt die Welt, sie weiß Bescheid, sie hat Humor und Klugheit, und sie hat die Kraft, sich auszuschalten. Fast ist es, als übersetzte sie: das Leben in die Literatur, in keine ungemein hohe Literatur, aber doch in eine brauchbare, oftmals liebenswerte.« Ganz ähnlich wie Erika Mann äussert sich auch Siegfried Kracauer 1931 über den neuen Typ des Schriftstellers: Er sei nicht mit dem Journalisten identisch, habe jedoch »mit ihm das eine gemein, das ihn vom Schriftsteller alten Schlags grundsätzlich unterscheidet: daß er die ›transzendente Schicht des Daseins‹ grundsätzlich verleugnet«.

Erika Mann hat diese Literatur auf dem schmalen Grat zwischen Journalismus und Kunst nicht geschrieben. Vielleicht Maria Leitner, die um die Welt gereist ist, Anna Siemsen und gewiß Agnes Smedley, die Amerikanerin, die später in China Revolutionärin wurde und Ende der zwanziger Jahre in Berlin lebte; hier verdiente sie Geld, indem sie Tilla Durieux, die sich selbst als wenig sprachbegabt bezeichnete, Englischunterricht gab. Auch die junge Annemarie Schwarzenbach, von Klaus Mann ironisch »das Schweizerkind« genannt, (sie selbst unterzeichnet ihre Briefe an die geliebte Erika Mann mit »Dein Kind«), machte noch rasch ihren Doktor in Geschichte und kam nach Berlin, um dort journalistisch zu arbeiten und sich ins Metropolenleben zu stürzen.

Alle diese Frauen sind gut ausgebildet, »überqualifiziert«. Sie haben einen offenen Blick für solche Geschlechtsgenossinnen, die eben nicht mehr vorwiegend an der ökonomischen Nutzbarmachung des Mannes interessiert sind. Während Fallada Pinnebergs Lämmchen immerfort Strümpfe stopfen und ihr Kind nähren läßt, das sie zärtlich »den Murkel« nennt, die statische Welt des Immergleichen, der Reproduktion, der Familienidylle gegen das anstürmende Arbeitslosenelend draußen setzt, sind die Autorinnen der Zeit an anderen Möglichkeiten interessiert. Sie kennen die Büros, Warenhäuser, Konditoreien, die verordnete Normierung, die versachlichten, vernünftig gewordenen Träume, die leeren Feierabende, die ungeschützten Orte. Mit einem Wort: Sie haben die neue Angestelltenkultur begriffen und nehmen teil an ihr. In den harten Kämpfen zwischen Links und Rechts am Ende der Republik beobachten sie die »geistige Obdachlosigkeit«, wie Kracauer die Ideologie der Angestellten nannte, und Obdachlosigkeit ist für die Frauen, die erst seit einer Generation der Häuslichkeit entsprungen sind, etwas anderes als für einen

Pinneberg, der sich an seiner Lämmchen-Schulter ausweint, wenn ein Schupo ihn vom Bordstein stößt.

Das Unbehauste, das Offene der Existenzen, die sich auf eine selbstbestimmte, doch ganz und gar unbekannte Bahn schießen, ist Bedingung. Bei Irmgard Keun begegnet das kunstseidene Mädchen Doris einem jungen Arbeitslosen, der gut eine weibliche Hilfe beim Puppenmachen brauchen könnte, womit er sich sein dürftiges Geld verdient. »›Sag ich: Nein – ich hab mein Ehrgeiz‹ mit den Würstchen im Bauch hab ich wieder mein Ehrgeiz. Sagt er: ›Quatsch, Ehrjeiz, wat heißt Ehrjeiz‹ und rollt mit der Stimme. ›Meinste, ich hätt noch Ehrjeiz? Essen, trinken, schlafen, nettes Mädchen, jute Laune – det is mein Ehrjeiz ...‹« Deutlicher könnten die weibliche und die männliche Position nicht auseinanderliegen. Doch es wird nicht geklagt wie in *Kleiner Mann – was nun?* Nichts da von »Frauen haben es immer schwerer«, »Alibifrau« und »Doppelbelastung«, und »noch eine alte Mutter«, wie das Fräulein Dr. Kohler in Tergits *Käsebier erobert den Kurfürstendamm* eine hat, und nichts von »kein Mann in Sicht«. Spuren der weiblichen Sozialisation werden getilgt, abtrünnige Reste des Gefühls, die nicht in die sachliche Knappheit passen, gelten als letzte Posten der Unzeitgemäßheit. Gut durchdachte Wer-wird-denn-weinen-Arrangements. Keine der Autorinnen wirft sich der Kunst in die Arme. Sie beobachten, registrieren, erforschen, und daraus entstehen Texte.

Gabriele Tergit erzählt ihren ersten Roman von 1931 eben nicht aus der Perspektive der Journalistin Dr. Lotte Kohler, die wie Mathilde Möhring mit ihrer Mutter in einer viel zu großen Wohnung sitzt, die ohne Untermieter nicht zu halten ist, sondern sie entwirft ein vielstimmiges, personenreiches Panorama der Aufsteiger und Absteiger im Neuen Westen, der Bankiers, Literaten, Schnorrer, Kuckuckseier. Der Kristallisationspunkt dieser buntgescheckten Gesellschaft ist der Volkssänger Käsebier, der, in der Hasenseide entdeckt, in den Wintergarten verpflanzt wird und an dem sich das feine Volk bald sattgehört hat. Die Tergit hört zu, beweist und erklärt nichts, in knappen Dialogen baut sie eine Gesellschaft zusammen. Bei Premieren, in Cafés und auf den Straßen gehen ihre Augen spazieren, wie andere eine Zeitungsseite überfliegen, rasch und mit gleichmäßiger, professioneller Neugier. Am Ende kracht eine Bank zusammen, das alte Zeitungsgebäude wird abgerissen, Wohnungseinrichtungen werden versteigert, die Weltwirtschaftskrise erfaßt ihre sprachlosen Opfer.

Ich wünsche, wie ein Lord behandelt zu werden.
[Mechtilde Lichnowsky]

Das Gefängnis, gegen dessen Wände die Dame pocht, sind die Konventionen ihres Geschlechts. Seltsam, die Frau und das Girl, in demselben Geschlecht befangen, hadern nicht mit ihrer Geschlechtszugehörigkeit. Sie hadern mit den Männern. Es gibt auch sonst genügend Stolpersteine auf ihren bewegten Wegen. In der zwangsweise demokratisierten Gesellschaft der Weimarer Republik hat die Dame eine diplomatische Vermittlerfunktion. Sie kennt durch Herkunft, Erziehung und Bildung die Werte, die aus dem preußischen Feudalismus in die Weimarer Republik herübergerettet worden sind, und achtet sie. Als Tochter oder Gattin nimmt sie teil an der herrschenden Gesellschaft, an jeder herrschenden Gesellschaft. Und ihre ökonomischen Mittel, die Wahlmöglichkeit zwischen Tätigkeit und gepflegter Häuslichkeit, erlauben es ihr, mit den neuen Werten, vor allen Dingen mit der Umwertung der Weiblichkeit nach dem Ersten Weltkrieg zu experimentieren. Denkbar ist auch, daß sie aus dem vorgegebenen Rahmen aussteigt. Die Ölraffineriedirektorentochter Irmgard Keun tut es, so gut und so schlecht sie kann. Auch die Fabrikantentochter Gabriele Tergit tut es. Am weitesten entfernt sich die Antiquitätenhändlerstochter Netty Reiling, die Anna Seghers wird, von ihrer Herkunft. Andere, Vicki Baum, Gina Kaus, bleiben Damen. Die letztere übrigens mit einer typischen Damen-Neurose, der steten Angst, bestohlen zu werden. So entblödet sie sich nicht, in *Und was für ein Leben* zu behaupten, Milena Jesenská habe ihr eine Lieblingsbrosche gestohlen, und dies 1979, sechzehn Jahre, nachdem Margarete Buber-Neumann jedem, der lesen kann, über das Ende der tapferen Milena im KZ Ravensbrück berichtet hat. Also doch keine Dame, sondern eine schwatzhafte Hollywood-Autorin.

Das Aufreibende, Risikoreiche erkunden die Ladenfräulein, die Mehlreisende, das kunstseidene Mädchen, eine stud. chem. Helene Willfüer, die Arbeitslosen. Die Dame trägt Seide und reklamiert zuerst die Unabhängigkeit im Geschmack für sich. Das Innenleben der Dame ist fad. Sie objektiviert sich im Draußen, in der Plauderei über ihren Hund wie Mechtilde Lichnowsky, im Reisen wie Erika Mann, im Bescheidwissen wie Vicki Baum.

Einen Damen-Roman möchte ich Ihnen vorstellen. Die Schauspielerin Tilla Durieux hat ihn 1928 veröffentlicht: *Eine Tür fällt ins Schloß*. Sie war seit Anfang des Jahrhunderts, seit sie bei Max Reinhardt engagiert war, eine gefeierte Schauspielerin, außerdem Ehefrau des Kunsthändlers Paul Cassirer. Während der Unterhandlungen zur Scheidung des Paares erschoß sich Cassirer 1926, ein Skandal, der ebenso wie die baldige Heirat der Durieux mit dem Mehrheitsaktionär der Brauerei Schultheiss-Patzenhofer zu ihrer zeitweisen Ächtung führte. So ist ihr Buch durchaus als ein Schlüsselroman zu lesen. Eine Schauspielerin, die ausgerechnet Hebbels *Judith* probt, trennt sich von ihrem Mann, einem groben, polternden Chirurgen mit erotischen Neigungen, die sie nicht teilt. Der Brechreiz vor dem Mann beschmutzt ihr seidenes Hemd. Entschlossenheit, Einsamkeit und Willen heißen die Nietzsche-Stichworte für die Trennung, die gütigst ein anderer Herr auffangen soll. Dem Tempo des äußeren Berlins widerspricht die innere Uhr. »Sie fürchtete, man könnte ihr ansehen, daß sie nicht wußte, wie sie die nächsten Stunden verbringen sollte, und so täuschte sie mit raschen Schritten Eile und Geschäftigkeit vor.« Die Selbstwerdung – das große Thema vieler Autorinnen seit der ersten Frauenbewegung – wird gleich auf der ersten Seite emphatisch ausgesprochen: »Da war wieder dieser beinahe magische Befehl, den die laute Hast ihres Lebens immer wieder übertäubte und doch nicht zum Verstummen bringen konnte: Ordnung und Übersicht bringen in seine Gefühle.«

Noch ein Motiv, häufig in der Literatur von Frauen der zwanziger Jahre, fällt auf: die Fremdheit in der Familie. Bei der Durieux ist das Motiv pikanterweise antisemitisch gewendet. Der Chirurg ist Jude, die Schauspielerin Carola Peters nicht. Argwöhnisch fühlt sich die Einzige, die Künstlerin, Sendbotin der Moderne, von dem großen, bürgerlich assimilierten Clan gemustert und ausgemustert.

Die Dame retiriert, melancholisch zwar, doch sehr geordnet. Es gibt Ressourcen, die sie nähren. Und es gibt auch – ins Allgemeine gewendet – die Frage, ob die Urheber ihrer Qual, die Herren, die sie verläßt oder die nicht ganz so gefügig sind, wie sie, die Dame, es von ihnen wünschte, nicht doch zur standesgemäßen Ausstattung des Schmerzes beizutragen haben. Sprich: Subsidien leisten, Alimente zahlen. Ob die bekannte Schauspielerin im Schmerzzustand zwischen alter Ehe und neuer Leidenschaft, die nach ihrem Wunsch ebenfalls in eine neue Ehe münden soll, wirklich von ihrem Selbstverdienten leben muß, das ist doch sehr die Frage. »Nein, hart sein«, spricht die Protagonistin der Durieux an einer Stelle zu sich selbst. So könnte auch das kunstseidene Mädchen sprechen, alle wollen hart sein zu sich selbst, ein Topos der Weiblichkeit in der Weimarer Republik. Auch Hannah Höch ruft sich selbst in schwierigen Situationen zu: »Landgraf Ludwig, werde hart.« Und sind weich gegen andere. Bei der Durieux also: »Nein, hart sein und nüchtern, einfach eine Rechnung aufstellen mit Haben und Wollen.« Der »Grandseigneur«, der die Dame in der Liebe sein will, stellt selbstverständlich keine Rechnung auf. Die Mädchen im Büro grübeln, ob sich die Investition von Gefühlen, von Sexualität oder eines neuen Hütchens lohnt. Allerdings wird dort, wie überall in der kalten Ordnung, eine Rechnung mit Soll und Haben aufgemacht. Der Begriff «Soll« muß der Dame peinlich sein, sie vermeidet ihn.

Mechtilde Lichnowsky ist nur eine rare Berlin-Besucherin. Oskar Loerke, Dichter und Lektor im S. Fischer Verlag, nennt sie »eine außerordentliche Frau«, und an anderer Stelle in seinem Tagebuch notiert er: »Großer, sympathischer Eindruck von der Fürstin«. Frech unterscheidet sie das Biertrinken von Männern im Gegensatz zu dem der Frauen, die Asphalt-Berliner von den Spree-Berlinern, wie sie den Berliner Einbohnenkaffee treffend von dem englischen Kaffee, der zuerst als Koks verbrannt wird, ehe er in den Tassen landet. Mechtilde Lichnowsky also spricht in ihrem verplauderten Roman *An der Leine* von der Dame, die sich wie ein Gentleman verhält. »Anna und ich – denn wir sind Gentlemen«, schreibt die Erzählerin, als wäre dies für zwei Damen das Selbstverständlichste der Welt. Die Dame, die sich gentlemanlike verhält, ist die Dame, die verlieren kann, eine Sportsfrau sozusagen, allerdings eine Sportsfrau im College-Sport: Tennis, Cricket, Wasserball. Das Leben ein mehr oder minder elegantes Mannschaftsspiel. »Jedes Spiel hat seine Regeln. Das Lebensspiel hat viele: Höflichkeit, Tugend, der Begriff des Gentleman. Das sind Spielregeln. Weiter nichts.« Die Liebe, die der vornehmliche Austragungsort des Mannschaftsspiels zu zweit ist, wird auch in den Konsequenzen sportlich ertragen. Aus der Dame der vorangegangenen Generation, die dieses und jenes nicht tut (man hat es ihr im Pensionat auf Französisch eingetrichtert), ist eine androgyn empfinden wollende Person geworden, die immer noch nicht tut, was eine Dame nicht tut, doch sie täuscht die Souveränität eines Herrn vor. Wenn sie schon kein Gewinner ist, dann eine gute Verliererin. Meiden wird sie die der Frau zugebilligten Ausdrucksformen: Hysterie, öffentliche Gefühlsaufwallungen, katzenhafte Falschheit, hündische, weibliche Sklaveneigenschaften. Bricht sie auf, nicht ohne »eine ehemalige Zofe«, der sie vertrauen, die sie bitten kann, ihre Habe zu verkaufen, und dann ins Ungewisse, in ein neues Lebensregelspiel. *Eine Tür fällt ins Schloß.* Ein vornehmer Moll-Akkord entsteht dabei, sanft an den Rand des sauren Kitsch geschmiegt.

Ich machte mir einen Traum und fuhr in einem Taxi eine hundertstundenlange Stunde hintereinander immerzu – ganz allein und durch lange Berliner Straßen. Da war ich ein Film und eine Wochenschau. [Irmgard Keun]

Eine weibliche Suchbewegung: Mascha Kaléko hat sie beschrieben. Die Autorin kam aus Galizien nach Berlin und arbeitete im Büro der jüdischen Arbeiterfürsorge. »Vorbei an der russischen Konditorei mit den gediegenen Vorkriegs-Plüschportieren, vorbei am Modesalon ›Yvonne‹, nicht ohne den üblichen Blick auf das Himbeerfarbene, das ich mir nie werde kaufen können. Sonntäglich schlummert die Discontobank nebst Kapital und Reserven, verbindlich lächeln die Friseurpuppen, obwohl sie heute gar nicht dazu verpflichtet sind, dienstfrei haben sie. Eine mutige Kurve um den Schokoladenautomaten rechts an der Ecke, anderthalb Querstraßen linksherum und schon bin ich im Freien.« *Der vertrödelte Sonntag* heißt der Text, aus dem dieser Ausschnitt ist; das Trödeln ist der These von der Bewegung scheinbar entgegengesetzt. Der vertrödelte Sonntag ist eine hastige, nicht enden wollende Aufzählung: Dinge und Menschen, Erwartetes und nicht Eingetroffenes werden gleichrangig hintereinander gekoppelt, die Parataxe regiert die Langeweile, eine ständige Aufmerksamkeit für das Allerverschiedenste.

Dann beginnt die Berliner Luft zu flimmern, wie Leinwandbilder, wie ein Film. Eine andere Erzählerin trödelt nicht mehr an den Gegenständen entlang, die Gegenstände bewegen sich, huschen, flirren, flattern. Irmgard Keun hat in ihrem ersten Buch *Gilgi, eine von uns* die kleine Welt einer vernünftigen jungen Frau hinter der Schreibmaschine vermessen. Die *Literarische Welt* wünscht dem »sympathischen« Buch etwas gönnerhaft, daß es die erreicht, »die es erreichen soll: die Heere der Angestellten«. Die Hauptperson Gilgi stiefelt durch das Arbeitslosenelend und weiß, wie sie sich vor der drohenden Deklassierung schützt: durch Fremdsprachenkenntnisse, durch ein strahlend kosmetisch behandeltes Gesicht. Eine kleinbürgerliche Darwinistin. Zu einer Freundin sagt sie: »Olga, es ist doch schön, sein Leben wie eine sauber gelöste Rechenaufgabe vor sich zu haben!« Die arglose Gemeinschaft der neusachlichen Generation und des Geschlechts, in die die Keun ihre Leser einbezieht – eine von uns –, ist weniger haltbar als das erzählerische Talent. Keuns Heldin wird aus der ordentlichen Verwirrung des kölschen Karnevals in das unordentliche Entsetzen vor der letzten Phase der Weimarer Republik gestoßen.

Der Stil der Keun – im manchmal etwas absonderlichen, bewußt steifen Gebrauch von Substantiven ist er dem der Fleißer ähnlich – buckelt sich, als sei eine Filmschleife von der vollen Spule gerutscht. »Ging ich langsam an der Gedächtniskirche vorbei, Tauentzienstraße runter, immer so weiter und mit Gleichgültigkeit in meinen Kniekehlen, und da war somit mein Gehen ein Stehenbleiben zwischen einem Weitergehenwollen und einem Zurückgehenwollen, indem ich zu keinem von beiden Lust hatte. Und dann machte an Ecken mein Körper einen Aufenthalt, denn Ecken machen dem Rücken so eine Sehnsucht nach einer Anlehnung an die scharfe Kante, die Ecke heißt, und man möchte sich mal dranlehnen und sie sehr fühlen.«

Für den Typ der aufstiegsorientierten Klassenspringerin, wie die Keun ihn beschreibt, hat eine Autorin wie Mechtilde Lichnowsky nur Hohn und Spott übrig. »Die kleine Frau« nennt sie ihn – im Gegensatz zur Dame, die, wir erinnern uns, eigentlich ein Gentleman ist. Die kleine Frau »spekuliert«, »springt in die Hausse und leidet edel und sichtbar in der Baisse«. Mit anderen Worten: Sie versteht nichts vom Geschäft; ihre Spekulationen sind Fehlinvestitionen. Natürlich verschwindet die kleine Frau im Mauseloch, sobald die Dame als rechtmäßige Besitzerin einer Mannesbeute auftaucht. »So viel Ehrgeiz, so viel Fleiß, so viel Prätention – so viel Püree.«

Apodiktisch werden die Versuche, mit Fremdsprachen, Kosmetik und Morgengymnastik das eigene Leben zu meistern, niedergebügelt. Die männliche Kritik an der weiblichen Aufsteigerin und Konkurrentin beklagt meist das mangelnde Bewußtsein der kleinen Frauen. Bernhard von Brentano zum Beispiel befindet, daß Gilgi »keine von uns« ist. Die feine und sonst immer liberale Fürstin Lichnowsky dagegen reagiert emotional allergisch auf die sozialen Kletterpartien der Kleinbürgerinnen ohne Netz: »Man gebe ihr Schlüssel in die Hand, die Schlüssel zur Vorratskammer, zum Geldschrank, den Hausschlüssel und den zu dir selbst. Sie wird zwar das Schloß des letzteren ruinieren, aber selig und willig sein. Man lasse sie nichts lernen, sie würde es mißbrauchen, weil sie zwar gelehrig, aber unschöpferisch ist.« Spricht sie über weiße Negerinnen?

Die Mädchen, die ehemaligen Möchtegern-Girls, die kleinen Frauen stehen schon draußen vor der Tür. »Das waren die Fröste der Freiheit, sie mußte lernen zu frieren. Der Mensch lehnt sich nicht an.« Marieluise Fleißer hat es so unnachahmlich auf den Punkt gebracht. Die Kältemetapher, die auch *Aus einem Lesebuch für Städtebewohner* von Bertolt Brecht dominiert, die Winde, die fast alle Texte der Neuen Sachlichkeit vor sich hertreiben, wehen auch den weiblichen Figuren um die Nase. Das kunstseidene Mädchen bleibt, nachdem es das Quartier bei dem arbeitslosen Proletarierjungen ausgeschlagen hat, im Wartesaal, der letzten Station auf ihrer Reise in ein schillerndes Leben, sitzen. Die Reise ist durch drei Jahreszeiten gegangen, der letzte Teil des Buches heißt: »Sehr viel Winter und ein Wartesaal«. Die Bewegungsbahn, auf die sich die kunstseidene Doris mit dem Aufbruch aus der Provinz geschossen hat, stockt. Illusionslos, unsentimental, unbewegt sieht die Ich-Erzählerin ihrem Abstieg zu.

Nun beginnt Frieda auf eine merkwürdige Art sich zu schonen. Sie erblickt das Hindernis und geht einfach daran vorbei. [Marieluise Fleißer]

Bewegung. Bewegung. Im gleichen Jahr 1931, in dem der erste Roman der Keun, der erste der Tergit erscheint, erscheint auch *Mehlreisende Frieda Geier* von Marieluise Fleißer, später in der Neuausgabe in *Eine Zierde für den Verein* umbenannt. Der Eisenwarenhändlervater wollte eine Mittelschullehrerin aus seiner Tochter machen, aber die Fleißer hat einfach Theaterwissenschaft in München studiert. Im Herbst 1926 reist sie nach Berlin. Im Titel ihrer beiden frühen Stücke kommt der Name ihrer Heimatstadt vor, und der 1929 bei Kiepenheuer in Berlin erscheinende Erzählband kündigt *Geschichten der Marieluise Fleißer aus Ingolstadt* an. Die Provinz auf der Berliner Bühne? Ist die Ordnung der Großstadtwelt so schnell schal geworden? Braucht die Großstadt ständig intellektuellen Nachschub, um ihn wie in einem großen Ofen zu verheizen? Walter Benjamin schreibt – schon auf ihre Erzählungen *Ein Pfund Orangen und neun andere Geschichten der Marieluise Fleißer* bezogen, diese habe »einfach die Überzeugung, daß man in der Provinz Erfahrungen macht, die es mit dem großen Leben der Metropolen aufnehmen können, ja, sie hält diese Erfahrungen für wichtig genug, um ihre Person und ihre Autorschaft an ihnen zu bilden«. Die Fleißer gerät mitten in die politische Auseinandersetzung, die kraftmeierisch und mit harten Bandagen geführt wird. Im gleichen Jahr treten drei völkische Autoren aus Protest gegen die Berliner »Literaten« aus der Berliner Akademie der Künste aus, und der einflußreiche Herausgeber der Zeitschrift *Das deutsche Volkstum* fragt, »ob die deutsche Landschaft sich die Anmaßungen und Frechheiten der Berliner Geistigkeit gefallen läßt [...]. Der Geist der deutschen Landschaft erhebt sich gegen den Geist von Berlin. Die Forderung des Tages lautet: Aufstand der Landschaft gegen Berlin.«

Heftig hat das gesunde Ingolstädter Volksempfinden gegen Marieluise Fleißers *Pioniere in Ingolstadt* protestiert, heftig haben auch Jacob Geis und Bertolt Brecht in der Inszenierung des Stücks auf einen Skandal hingearbeitet. Dienstmädchen und Soldaten, ihre Zusammenstöße und noch ein wenig Pfeffer, der Berliner Polizeivizepräsident will das Stück verbieten, zur Premiere bringt das Publikum Hausschlüssel mit. Marieluise Fleißer ist dem Skandal nicht gewachsen, sie gehört nicht zu der generalstabsmäßig arbeitenden Clique um Brecht. Sie gehört aber auch nicht mehr da hin, wo sie einmal hingehörte, und möchte einem Menschen zugehören. Ihr Freund und Berater Lion Feuchtwanger rät ihr dringend ab, mit einer Ehe ihre literarische Arbeit zu stören. Sie reist, hält ihren Kopf in den Wind. 1932 kehrt sie nach Ingolstadt zurück, zu einem Zeitpunkt, als das Leben in der Metropole selbst im Provinziellen zu zerfallen droht, als es selbst großdeutsches Provinzleben wird. Die eigene Wahl bezeichnet die Fleißer später als »banales Exil«.

Mehlreisende Frieda Geier beschreibt die Reibung zwischen Provinz und dem in der Großstadt erworbenen weiblichen Metropolenbewußtsein. Die Mehlreisende ist Außenseiterin, eine Kämpferin, eine Berufstätige und Berufsreisende mit einem kleinen grünen Auto, zärtlich »Laubfrosch« genannt, selbständig in jeder Beziehung. »Die Hände in ihrem unmenschlich langen Herrenmantel vergraben«, in Herrenschuhen – »in der Großstadt hat man sie schon an« –, verkörpert sie etwas, das Angst macht, aber auch Respekt abnötigt. Sie ist für den Schwimmer und Tabakwarenhändler

Gustl Gillich nicht berechenbar. Mal »Asketin im kurz geschnittenen Haar«, mal »sinnenfreudiges Weib«. Und: »Hat sie nicht einen gottverdammten Stolz an sich, als sage sie, wann ich verführt werde, das bestimme ich allein? Dazu muß sie sich aber dann einen anderen suchen.« Für den einfältigen Mann hat die Beziehung in der Ehe zu enden, er braucht auch eine Arbeitskraft im Laden, doch Frieda will nicht. *Roman vom Rauchen, Sporteln, Lieben und Verkaufen* heißt der Untertitel des Romans. »Lieben« kommt eigentlich dabei nicht vor. Es heißt eher »sich ausleben«, »sich nicht entgehen« und »jemanden an sich ketten«. Lieben ist Nicht-Handeln und paßt nicht in den Aktivitätsrahmen der Kleinunternehmerin. »Das oberste Gesetz eines jeden, der mit jemand ein Geschäft macht, heißt, er darf sich nicht in die Lage des anderen versetzen. Mitgefühl lähmt.« Frieda weist Gustl eine Möglichkeit, die es aber nur im Irrealis gibt: »Zu dir als zu einem Kameraden hätte ich mein Leben lang zurückkehren können.« Gustl will keinen Kameraden, er hat im Sportverein Kameraden, er will eine Frau. Die Freiheit der Mehlreisenden im Roman, das ist ihre Bewegungsfreiheit. »Nun ist Frieda trotz aller Bitten auf die große Tour gegangen, von der sie erst in Wochen zurückkehrt.« Die Fleißer vergißt im Roman während der Verstrickungen förmlich das Instrument der Beweglichkeit: Friedas kleines Auto. Für die einzige Reise, die Frieda und Gustl gemeinsam machen, zu einem Sportwettbewerb, nehmen sie den Zug. Zuletzt sieht man Frieda ganz allein, Vereinskameraden ihres Freundes wollen sie überfallen – an einem hochsymbolischen Ort, dem Judenfriedhof.

Immer wieder hat Marieluise Fleißer ihren scharfen Blick auf die Veränderungen und das gebetsmühlenhaft Gleiche in den Geschlechterbeziehungen gerichtet. Bei einer der damals so beliebten literarischen Umfragen im *Berliner Tage-*

blatt »Was werden Sie wohl nach Ablauf des zweiten Drittels dieses Jahrhunderts, also etwa 1966–1967, Ihren Enkeln über das erste Drittel erzählen?« wählte sie als einzige das Thema der Frauenemanzipation und die dabei aufgezwungene Gefühlshärte. Sie möchte erzählen: »Daß Männer und Frauen sich schämten, wenn sie mit Versen in der Hand angetroffen wurden. Daß bei jenen, die sie nicht lasen, der Irrtum um sich griff, Gedichtemachen sei etwas Reflexives und Gefühlsbetontes, kurz die unmännlichste der Künste, wo sie im Gegenteil eine Angelegenheit der starknervigen ist, nämlich die willensbetonte künstlerische Prägung der Welt.« Und weiter erzürnt sie sich, daß »die alte patriarchalische Ehe immer noch hundertmal besser (war) als das Zwittergebilde jener Übergangszeit, in der die Männer durch den Gebrauch zwar auf die Rechte der alten Ehe pochten, ihre Pflichten aber unter Berufung auf die inzwischen vollzogene Emanzipation ablehnten und auf die Frau die gemeinsamen Lasten beider Eheformen abwälzten«.

Bei einer anderen Autorin wird das Auto zum Erzählvehikel der Befreiung. Annemarie Schwarzenbach veröffentlicht noch 1933 im Rowohlt Verlag eine luftige *Lyrische Novelle*, die Camouflage einer verzehrenden Liebe zu einer Kabarettistin. Ihr Ich-Erzähler ist ein junger Mann, der Diplomat werden will, doch unzweifelhaft scheinen die Muster der lesbischen Liebe auf. Das Auto ist ein Symbol für die Unruhe, die leerlaufende Kraft. Es wird Subjekt der Bewegung und Objekt der Liebkosung, wenn die schöne rätselhafte Frau sich entzieht. Setzte sich Keuns kunstseidenes Mädchen vor der imaginären Kamera in Positur, so bestimmen hier die Lichtkegel der Autoscheinwerfer das Erzählte. »Als ich aufsah, dachte ich plötzlich daran, daß ich im vollen Lichtschein der beiden Scheinwerfer stand, und ringsum war es dunkel. Ich stand wie auf dem erleuchteten Podium inmitten der dunklen Welt, und eigentlich gab es nur noch, wie Meer und Insel, die ungeheure Nacht und uns, den Wagen, den Mann von der Tankstelle, mich und Sibylle.« Wie aus dem fahrenden Auto werden die Erzählgegenstände wahrgenommen, gestreift, fast überfahren. Und der Ich-Erzähler gibt der Frau einmal das Steuer in die Hand, er ist sich der Gefahr bewußt. Gefährlich ist auch die erotische Neigung. Die frisch erworbene Freiheit der Frauen ist Bürde geworden: Annemarie Schwarzenbach spricht davon, »einer feindlichen, imaginären und fruchtlosen Freiheit ausgeliefert zu sein«. Der Ich-Erzähler beschreibt, was er er-fährt, die nächtliche Stadtlandschaft bis zum feinen Westend; er bleibt im Auto sitzen, wird von der Frau nicht ernstgenommen und kehrt in das starre, metallische Gehäuse zurück. Mit dieser tapferen, sachlichen Haltung ist Annemarie Schwarzenbach ganz auf der Höhe der Zeit. »Ich denke oft, daß ich gar nichts fühle, und später denke ich, daß alles nicht sehr wichtig war. Sicher werde ich später ganz im Ernst denken, daß ich Sibylle nicht geliebt habe.« Der von ihrer Freundin Erika Mann propagierten vernünftigen kleinformatigen Literatur widersetzt Schwarzenbach sich: »Ich will keine Protokolle. Auch Taten sind gleichgültig: Die will ich selber erleben oder selber tun.« Die Schweizerin tat dann viel für die deutschen Emigranten, litt mit ihnen, reiste, ein politischer Kopf, dem die Ruhe zur Entwicklung fehlte.

Ein kleines Mädchen sitzt unter dem Schreibtisch seines Vaters, während die Frauen aufgebrochen und wieder gebrochen sind, in einem Haus im Grunewald. Sie reist nicht, die Welt kommt zu ihr, sie sichtet die Welt und bewahrt sie: ein kostbares Geheimnis. Einmal sieht sie drei verrückte Menschen auf einer Straße in Berlin, jedenfalls glaubt sie, sie zu sehen. Es handelt sich um russische Emigranten, die sich seltsam gebärden und eine ihr fremde Sprache sprechen. Das Mädchen verrät dies den Erwachsenen nicht, ihre nüchternen Erklärungen könnten das Geheimnis zerstören. Das sinnlos geschäftige Leben gibt ihr Zeichen, die das Kind zu deuten versucht. Aber sie will keinen Code, kein Vokabelheft, sondern die Einmaligkeit noch nicht gelöster, vielleicht unlösbarer Rätsel. Unica Zürn ist nur acht Jahre jünger als die jüngste der hier vorgestellten Autorinnen. Doch unendlich weit ist die disziplinierende Vernunft, der praktische Sinn, mit dem die literarischen Berlinerinnen sich durchschlagen, gerückt. Die Welt dieses Mädchens ist ein Garten, die Höhle unter dem Schreibtisch des Vaters, die Rätsel vor dem Schlüsselloch zum Zimmer der Mutter, die am Schreibtisch sitzt und Tagebuch schreibt. Manchmal darf das kleine Mädchen ihr graue Haare mit der Pinzette ausziehen. Die Welt, nach der sich die anderen so unendlich gesehnt haben, die Welt, die Angst und Lust zugleich macht, bringt der Vater mit. »Immer wieder unruhig« verläßt er das Haus »und kommt nach Monaten gebräunt und friedlich zurück«, schreibt sie in ihrem Kindheitsbuch *Dunkler Frühling*. Das könnte ein Lebensprogramm sein, aber sie denkt nicht, daß es ihres sein könnte. Er ist Ethnologe, in seinem Zimmer regieren die bestickten Tücher, die fremden Möbel, die Waffen und Dekorationsgegenstände aus fernen Ländern. Das Geheimnis ist anwesend, verhüllt die Großstadt. Wie die Postkarten von verschleierten Damen, die der Vater von seinen Reisen schickt, erscheinen ihr die Zeichen des gegenwärtigen Lebens. Botschaften, die zu entziffern sind. »Jemand näht! Bist du das?« Unica Zürns eigene Reise als Schriftstellerin geht in die Magie der Sprache, in die verstörenden Geheimnisse und Krankenzellen der Schizophrenie.

Wer aber leerte den Sand aus euren Schuhen,
Als ihr zum Sterben aufstehen mußtet? [Nelly Sachs]

Etwas fehlt. Einige fehlen. Sie sind in Berlin geboren, derselben Generation angehörig wie die genannten Autorinnen. Beide sind im Alten Westen, im Tiergarten, aufgewachsen und Töchter geblieben. Depressionen, Dichtungsversuche bei der einen, eine halbherzige Berufstätigkeit als Erzieherin, ein vom Vater bezahlter Lyrik-Band bei der anderen. Eine intensive geistige Beschäftigung mit der Französischen Revolution, doch was folgt daraus, was darf darauf folgen? Vorerst nichts. Gertrud Kolmar, Nelly Sachs. Der Aufbruch ist an ihnen vorbeigegangen, das Tanzen, Autofahren, Schwingen mit der Zeit. »Könnt ich einen Zipfel dieser Welt erst packen«, heißt eine Zeile in Kolmars wunderbarem Gedicht *Die Fahrende* von 1917. Nicht einmal als Gegenstand der Opposition ist die Moderne im Denken dieser jungen Autorinnen vorhanden.

Ihre Neigungen scheinen zunächst wie rückwärtsgewandt: Nelly Sachs spinnt sich in Legenden ein, immer wieder kreist das Schreiben der Kolmar um die Mutterschaft. Verkleinerungen, Verzärtelungen, das Kindchenhafte steht seltsam gegen »die großen Puritaner« in ihrem Werk: Sie haben in der hier beschriebenen Zeit zu Hause gesessen. Nelly Sachs mit der Mutter, Gertrud Kolmar mit dem Vater. Ihre Zeit kommt erst mit der Verzweiflung. Gertrud Kolmar schreibt in einem Brief, sie beginne eine Arbeit immer »aus einem Ohnmachts-, einem Verzweiflungszustand heraus«. Ebendieser Verzweiflungszustand zwischen Asche und Rauch, als Überlebende im Schweigen der Toten, wird Bedingung für Nelly Sachs' Dichten. Die angetane Katastrophe, deren Opfer Nelly Sachs und Gertrud Kolmar sind, gibt ihnen erst eine eigene Stimme.

Nelly Sachs gelingt es, am 18. Mai 1940 mit ihrer Mutter zu emigrieren. »Du wirst ja auch [...] die von mir wiederholt ausgesprochene Bitte verstanden haben, daß ich hinter meinem Werk verschwinden will, daß ich anonym bleiben will ... [ich] aber will, daß man mich gänzlich ausschaltet – nur eine Stimme, ein Seufzer für die, die lauschen wollen«, schreibt sie in einem Brief vom 25. Juni 1959 an Walter A. Berendsohn, einen der Begründer der Exilforschung. Gertrud Kolmar bereitet sich als junge Frau auf das harte Leben in Palästina vor, doch ihr Vater möchte nicht weg, so bleibt sie, bis zum bitteren Ende, bis zur Deportation 1943. Das Gedicht *Die Fahrende* endet mit der Zeile: »nichts als Sand in den Schuhen Kommender zu sein«. Nelly Sachs greift dieses Bild wieder auf, aber der Sand ist nun keine Metapher mehr.

In Gabriele Tergits erstem Roman spielt es keine Rolle, wer aus der Berliner Gesellschaft Jude ist und wer nicht. 1932 beginnt sie einen zweiten Roman zu schreiben; er heißt *Effingers*. Die Familie Effinger ist jüdisch, das ist jetzt ein Programm in einem Roman. Von der Gründerzeit an verfolgt die Tergit die Bewegungen dieser weitverzweigten assimilierten Familie. Der Weg führt aus der Provinz in den Osten Berlins, dann in die Tiergartenstraße, »die Via sacra des christlichen und jüdischen Reichtums«, dann an den Kurfürstendamm. Der jüngeren Generation wird es zu altmodisch dort mit den großen Etagen, mit Dienstpersonal, sie will ins Grüne, in den Grunewald oder gleich nach Amerika. Ein Weg vom Handwerk zur Industrie, zur Großindustrie, ein Weg, der in der Auslöschung dieser Familie, in der Zertrümmerung der jüdisch-deutschen Kultur endet.

Als der Roman 1951 endlich in Deutschland erscheinen kann, wartet die Tergit in London sehnsüchtig, »wie wird das antisemitische deutsche Volk diesen Roman aufnehmen?

Nun ja«, heißt es weiter in ihren Erinnerungen, »es nahm ihn gar nicht auf. Von 3000 Buchhändlern verkaufen ihn nur 30. […] Bis er herauskam, hatten die Leute Möbel und Kleider, Gardinen und Autos zu kaufen.« Nelly Sachs' Gedichtband von 1947 *In den Wohnungen des Todes* erging es noch schlechter.

Und dann kamen die deutschen Heimkehrer, machten Inventur und schrieben ihre Literatur. Und die deutsche Frau & Mutter nahm sie an ihre Brust, widerstrebend, aber nicht vergebens. Davon erholte sich auch die Literatur der Frauen nur langsam.

Nelly Sachs

Alfred Döblin: Die beiden Freundinnen und ihr Giftmord. Erzählung. Berlin 1924.

Tilla Durieux: Eine Tür fällt ins Schloß. Roman. Berlin Grunewald 1928.

Hans Fallada: Kleiner Mann – was nun? Roman. Berlin 1932.

Marieluise Fleißer: Eine Zierde für den Verein. Roman vom Rauchen, Sporteln, Lieben und Verkaufen. In: Gesammelte Werke Bd 2. Hrsg. von Günther Rühle. Frankfurt/Main 1972.

Theodor Fontane: Sämtliche Werke. Band 6. Quitt. Mathilde Möhring. Hrsg. von Edgar Gross. München 1959.

George Grosz: Ein kleines Ja und ein großes Nein. Sein Leben von ihm selbst erzählt. Reinbek 1955.

Hannah Höch: Werke und Worte. Hrsg. von Herbert Remmert und Peter Barth. Berlin 1982.

Christopher Isherwood: The Berlin Stories. New York 1963.

Mascha Kaléko: Das lyrische Stenogrammheft. Kleines Lesebuch für Große. Reinbek 1956.

Gina Kaus: Und was für ein Leben … mit Liebe und Literatur, Theater und Film. Hamburg 1979.

Irmgard Keun: Gilgi – eine von uns. Berlin 1931.

Irmgard Keun: Das kunstseidene Mädchen. Berlin 1932.

Gertrud Kolmar: Das lyrische Werk. München 1960.

Else Lasker-Schüler: Der Malik. Eine Kaisergeschichte mit Bildern von der E. L.-S. Berlin 1919.

Else Lasker-Schüler: Briefe an Karl Kraus. Hrsg. von Astrid Gehlhoff-Claes. Köln und Berlin o. J.

Mechtilde Lichnowsky: An der Leine. Roman. Berlin 1930.

Klaus Mann: Anja und Esther. Ein romantisches Stück in sieben Bildern. Berlin 1925.

Klaus Mann: Kind dieser Zeit. Berlin 1932.

Nelly Sachs: In den Wohnungen des Todes. Gedichte. Berlin 1947.

Annemarie Schwarzenbach: Lyrische Novelle. Berlin 1933.

Gabriele Tergit: Käsebier erobert den Kurfürstendamm. Roman. Berlin 1931.

Gabriele Tergit: Effingers. Roman. Berlin 1951.

Gabriele Tergit: Etwas Seltenes überhaupt. Erinnerungen. Frankfurt/Main und Berlin 1983.
Unica Zürn: Dunkler Frühling. Hamburg 1969.

Walter Benjamin: Gesammelte Schriften. Kritiken und Rezensionen. Band II. 2. Hrsg. von Rolf Tiedemann und Hermann Schweppenhäuser. Frankfurt/Main 1977.
Bertolt Brecht: Aus einem Lesebuch für Städtebewohner. In: B. B.: Gesammelte Werke 8. Gedichte 1. Frankfurt am Main 1967.
Bubikopf. Aufbruch in den Zwanzigern. Texte von Frauen. Hrsg. von Anna Rheinsberg. Darmstadt und Neuwied 1988.
Aris Fioretos: Flucht und Verwandlung. Nelly Sachs, Schriftstellerin, Berlin/Stockholm. Bildbiographie zur Nelly-Sachs-Wanderausstellung 2010/2011 in Berlin, Stockholm, Zürich und Dortmund. Berlin 2010.
Anke Hertling: Eroberung der Männerdomäne Automobil: die Selbstfahrerinnen Ruth Landshoff-Yorck, Erika Mann und Annemarie Schwarzenbach. Bielefeld 2013.
Herbert Ihering: Von Reinhardt bis Brecht. Eine Auswahl der Theaterkritiken 1909–1932. Hrsg. von Rolf Badenhausen. Reinbek 1967.
Siegfried Kracauer: Die Angestellten. Aus dem neuesten Deutschland. Frankfurt/Main 1930.
Siegfried Kracauer: Das Ornament der Masse. Essays. Frankfurt/Main 1963.
Judith Kuckart: Im Spiegel der Bäche finde ich mein Bild nicht mehr. Gratwanderung einer anderen Ästhetik der Dichterin Else Lasker-Schüler. Frankfurt/Main 1985.
Oskar Loerke: Tagebücher 1903–1939. Hrsg. von Hermann Kasack. Heidelberg/Darmstadt 1955.
Uta Treder: Von der Hexe zur Hysterikerin. Zur Verfestigungsgeschichte des »Ewig Weiblichen«. Bonn 1984.
Nell Walden: Herwarth Walden. Ein Lebensbild. Berlin und Mainz 1963.
Weimarer Republik. Manifeste und Dokumente zur deutschen Literatur 1918–1933. Hrsg. von Anton Kaes. Stuttgart 1983.

Die Dirigentin des großen Bahnhofs: VICKI BAUM

Sie fürchtet sich nicht. Alles, was sie anfaßt, hat Schwung und Schmiß. Es hat auch eine Nachtseite, an der die D-Züge vorbeirasen. Nur nicht stehenbleiben und sich in all die mögliche Unbill versenken! Die Theater haben staubige Hinterbühnen, das Warenhaus hat einen schäbigen Personaleingang, das Grandhotel einen verschlossenen Weinkeller und eine dumpf riechende Wäscherei, das weiß sie doch. Man darf nicht im »Dunkel des Unbrauchbaren« schmollen, wie sie es nennt. Nur sich selbst nicht so wichtig nehmen und auch nicht »die Dinger«, »das Zeugs«, das sie nach eigenem Bekunden schreibt. Sie ist die preußischste Wienerin, und sie ist die amerikanischste Emigrantin aus Hitler-Deutschland: Vicki Baum. Ihr Stoff liegt überall auf der Welt. Pfeilschnell spießt sie ihn auf, immer weiß sie auf verblüffende Weise Bescheid, auch wenn sie es einmal nicht tut, ist sie der festen Überzeugung, Bescheid zu wissen. Immer kommt der nächste Roman. Manchmal hätte sie besser geschwiegen. Sie hat knapp 40 Bücher geschrieben. Mit der ihr eigenen Selbstironie bezeichnete sie sich selbst als »eine erstklassige Schriftstellerin zweiter Güte«. Als eine Hollywood-Journalistin ihr 1948 gestand, sie habe sie für viel blonder und älter gehalten, antwortete sie: »Aber meine Liebe, wenn Sie genau hinsehen, müßten Sie es doch merken: Ich bin ja viel blonder und älter.«

1888 wird sie in Wien geboren, ihre Kindheit erscheint ihr als eine explosive Mischung aus Tyrannei und Hysterie. Ihr Judentum spielt für sie kaum eine Rolle. Ihr selbstherrlicher Vater liebt von allen Kunstarten allein das Ballett. Die Mutter, weich und leidenswillig und seit der ersten Nacht ihrer Ehe

»enttäuscht«, begräbt sich selbst in Depressionen. Die halbwüchsige Vicki Baum lebt in der dünnen Luft, die die Krankheit zum Atmen läßt, und pflegt die Mutter bis zum Tode. Ich bin nicht geneigt, alle schaurigen und melodramatischen Einzelheiten, die Vicki Baum in ihrer 1962 postum erschienenen Autobiographie *Es war alles ganz anders* erzählt, für bare Münze zu nehmen. Warum soll sie gegen Ende ihres Lebens nicht auf einer subjektiven Wahrheit über ihre Herkunft bestehen, die zu ihrem Leben paßt? Sie beschreibt eine Kindheit, die alle Keime tötet – oder Widerstand weckt. Die Schule erscheint ihr als sicherer Hafen vor dem häuslichen Tumult. »Deine Mutter, das ist ein Fall, oh Gott!«, seufzt eine Pflegerin vor dem kleinen Mädchen. Das tröstet sich auf dem Schoß von August. Er ist der Liebhaber des Dienstmädchens, ein kaiserlicher Wachsoldat, ein starker, schöner Mann. Solche robusten, animalisch aufregenden Männer geistern immer wieder durch Vicki Baums Romane, weltläufigere Verwandte des August, ein bißchen schräg, ein bißchen dumm, zum Verlieben. Schwesterlich teilt das Kind den Soldaten mit dem Dienstmädchen Katl. Damit die Mutter schneller gesund wird, heißt es, muß das Kind vernünftig und brav sein. Vicki Baum ist zeitlebens vernünftig geblieben, aber die Mutter wird nicht gesund. Immer wieder versucht sie, aus dem Fenster zu springen. Nach einem Aufenthalt in einer psychiatrischen Anstalt kommt eine dicke, müde, gleichgültige Frau zurück, in der das Kind die empfindsame Mutter, die es gekannt hat, nicht mehr erkennen kann.

Das leise Drama des begabten Kindes. Aus der dünnen Luft einer hochneurotischen Familie flüchtet und rettet sich Vicki Baum in die Musik. Dabei gewinnt sie, was für eine Frau um die Jahrhundertwende höchst ungewöhnlich ist, einen Beruf. Sie wird Harfenistin. Ein einziges Mal besucht ihr Vater ein

Konzert, in dem sie ein Solo spielt. In ihren Erinnerungen schreibt sie darüber:

»›wie eine elende Schlampe, eine Landstreicherin, eine Hure!‹ brüllte er mich an. ›Was ist eine Hure, Vater?‹ ›Stell keine dummen Fragen! Und unterlasse gefälligst solche gemeinen Ausdrücke, verstanden? Was ist eine Hure! Ein Straßenmädchen, ein kranker Haufen Unflat, der auf dem Mist enden wird. Genau wie du, wenn du dich weiterhin vor allen Leuten mit aufgelöstem Haar und rosa Bändern hinten und vorn zur Schau stellst!‹«

1913 wird sie Großherzogliche Hof- und Kammermusikerin in der Jugendstil-Metropole Darmstadt. Bei ihrem ersten Schloßauftritt vor dem kunstsinnigen hessischen Großherzog trägt sie ein Ballkleid ihrer Großmutter. Der hohe Herr ist entzückt. Den Titel glaubt sie dem Ballkleid zu verdanken. 100 Mark im Monat für die junge Harfenistin, das ist mehr, als der zweite Kapellmeister Erich Kleiber und der erste Kapellmeister Richard Lert verdienen. Vom Geld ist frühzeitig in dieser Karriere die Rede. Die Residenzstadt Darmstadt erlebt ihre Blütezeit. Der Großherzog Ernst Ludwig hat die Darmstädter Künstlerkolonie gegründet, es folgte daraus der feudal verordnete Aufbruch ins schlanke Ornament. Sein besonderer Stolz ist das Theater. Ernst Ludwig entwirft selbst Dekorationen, sein musikalischer Geschmack hält aber seinem optischen nicht stand. Der Jugendstilfürst ist Wagnerianer.

In der engen Residenzstadt, die mit den großen Plänen ihres Regenten nicht Schritt halten kann, ist die Harfenistin aus Wien eine femme fatale. Damals hat sie schon eine Ehe mit dem Autor Max Prels hinter sich, dem sie, da sie die Schnellere und Erfindungsreichere ist, seine Feuilletons geschrieben hat. Jedenfalls behauptet sie das in ihren Erinnerungen. Wollte sie nicht die beste Harfenistin der Welt werden? Sie war auf dem guten Wege dazu, aber als sie in Wien noch für kurze Zeit eine Stelle als Professorin am Konservatorium antritt, hat das geballte Lob der Presse schon fast den Charakter eines Nachrufs. »Künstlerische Reife« … »mit der ganzen Meisterschaft ihres Könnens« … »Anmut und Jugend« … »die ausgezeichnete Harfenvirtuosin« … »zu den bedeutendsten ihres Faches« … »erntete einen rauschenderen Beifall als der Konzertgeiger« steht in den vergilbten Kritiken.

1916 heiratet sie den Dirigenten Richard Lert, Lert ist ihretwegen unter Protest aus der katholischen Kirche ausgetreten, weil die Kirche nicht erlaubt, daß er eine geschiedene Jüdin heiratet. Das Paar bekommt zwei Söhne und tritt die Reise durch die deutschen Provinztheater an. In den Orchestern, die ihr Mann dirigiert, spielt sie nicht mehr – auf seinen Wunsch, eine fast naturwüchsige Konsequenz der Künstlerehe zu Anfang des 20. Jahrhunderts. Die Gage reicht jedoch in der Inflation nicht für die wachsende Familie. Lert will in seiner Musik keine Kompromisse machen, Vicki Baum macht sie. Wie andere Ehefrauen mit der Hausschneiderei beginnen, besinnt sich Vicki Baum auf ihre früheren Schreibversuche. Kurzerhand tauscht sie die Harfe gegen die Schreibmaschine. Ihr erstes Manuskript schickt sie an den Ullstein Verlag. Daraus entsteht das Buch *Frühe Schatten.* Der zweite Roman *Der Eingang zur Bühne* erreicht eine hohe Auflage; für sie der Beweis, daß er nicht zur höheren Literatur gehört – was nicht falsch ist, aber so auch nicht richtig. Vicki Baum arbeitet weiter, will nur langsam begreifen, daß das Bücherschreiben ein ebenso ernsthafter Beruf ist wie das Harfespielen. Aber 1926 liegen bereits sechs Romane vor. Ihr Mann liest sie nicht.

Ehe er sich's versieht, hat sie einen neuen Beruf. Die Frau

des Mannheimer Generalmusikdirektors geht eigene Wege, sie führen nach Berlin. Vicki Baum springt aus der großbürgerlichen, empfindlichen Künstlerwelt mitten in das nervenstarke, aufregende Leben. Die Autorin wird Redakteurin der Zeitschrift *Die Dame*, eine weltläufige Existenz. Der Einfluß dieser Zeitschrift ist auch für das dickleibige Werk der Vicki Baum nicht hoch genug einzuschätzen. Vicki Baum prägt *Die Dame* und läßt sich von ihr prägen. *Die Dame* profitiert von der Umwertung der Weiblichkeitsbilder in den zwanziger Jahren. Die Oberfläche glänzt, doch nie so peinvoll von der Werbung angestrahlt wie in heutigen Damenblättern. Das Verlagshaus Ullstein ist nicht der Seismograph für Tendenzen in Kultur, Mode, Zeitgeschehen: es ist Tendenz. Ullstein ist bürgerlich, aber zugleich aufklärerisch, unterhaltsam, aber zugleich weltstädtisch gefährdet, Asphalt, aber immer blitzsauber. *Die Dame* bleibt in der Drehtür zur demokratischen Massenkultur stecken. Was die Frauenbewegung vor einer Generation erkämpft hat, ist Ende der zwanziger Jahre an der Oberfläche Gemeingut geworden. Die Dame nimmt sich, was sie von dem Neuen brauchen kann. Sie interessiert sich für Rassehunde, Tanz, Film. Und vor allem braucht die Dame ein Auto – »mit Armaturen so ordentlich wie ein Toilettentisch«, heißt es in einer Anzeige. Das Land, in das die Dame reisen möchte: die USA. Vom Bankenkrach will sie nichts wissen. Ihr schönes Ideal ist Gloria Swanson, an ihrer Seite ein Herr aus dem Phantasieadel.

Die Zeitschriften und Bücher aus dem Hause Ullstein waren nicht nur am Puls der Zeit. Was bei Ullstein erschien, pulsierte selbst, glänzte, glitzerte, brillierte mit allen Sentimentalitäten, aber auch im Tempo der Zeit. Eine demokratische Massenkultur, von Werbestrategen unter die Leute gebracht. Die faschistische Pressepolitik hatte nichts Eiligeres zu tun, als das jüdische Verlagshaus zu zerschlagen. Nicht viel mehr als die Schnittmusterbögen überlebten.

Im Kontext der Ullstein-Kultur ist Vicki Baum eher eine Exotin. Mit einem Bein steht sie noch in einer untergegangenen Welt, mit dem anderen rennt sie, hüpft sie, tanzt sie Shimmy. Aber gerade diese Zwitterhaftigkeit macht ihren Erfolg aus. Sie schreibt ja nicht nur für die vielen Angestellten, die erste Generation berufstätiger Frauen aus Berlin-Wilmersdorf, Frohnau und Grünheide, die die Kinos bevölkern, die Cafés und die Straßen mit den großen Schaufenstern. Sie schreibt auch für die Bergassessorsbraut in Essen-Steele, die sich im Hintergrund bereithält, eine deutsche Frau & Mutter zu werden.

Vicki Baum ist von 1926 bis 1931 Redakteurin im Ullstein-Haus, dritter Stock, ein naives »Kaninchen im Fuchsbau« nennt sie sich selbst. In schneller Folge erscheinen ihre Romane, zunächst meistens in Fortsetzungen in der *Berliner Illustrirten*, dann als Buch im Ullstein Verlag. Lange bevor ihr Welterfolg *Menschen im Hotel* erscheint, ist sie eine vielgelesene zeitkritische Autorin. *Ulle, der Zwerg* ist der stilsicherste ihrer frühen Romane, nicht der in treuherziger Schnitzler-Nachfolge geschriebene Roman *Der Eingang zur Bühne*, nicht die Petitessen über Schauspielerinnen, Tänzerinnen, ein bißchen angestaubte Landarztfrauen. Dies ist keine Autorin, die sich etwas von der Seele zu schreiben hat. Es herrscht eine extreme Künstlichkeit im scheinbar Naturwüchsigen ihrer Romankompositionen.

Sorgfältige Recherchen, schnelles Reagieren, die Neugier aufs Leben, dies liegt der Autorin mehr als die Kunst des Formulierens. Einmal stößt sie mit ihren Fragen an die Grenzen bürgerlicher Toleranz. Ullstein legt das Buch für zwei Jahre auf Eis, bis es 1928 ein Welterfolg wurde. Mit dem Zeitroman *stud. chem. Helene Willfüer* hat sich Vicki Baum auf ein Terrain begeben, das als »schamlose, schweinische Sensationsmache« galt: die Abtreibung. In der Szenerie chemischer Labors experimentiert die Studentin mit ihren erotischen Wünschen und ihren Berufsplänen. Helene Willfüer wird schwanger, erfährt die Demütigungen illegaler Abtreibungsküchen und erkämpft sich schließlich als erfolgreiche Produzentin eines Hormonpräparats ihr privates Happy-End. »Der Kampf ums neue Weib«, den Ernst Bloch als das Generalthema des fortschreitenden Jahrhunderts erkannte, flutet in die Hörsäle und die Labors, entbindet die Studentin Helene aber nicht von den alten Frauenthemen: Liebe, ein Kind, ein Zipfel Glück. Als der Roman verspätet erschien, war er nur das bürgerliche Pendant zu Friedrich Wolfs Theaterstück *Cyankali*, einer ungleich schärferen Fassung der Abtreibungsproblematik. Während dem kommunistischen Arzt und der Stuttgarter Ärztin Dr. Else Kienle-Jakobowitz der Prozeß gemacht wurde, gelang der Ullstein-Redakteurin die gesellschaftliche Popularisierung des heiklen Themas.

Vicki Baum war eine so furchterregend erfolgreiche Frau in einer Männerwelt, daß sie selbst aus dem Staunen nicht herauskam. Es fiel ihr schwer, es sich nicht leichtzumachen. Also recherchierte sie, befragte Fachleute, lebte mit wachen Sinnen. Das Schreiben selbst fiel ihr leichter, als sie es erträumte. Also achtete sie es gering, genoß die Gaben, die ihr in den Schoß fielen – und teilte sie gern mit anderen. Etwas war immer falsch, aber sie verbarg es hinter Munterkeit, Tüchtigkeit, Eigenschaften, die nicht unmittelbar mit einer Schriftstellerinnen-Existenz in Verbindung zu bringen waren, die aber in der Welt der Angestellten, die vor ihren Augen wuchs und wucherte, hoch im Kurs standen. So ist Vicki Baum auf eigene Weise Angestellte geworden: eine Angestellte ihrer Erfindungen, ihrer Dramaturgie – immer zur Stelle, wenn ein neuer Stoff sie ruft. Durch ihre Romane spazieren viele propere, blonde, gutherzige Frauen: Krankenschwestern, Verkäuferinnen, Seelchen. Es sind Schwestern des kunstseidenen Mädchens von Irmgard Keun, Töchter der zwanziger Jahre, die das Bild der kleinbürgerlichen jungen Frau durch eine selbstverständlich werdende Berufstätigkeit (bis zur Ehe) umwerten. Selbstbewußte Geschöpfe an ihren Theken, Schreibtischen, Laborapparaten – bis ein Mann sie ruft. Elis, die traumverlorene Gesangsschülerin im Roman *Der Eingang zur Bühne*, inszeniert sich noch ein melodramatisches Ende, einen Liebestod im Parkett der Wagner-Oper; die jungen Frauen in den späteren Romanen fummeln sich mit rührend untauglichen Mitteln, einer Nagelfeile, einer Telephonstrippe, einem Bügeleisen und einer neuen Flattergardine, ein kleines Glück zusammen, das den nächsten Ausverkauf überdauern soll.

Kaum einer der Älteren, der nicht einen Roman von Vicki Baum gelesen hätte, der nicht einen Film nach einem ihrer Bücher gesehen hätte. Kaum eine der jüngeren Leserinnen, die nicht zumindest ihren Namen gehört hätte und dazu den erschreckten Warnruf: »Pfui, Trivialliteratur!« Nur zum verschämten Verbrauch als Lesefutter! Man heißt heute nicht mehr Thea, Vicki, Hilde, und die Nadines, Nicoles, Janines sind auch nicht mehr taufrisch. Mit den Leserinnen haben sich auch die Autorinnen verändert und umgekehrt, denn sie sind Leserinnen anderer Bücher, Kinogängerinnen, Lebensbetrachterinnen, und die Bücher stehen fremd und unverwandt, Zeitzeugen einer gestorbenen Epoche, zwischen den Generationen. Der Warnruf war so laut, daß er mich lange Jahre davon abhielt, nur ein einziges Buch von Vicki Baum zu lesen, bis es auf der Landkarte meiner Lese-Streunereien in der »Asphalt-Literatur« der Weimarer Republik kaum noch einen weißen Fleck gab – mit Ausnahme von Vicki Baum. Meine Abenteuersucht hatte sich längst zu einem komplettierenden Forschungsdrang ausgeweitet. Ich begann zu lesen, voll von Vorurteilen, von denen einige sich bestätigten, andere nicht.

Was diese Autorin alles kann! Wie aus dem Handgelenk geschüttelt, entsteht ein Reigen erstaunlichster Personen: ein kleiner Hallodri und eine müde, abgehalfterte Tänzerin, ein Buchhalter aus der Provinz, ein überforderter Portier, ein Mädchen, das sich zu Höherem berufen fühlt, die gelangweilte Gattin und das schöne Mannequin, ein versoffener Warenhaus-Detektiv, ein braves Kind, ein liebes Mädchen aus Texas, ein dänischer Graf, der das Dekorationshandwerk lernt im *Letzten Ausverkauf*.

Vicki Baum dirigiert das Personal und die Fülle ihres Stoffes in ihren Büchern, als hätte sie ein vielstimmiges Orchester vor sich. Kein Instrument läßt sie in der Luft hängen. Jede Klangfarbe hat ihre eigene Führung. In ihren besten Büchern gibt es keine Nebenfiguren, alle sind gleichrangig, nur manche Klangfarben schöner, reicher, exotischer. Den Kammerton liebt sie nicht. Am liebsten siedelt sie ihre Romane an öffentlichen Orten an: im Theater, im Flugzeug, im Warenhaus, im Hotel, dort vor allem. Orte, an denen jedermann auftauchen und verschwinden kann – aber sie, die Dirigentin, behält auch die pausierenden Instrumente im Blick. Das Hotel als Weltbühne, ein demokratisch säkularisiertes Welttheater im geliehenen Glanz der Aristokratie, ein Platz für prächtige Auftritte und diskretes Verschwinden über die Hintertreppe. Unzählige Autoren haben bis heute aus der Nachahmung dieser Konstruktion Gewinn gezogen. *Menschen im Hotel*, zunächst als Vorabdruck in der *Berliner Illustrirten* erschienen, war der Versuch, eine auseinanderstrebende Gesellschaft noch einmal zu bündeln. Im begrenzten Raum des Hotels begegnen sich Oben und Unten, werden Gast, Portier und Zimmermädchen gleich wichtig; der Buchhalter Kringelein ist die sentimentale Identifikationsfigur für die Masse der Leser, die außerhalb der mondänen Welt bleibt. Die Stärke des Romans liegt in der Konstruktion eines Erlebnisraums, den die Drehtür immer zugleich abdichtet und öffnet. »Wenn man in Betracht zieht, daß Kringelein zum ersten Male in seinem Leben Krach machte, so kann man zugeben, daß es nicht ganz so übel ausfiel. Das Stubenmädchen in der weißen Schürze holte erschreckt eine Würdenträgerin ohne Schürze; der Hausdiener zeigte sich von weitem, der Zimmerkellner, eine kalte Platte auf der Handfläche schwingend, blieb vor 216 horchend stehen. Man telephonierte [...] man mußte den Hoteldirektor, einen der vier Direktoren, holen. Kringelein, hartnäckig wie ein Amokläufer, bestand darauf, daß er ein schönes, vornehmes, teures Zimmer haben wolle. [...] Vor dem Fenster war kühler Märzregen, Benzinluft, Autogeschrei [...] Unten wimmelten schwarze Regenschirme und helle Frauenbeine, gelbe Autobusse, Bogenlampen. Sogar ein Baum war da, er streckte Zweige, nicht allzu weit vom Hotel, andere Zweige wie die Bäume in Fredersdorf. Er hatte ein Inselchen von Erde mitten im Asphalt, [...] und rund um die Erde einen Zaun, ein Gitter, als müsse er gegen die Stadt geschützt werden. Kringelein, von so viel Fremdem und Überwältigendem umgeben, freundete sich ein wenig mit diesem Baum an.«

Kringelein, der todkranke Provinzler, setzt seine Existenz aufs Spiel, um wenigstens einmal in seinem Leben in die Welt des Luxus einzutauchen und darin unterzugehen. Ausgerechnet ihm gelingt es aber, nach all den kolportagehaften Handlungscoups als einzigem glücklich das Hotel zu verlassen. Der angeschlagene Kleinbürger triumphiert über die deklassierte Aristokratie und das rabiate Besitzbürgertum. Hier wird der versöhnende Traum von der Durchlässigkeit der Klassenschranken geträumt. Das Glück steht dem Traurigen zu, der es nötig hat. Nur Otternschlag, der lebenskluge Hotelarzt, fügt noch ein paar Tropfen Bitterkeit hinzu; die Stimme des Zynikers gehört zum Inventar des Hotels.

Immer ein Augenzwinkern: Das Stigma Vicki Baums als Trivialautorin beruht auch darin, daß in ihren Büchern wie in den Märchen eine ausgleichende Gerechtigkeit herrscht. Nie wagt sie die Einseitigkeit, die den persönlichen Blick, auch den Furor erst möglich macht. Um so eher entdecken viele vieles wieder – oder entdecken es erst mit ihr.

Amerikanische Literaturwissenschaftler haben für die Vielstimmigkeit der Romane von Vicki Baum (und nicht nur der ihren) den Begriff »Group Novel« geprägt. Schreibend begreift Vicki Baum die öffentlichen Orte als eine letzte Chance, Menschen zueinander zu führen, die sich nicht-öffentlich nie begegnen würden. Sie setzt einer Hotelkultur ein Denkmal, als Hotels noch nicht nach der Qualität ihrer Mischbatterien gehandelt wurden, sondern nach der Mischung der Menschen, die sich in ihnen aufhalten.

Schnitzler geteilt durch Irmgard Keun. Nein. Courths-Mahler geteilt durch Thomas Mann gleich Vicki Baum. Nein. Die Rechnungen gehen nicht auf. Beim Blättern in alten Zeitungsausschnitten über Vicki Baum im Ullstein-Archiv stößt man unweigerlich auf die Legende, diese Autorin habe das Leben im Hotel inkognito als Zimmermädchen studiert. Aber sie hat Erfundenes und Beobachtetes zusammengefügt – wie alle realistischen Romanciers, den von ihr so verehrten Thomas Mann eingeschlossen. Durch die Schlüssellöcher der Dokumentaristen hat sie nie geguckt. Die aus zweiter Hand so neunmalkluge *Dame* hatte Thomas Mann in der Rubrik: »Männer, die die Dame kennt« übrigens mit einer Federzeichnung vorgestellt.

1931 reist Vicki Baum nach Amerika. *Menschen im Hotel* wird am Broadway inszeniert. Sie macht Studien für einen Film, den Ernst Lubitsch drehen will; er soll in einem Warenhaus spielen. Das Projekt stockt, sie wird von MGM nach Hollywood eingeladen, um eine Filmversion von *Menschen im Hotel* zu erarbeiten, den berühmten Film *Grand Hotel.* Für die Arbeit am Drehbuch ist ein ganzes Jahr vorgesehen. Allein die Besetzung hat Filmgeschichte geschrieben. Greta Garbo spielt die Tänzerin Elisaweta Grusinskaja, John Barrymore den virilen Baron Gaigern, Lionel Barrymore den Buchhalter Kringelein. Das Spiel der Garbo wird von der Kritik bewundert, aber im Grunde ist sie wie fast alle Darsteller des Films viel zu sehr Star. »Die Schauspieler verdrängen gemeinsam den Film«, schreibt der Kritiker der *Weltbühne*, und weiter: »Vor lauter Menschen sieht man das Hotel nicht mehr.« Joan Crawford schwärmt in ihren Erinnerungen von *Grand Hotel*, dabei ist sie die grandioseste Fehlbesetzung: Sie macht aus Flämmchen, der kleinen Stenotypistin, ein bengalisches Feuer.

Die erste Reise nach Hollywood ist keine Fahrt ins Exil, aber sieben Monate Amerika öffnen der politisch wachen Ullstein-Journalistin auch die Augen für die politische Entwicklung in Deutschland. Vicki Baum wittert die kommenden Veränderungen; sie kehrt nur für kurze Zeit zurück, holt die Familie, sie will ihre Söhne zu Amerikanern erziehen. So ist sie längst seßhaft, als Ströme von Emigranten Deutschland 1933 verlassen – mit ungewissem Ziel. Was sich die meisten nicht einmal in ihren kühnsten Träumen erhoffen, eine Einreise-Erlaubnis in die USA, eine Arbeitserlaubnis, eine

Existenz als angestellter Drehbuchautor einer großen Filmgesellschaft, wird ihr selbstverständlich angetragen. Sie dagegen kann es sich bald leisten, ihre Stelle um die Hälfte zu reduzieren, in der anderen Zeit will sie für sich selbst schreiben. Fortan erscheinen die deutschsprachigen Ausgaben ihrer Bücher in dem mutigen Amsterdamer Exilverlag Querido und nach der Besetzung der Niederlande bei Bermann Fischer in Stockholm. Querido wird einer der ersten Verlage des deutschsprachigen Exils, hier erscheinen die Bücher von Klaus Mann, Joseph Roth, Irmgard Keun, Arnold Zweig. Zweig rümpft die Nase über die Kollegin Baum, er sieht in ihren Büchern eine Gefährdung des literarischen Niveaus. Doch er muß sich 1936 von seinem Lektor sagen lassen, daß ohne Vicki Baums hohe Auflagen und die Übersetzungstantiemen viele Bücher gar nicht mehr machbar seien. »Die wackere Vicki Baum sollten Sie uns gönnen«, schreibt Fritz Landshoff an Zweig. Vicki Baums gut verkäufliche Bücher sichern die Existenz schwierigerer Autoren, die bittere Not leiden, wie Joseph Roth, aussichtslos in die Bedingungen ihres Schreibens verstrickt.

Vicki Baum kann es sich leisten, großzügig zu sein. Alle Honorare für ihre deutschsprachigen Bücher stellt sie Hilfsbedürftigen zur Verfügung. Sie hat den Vorsitz bei einem Hollywood-Bankett, das um Solidarität mit den spanischen Kommunisten wirbt. Ernst Toller hält die Einführung, der Spanienkämpfer Ludwig Renn spricht – eigens im Smoking. Sie sammelte für War Bonds, die amerikanischen Kriegsanleihen. Eine Existenz mit doppeltem Boden: ein solid begründeter Wohlstand, aber sie hat den gleichen Europa zugewandten Blick wie die Exilautoren. Auch ein anderes Exil wäre möglich gewesen, in einem intellektuell rauheren Klima, vielleicht in New York, wo ihr Klaus Mann ein kleines Portrait in seinen Erinnerungen *Der Wendepunkt* widmet. »Der Zuspruch […] kommt von einer warmherzig klugen Frau, die, als einzige hier im Kreise, schon lange in Amerika zu Hause ist und weiß, wovon sie spricht, wenn sie behauptet: ›Nicht schwerer hier als anderswo! Plagen muß man sich überall.‹ […] Die etwas verstörten ›Menschen im Hotel‹ (118 East 40th Street) lassen sich gerne beraten und ermutigen von einer, die eigentlich nicht mehr in diesen Kreis gehört. Frau Vicki, seltener Gast aus Kalifornien, wo sie mit ihrem Musiker-Gatten und zwei amerikanisch erzogenen Söhnen stattlich residiert, hat Autorität und Charme, ist kameradschaftlich und welterfahren. Wir lauschen ihr mit Respekt und Dankbarkeit.«

Ihre Beziehungen zu den nachkommenden Hitlerflüchtlingen, die bis 1941 mit mildtätigen Scheinverträgen ausgestattet in den Baracken der Drehbuchautoren bei MGM arbeiten, sind rein gesellschaftlicher Natur. Man kennt sich, man spricht über Deutschland, gelegentlich. Vicki Baum empfindet sich selbst nicht als Exilautorin. Hans-Albert Walters Standardwerk über die deutsche Exilliteratur zählt sie zu den wenigen politischen Frühemigranten.

Vicki Baum verließ den Dampfdruckkessel Hollywood, wann immer sie konnte. Sie reiste mit ihrem alten österreichischen Paß, gültig für alle Länder der Welt. Sie reiste nicht unmittelbar, um zu schreiben, aber die Stationen sind später an ihren Büchern ablesbar. Als sie 1937 nach China kommt – in dem Jahr reisen viele mit China solidarische Intellektuelle dorthin –, ist der zweite japanisch-chinesische Krieg auf seinem Höhepunkt. Die internationale Stadt Shanghai brennt.

Eine vom Zufall zusammengewürfelte internationale Gesellschaft bevölkert den Roman *Hotel Shanghai*, sicher ihr bestes Buch: ein opiumsüchtiger Rikscha-Kuli, ein erschöpfter deutscher jüdischer Arzt, den es nach der Abschlachtung seines homosexuellen Sohnes durch ein Femegericht von Hitlerjungen an diesen absurdesten aller Emigrationsorte verschlagen hat, die Luxusreisende, die dem Verfall ihres Mannes ungerührt zuschaut, die tierliebe amerikanische Krankenschwester, die in Shanghai einen windigen Kommis heiraten will, und ein Hotelbesitzer, der in dunkle Geschäfte verwickelt ist, aber patriotisch fühlt. Streng geschieden werden ihre Geschichten erzählt, die alle in das elegante Hotel führen. Was diese Menschen eint, ist ein sinnloser Tod unter seinen Trümmern. Daß ein Hotel im Internationalen Settlement der Stadt von einer Bombe getroffen wurde, die ein chinesisches Flugzeug irrtümlich abgeworfen hatte, war eine Nachricht, die um die Welt ging. Der Roman füllt sie mit irrlichterndem Leben.

Die Romane Vicki Baums werden in den dreißiger Jahren politischer, weitsichtiger. Das kompliziert verknotete Netz der Affären und mehr oder minder sterilen Leidenschaften, an dem die früheren Romane sich entlangtasten, wird unwichtiger. Trotzdem bleibt Vicki Baum die Rechercheurin des Hotelwesens. Noch einmal siedelt sie einen Roman in diesem Kosmos an. Er ist in amerikanischem Englisch geschrieben, und die deutsche Ausgabe macht nicht einmal deutlich, ob die Autorin selbst die Übersetzung vorgenommen hat. Er heißt in der amerikanischen Ausgabe *Hotel Berlin '43*, in der deutschen, die erst 1947 erscheint, *Hier stand ein Hotel* und spielt im Berliner Hotel Adlon während der gezählten Tage des deutschen Faschismus. Ihm dient das Hotel als Mittel der Propaganda. In *Hotel Berlin '43* begrenzt und weitet die Drehtür zugleich den Blick. Das ganze faschistische Deutschland mit seinem falschen Prunk und der Verzweiflung seiner Opfer entfaltet sich in der Halle des Hotels.

Sorgfältig unterscheidet die Autorin zwischen der Verantwortung des Volkes und der Schuld der Führer. Sie weiß verblüffend viel über die Struktur der faschistischen Herrschaft, mehr als die Deutschen später zu wissen vorgeben werden. Das Buch erschien im Frühjahr 1943. Der Treffpunkt der Nazi-Bourgeoisie, das Hauptquartier der Quislinge, wird zur Gruft. *Hier stand ein Hotel.* Nein, dies ist durchaus nicht die Autorin der mit leichter Hand geschriebenen kleinen Romane wie *Zwischenfall in Lohwinckel.*

Überzeugender und entschiedener stellt sie ihre bewunderte Welterfahrenheit in den Dienst einer Recherche über die Geschichte des Kautschuks, die 1943 zunächst unter dem englischen Titel *The Weeping Wood* erscheint. Kautschuk und der vom deutschen IG Farben Konzern entwickelte Gummiersatz Buna sind die historischen Täter und Schurken des Romans. Menschen sind Spielfiguren und Opfer – Opfer des wirtschaftspolitisch umkämpften Rohstoffs, der nach dem Fall von Pearl Harbor nur mehr begrenzt verfügbar ist. 1943 war dies politischer Zündstoff. Ein amerikanischer Senatsausschuß hatte sich mit den Versäumnissen der Standard Oil bei der Gewinnung synthetischen Gummis und den Verflechtungen mit der deutschen IG Farben auseinanderzusetzen. Der Roman handelt also von den wirtschaftlichen und industriellen Grundlagen des Zweiten Weltkriegs. Es gibt nur wenige Exil-Schriftsteller, die sich so weit vorwagen.

Längst eine englischsprachige, englischschreibende Autorin, konnte Vicki Baum damit rechnen, daß ihre Bücher jeweils in 14 bis 16 Sprachen übersetzt werden. Von *Menschen im Hotel* sind 28 Übersetzungen gezählt worden. Kutzbachs *Autorenlexikon* von 1952 nennt sie die meist übersetzte, deutschsprachige Autorin des 20. Jahrhunderts.

Wer einen Roman selbstbewußt einen *Kolportageroman mit Hintergrund* nennt, wie Vicki Baum es mit *Menschen im Hotel* getan hat, ist selbst schuld. Man lese einmal Arthur Schnitzlers *Therese*, Heinrich Manns *Mutter Marie*, Leonhard Franks *Der Bürger*. Kolportage? Und wenn schon; Lesefutter haben die höher dotierten Herrschaften alle geliefert, nur heißt es dann höflich »ein Nebenwerk«. Wer diese zeitgenössischen Bücher vergleicht, muß eine Lanze für Vicki Baum brechen, aber die literarische Wertung wiegt nicht Stück gegen Stück auf, ein Pfund, mit dem zu wuchern ist, gegen ein anderes Pfund. Sie schreibt Bilder und Wahrnehmungen, Außenansichten eines Werkes fest. Die Tradition des politisch emanzipatorischen Romans wurde nach dem Zweiten Weltkrieg in der DDR verwaltet, da war Vicki Baum zu mondän. Als endlich die Forschungslücken in der Exilliteratur hätten geschlossen werden können, klafften, je mehr geforscht wurde, um so mehr Lücken. Und wer sich mit Trivialliteratur auseinandersetzte, wagte keine Stilvergleiche mit der anerkannten Literatur; es handelte sich immer noch um streng geschiedene Felder.

Als der *Spiegel* 1950 einen längeren Artikel über Vicki Baum brachte, schillerte der Strauß der Leserbriefe in allen Farben der Vorurteile: die Emigrantin, die es sich am Swimming-Pool wohlgehen ließ, während die Trümmerfrauen schippten. Der Wunsch, wenn schon die amerikanischen Sieger die Geschichte schreiben, auch amerikanische und nicht amerikanisierte Literatur zu lesen. Die Ressentiments der Verlierer, die sich nicht nur lautstark gegen Thomas Mann, sondern gegen die eigene von Vicki Baum so gut bediente Gefühligkeit richten durften, Kulturbürger, die ihr Abendland vor dem Dienstmädchenroman glaubten retten zu müssen. Aus einem der Leserbriefe in der Ausgabe vom 24. Januar 1951: »Wer wie ich [...] die Möglichkeit hatte, die gesamte neuere amerikanische Literatur zu verfolgen, wundert sich nicht darüber, daß auch heute noch sowohl in den Staaten eine Abneigung gegen die Deutschen besteht, als auch hier in Deutschland keine gesellschaftliche oder kameradschaftliche Verbrüderung erfolgen kann. Verantwortlich dafür ist einmal die Tatsache, daß fast jeder der seit etwa 1941 geschriebenen amerikanischen Romane mehr oder weniger anti-deutsche Partien enthält, sodann, daß auch emigrierte Schriftsteller, an ihrer Spitze Vicki Baum und Erika Mann [...] Veröffentlichungen herausgebracht haben, die die amerikanischen Leserinnen – den entscheidenden Teil der amerikanischen Leserschaft – unter den Eindruck bringen, als habe es in Deutschland nur Nazis und Verfolgte gegeben.

Daß viele Millionen Deutsche der Partei nicht angehört und ihr sehr kritisch gegenübergestanden haben, ohne direkt verfolgt zu sein, daß weitere Millionen aus taktischen Gründen der Partei angehörten, ihr aber innerlich Widerstand leisteten, und das häufig im Interesse ihrer bedrohten und verfolgten Freunde, das geht aus keinem dieser Bücher hervor. Frau Vicki Baum hat auf diesem Gebiet, dank ihrer Begabung, Kolportage-Literatur zu verfassen, die leicht eingeht, Hervorragendes geleistet.
Dr. A. Weiss Rechtsanwalt Heidelberg«

Diese Aufgabe hat Vicki Baum in der Tat versäumt: Diplomatin und Deuterin der deutschen Duckmäuser ist sie nicht geworden.

Bisher ist, wenn von Exilliteratur die Rede ist, immer nur von den Hilfsaktionen des reichen Stefan Zweig die Rede, von Thomas Mann; die stille Solidarität der Vicki Baum verschweigt man. Weil es »demütigend« ist, eine reiche Gönnerin zu haben? Sie hat nur ihre Heimat verloren. Andere verlieren die Sprache, den Mut, ihr Leben. Vicki Baum reist, schreibt, tanzt, wie man sie läßt. Und man läßt sie ja, sie eckt nicht an. 1960 stirbt sie in Hollywood.

Vicki Baum: Frühe Schatten. Das Ende einer Kindheit. Berlin 1914.

Vicki Baum: Der Eingang zur Bühne. Roman. Berlin 1920.

Vicki Baum: Ulle, der Zwerg. Roman. Stuttgart 1924.

Vicki Baum: stud. chem. Helene Willfüer. Roman. Berlin 1928.

Vicki Baum: Menschen im Hotel. Roman. Berlin 1929.

Vicki Baum: Zwischenfall in Lohwinckel. Roman. Berlin 1930.

Vicki Baum: Der große Ausverkauf. Roman. Amsterdam 1937.

Vicki Baum: Hotel Shanghai. Roman. Amsterdam 1939.

Vicki Baum: Hier stand ein Hotel. Roman. Amsterdam 1947. Titel des amerikanischen Originals: Hotel Berlin '43. New York 1943.

Vicki Baum: Es war alles ganz anders. Erinnerungen. Berlin/Frankfurt am Main/Wien 1962.

Ernst Bloch: Der Kampf ums neue Weib, Programme der Frauenbewegung. In: Das Prinzip Hoffnung. Wissenschaftliche Sonderausgabe. Frankfurt am Main 1967.

Johann Holzer: Literarische Verfahrensweisen und Botschaften der Vicki Baum. In: Innsbrucker Beiträge zur Kulturwissenschaft. Germanistische Reihe Bd. 18. Erzählgattungen der Trivialliteratur. Hrsg. von Zdenko Škreb und Uwe Baur. Innsbruck 1984. S. 233–250.

Lynda J. King: Best-Sellers by Design. Vicki Baum and the House of Ullstein. Detroit 1988.

Klaus Mann: Der Wendepunkt. Ein Lebensbericht. München 1952.

Friedrich Wolf: Cyankali. Berlin/Wien/Zürich 1929.

Cyankali von Friedrich Wolf. Eine Dokumentation. Hrsg. Von Emmi Wolf und Klaus Hammer. Berlin 1978.

Hans-Albert Walter: Deutsche Exilliteratur 1933–1950. Bd. 2. Europäisches Appeasement und überseeische Asylpraxis. Stuttgart 1984.

Fieber und Feuer: EMMY BALL-HENNINGS

Emmy Ball-Hennings ist eine höchst ungewöhnliche Gestalt zwischen Bohème, Dada und strikter katholischer, weihrauchgeschwängerter Gläubigkeit. Diese rare Kombination der Elemente hat viel Spott bei ihren Zeitgenossen hervorgerufen, keinesfalls wurde dadurch das Verständnis für ihre literarische Arbeit befördert. Ihr Name fehlt sowohl in dem Standardwerk von Walther Killy *Epochen der deutschen Lyrik* als auch in der von Gottfried Benn herausgegebenen Anthologie *Lyrik des expressionistischen Jahrzehnts.* Das chronische Vergessen, Verdrängen, Verunglimpfen weiblicher Kulturleistungen überschattet auch diese Biographie. 1948 ist Emmy Ball-Hennings 63jährig einsam und arm in Sorengo bei Lugano gestorben, entkräftet und ermüdet von einem außenseiterischen Leben in dramatischen Fieberkurven.

Seltsam, überaus seltsam. Da veröffentlicht eine junge Frau, gerade 28 Jahre alt, im Verlag Kurt Wolff ihren ersten Gedichtband, es ist der fünfte Band der Reihe *Der jüngste Tag*, ein poetisch und bibliophil hochkonnotierter Ort: die Autoren, die vor ihr in der Reihe erschienen sind, heißen Werfel, Hasenclever, Kafka, Hardekopf. Ihr Band ist der erste Lyrikband in der illustren Reihe, und lange, lange bleibt sie die einzige Autorin – bis Mechtilde Lichnowsky 1918 mit dem Titel *Gott betet* hinzukommt. Es folgt dann nur noch Ruth Schaumann 1920. Doch da ist Emmy Hennings schon Autorin des Verlags Erich Reiß in Berlin, und der lyrische Expressionismus hat sich vollendet, wenn das nicht zu pathetisch klingt. Seine wichtigsten Vertreter sind tot, verblutet auf den

Schlachtfeldern Europas. Lakonisch meldet Franz Pfemferts Zeitschrift *Die Aktion* die menschlichen und literarischen Verluste. Andere Autoren haben das Exil gewählt oder sind halb blind geworden, vergrämt, verrückt. Wieder andere haben das Gedichteschreiben aufgegeben, und der theatralische Menschheitsbeglückungs-Expressionismus greift Raum. Mit sicherem Instinkt ist auch Franz Pfemferts Zeitschrift *Die Aktion* seit der Novemberrevolution 1918 an ihr Ende gekommen. Fortan ist sie eine linksradikale Aktionstribüne, keine literarische Zeitschrift mehr.

Nicht einmal der Titel des ersten Gedichtbandes von Emmy Hennings ist im Gedächtnis geblieben: *Die letzte Freude*, ein befremdlicher, auch abweisender Titel für den Gedichtband einer jungen Autorin. Etwas ist zu Ende, scheint zu Ende zu sein, ehe es recht angefangen hat. Aber auch Glanz ist da, ein Glanz von innen, Helligkeit scheint auf, und schon ist sie verschwunden, eine Kometenfreude, und das war's schon gewesen. Doch die Dunkelheit hat Konjunktur, ist Methode. *Weltende* und *Morgue* heißen die lyrischen Symbolträger – und Johannes R. Becher kann das ästhetische Problem gleich treffend in einen Gedichttitel stanzen: *Der Dichter meidet strahlende Akkorde.* Emmy Hennings hatte schon vor diesem Band Gedichte veröffentlicht, im *Pan*, in der *Schaubühne*, in *Die neue Kuns*t und zum Beispiel auch in Franz Pfemferts *Aktion* vom 14. August 1912. Es ist dies ein besonders reizvolles Gedicht. Werfel wird es gelesen haben, aufgenommen wurde es nicht in den Band *Die letzte Freude*.

Äther

An die Scheiben schlägt der Regen,
Eine Blume leuchtet rot,
Kühle Luft weht mir entgegen,
Wach ich oder bin ich tot?

Eine Welt liegt weit, ganz weit;
Eine Uhr schlägt langsam vier,
Und ich weiß von keiner Zeit,
In die Arme fall ich dir.

Doch, von der Zeit weiß Emmy Hennings in diesem kleinen Gedicht sehr viel, vom Rhythmus, von den zeitgemäßen, meistens männlich endenden Kreuzreimen, von den Genüssen, den künstlich benebelnden Paradiesen, vom bebenden Herzschlag der Jahre und von der landläufigen Traurigkeit. Doch ist dies kein typisches expressionistisches Gedicht. Besonders die letzten Zeilen in den beiden Strophen fallen aus dem Konzept der Generation. »Wach ich oder bin ich tot?« Dies ist ein Wahrnehmungsproblem der Befindlichkeit in der Welt seit dem Barock, Lope de Vega hat einen dramatischen Kosmos damit gefüllt. Das Leben ein Traum, das Leben ein gelebter, abgelebter Gegenstand. Die Romantik variiert das Thema noch einmal in der Frage »Wache ich oder träume ich?« Die Wahrnehmung ist nicht konstant, sie ist eine dauernde Irritation. Die Wirklichkeit wird überlagert vom Vorgestellten, das Märchen bricht in die Gegenwart ein, das Wunderbare ist das Verstörende. Nein, die Details aus der Literaturgeschichte muß Emmy Hennings nicht kennen, aber diese Wahrnehmungsproblematik ist in der Welt, ob eine einzelne Autorin sie wahrnimmt oder nicht, danach fragt das Denken nicht.

Kunst und Intellektualität: ein schwieriges Paar, das Dichten und Denken in Deutschland eine monogame Zwangsgemeinschaft. Man muß in die Schweiz gehen, in die freie Luft, in der Zürcher Spiegelgasse mit dem internationalistischen bunten Volk Cabaret machen, um diese Last hinter sich zu lassen. Emmy Hennings hat kein systematisches Wissen, sie saugt das Wissen, das sie braucht, osmotisch auf. »Wach ich oder bin ich tot?« Wer so fragt, ist noch nicht wirklich in der Moderne angekommen. Wer in der Morgue war, hat gesehen, daß die Toten unendlich tot sind, eine verfügbare, erforschbare Materie, die präpariert werden muß, und wie lebendig das Formalin, das sie konserviert für den wissenschaftlichen Hausgebrauch. Es war ein ästhetischer und ethischer Schock. »Wach ich oder bin ich tot?« Aus der Wahrnehmung der Betäubung durch das Narkosemittel Äther, das wie eine Droge eingesetzt wird, gewinnt Emmy Hennings ein ästhetisches Programm der Verwirrung. Schein und Sein, Wachheit und Tod: ein unentwirrbares, rätselhaftes Tasten im »Dazwischen«.

Noch ein Blick auf die letzte Zeile des Gedichts: »In die Arme fall ich dir.« Ein Absolutissimus der Weiblichkeit; immer ist Emmy Hennings so hingebungsvoll hinfällig. Das ist keine Pose, auch in den späteren, autobiographisch getönten Prosatexten gibt es solche Wendungen. Das Fallen und Nicht-Wiederaufstehen, Auf-die-Beine-gestellt-Werden ist ein starkes Motiv der Zeit. Die Hure, das gefallene Mädchen, die, an der sich die Bürgersöhne gesundstoßen, ist in unzähligen expressionistischen Texten gegenwärtig. Aber diese Figur spricht nicht. Oder sie spricht nur in der männlichen Wahrnehmung, spricht, was Autoren sie sagen lassen, ihr auftragen. Der Retter, der selbsternannte Vormund oder der abgewiesene Liebende, der sich als Retter aufspielt vor ihren unsicher blickenden Augen, spricht von ihr. Er hat sie fallen gesehen, doch leider nie in die Arme des Begehrenden. Sie fällt herum, fällt auf die Straße, fällt in Betten, in denen sie eine andere wird, als sie gewesen ist. Sie fällt in Getränke, und die Gifte in den Ampullen lassen sie die Hinfälligkeit, die Sucht, nach dem Fall aufgehoben zu werden, gar nicht mehr wahrnehmen. Kopfschmerz ist die Folge, Fallsucht, Schaum vorm Mund, Lues und andere spezifische Leiden, die polizeiliche Überprüfungen nach sich ziehen, die leicht in eine Kriminalisierung münden.

Andere Künstlerinnen vereisen zur gleichen Zeit die Gemütsregionen, die solche Hingebungsfallsucht befördern. Hannah Höch zum Beispiel, affiziert von der Nüchternheit, Ornamentlosigkeit des neutönenden Geschlechterverhältnisses, mahnt sich selbst zur äußersten Disziplin und arbeitet und arbeitet – an der Seite von Raoul Hausmann, ihm ebenbürtig – konsequent an ihren ästhetischen Mitteln. Da wird in keine Arme gefallen.

Auch die Herkunft von Emmy Hennings paßt, anders als bei Henriette Hardenberg, anders als bei Else Lasker-Schüler, anders als bei Hannah Höch, nicht ins gutbürgerliche Konzept, das hinter sich gelassen werden muß. »Diese Zwanzigjährigen waren Studenten, Referendare und Abiturienten, Söhne aus gutbürgerlichen Elternhäusern, gegen die sie sich mit dem Recht der Jugend auflehnten. Sie schrieben Gedichte, Großstadtverse, denen man noch den Impressionismus ansah, aber gespickt mit Sarkasmus und Ironie.« So Paul Raabe im Vorwort zu seiner Sammlung *Ich schneide die Zeit aus.* »Die Steigerung des Nervenlebens, die aus dem raschen und ununterbrochenen Wechsel äußerer und innerer Eindrücke hervorgeht«, die Georg Simmel als eine Grundlage der großstädtischen Individualität diagnostizierte: sie ist ein

Residuum der Kunstproduktion zu Beginn des 20. Jahrhunderts. Emmy Hennings nimmt an ihr teil, doch klinkt sie sich immer wieder aus. Ihre »Weglaufsucht«, wie ihre Tochter Annemarie es nennt, läßt sie ins Illusionäre, Überzeitliche flüchten. Die Steigerung des Nervenlebens braucht bei Emmy Hennings eben solche starken Entziehungsmuster. *Die Entgleisten* heißt bezeichnenderweise der Titel einer Erzählung, die ungedruckt blieb, wie ihre Tochter Annemarie mitteilt. Emmy Hennings klagt darin, daß sie sich gewünscht habe, ihre Eltern hätten sich »ein wenig zigeunerischer« aufgeführt. »Besonders klagte sie ihren Vater an, weil er nicht mehr zur See fuhr, um ein neues Land, eine fruchtbare Insel zu entdekken, wie das nach ihrer Meinung die Pflicht eines Seefahrers war.«

Der Band umfaßt nur einen Bogen, nur 16 Seiten, ein Gewicht drückt auf die unpaginierte Seite 2. Es ist eine photographisch angebräunte Aufnahme des Bronze-Kopfes der jungen Autorin Emmy Hennings. 28 Jahre alt und schon in Bronze gegossen – drückt das nicht aufs Gemüt und auf den Schädel? Der ist schmal, bubikopfartig beschnitten, ein feines, schmales, ebenmäßiges Gesicht, doch tot und kalt, metallisch in Würde erstarrt. Als hätte die höchst lebendige Person in eine würdige Ruhestellung gebracht werden müssen. Der Künstler, Laurent Friedrich Keller, ein Schweizer Bildhauer, gleich alt wie Emmy Hennings, Schüler der Frankfurter Städelschule und der École des Beaux-Arts in Paris – mit der Plastik *Erwachen* ist er im Zürcher Kunsthaus vertreten –, hat auch Mary Wigmans Kopf verewigt; er ist offenbar auf die bewegte Weiblichkeit abonniert. Keller hat nicht die junge Lyrikerin portraitiert, sondern die Diseuse, die bereits bedeutende Erfolge vorzuweisen hat, in Berlin und Kattowitz und Budapest und im Künstlerlokal Simplicissimus (Simpl) in München, wo sie mit der gegenwärtigen Literatur in Berührung kam. Johannes R. Becher bewunderte sie glühend, erhöhte sie zu einer Jungfrau von Orleans und widmete ihr seinen Band *Verfall und Triumph*. Er läßt Emmy Hennings zu einer Gestalt in seinem autobiographischen Roman *Abschied* werden: da ist sie eine Figur im Münchner Café Stefanie, eine Person mit »messinggelbem Haarschopf«, einem »Glorienschein« , die den jungen Mann gründlich zusammenstaucht. Und spätabends zieht die ganze bohèmehafte Corona ins nächste Etablissement, denn um zwölf muß die Vortragskünstlerin auftreten. Erich Mühsam spricht in *Namen und Menschen*, seinen *Unpolitischen Erinnerungen* von den Auftritten Emmy Hennings', »die niedliche Pikanterien vortrug, von ihrer eigenen Berufung zur Dichterin aber wohl selbst noch keine Ahnung hatte«. Als ihr Gedichtband erschien, da hätte man der umschwärmten Diseuse diese dunklen Texte gar nicht zugetraut.

Emmy Hennings, geboren 1885 unter dem Namen Emmy Cordsen, war eine blonde, zartgliedrige Flensburgerin mit kindhafter Ausstrahlung, der nur die bescheidenste Schulbildung vergönnt gewesen war. Nach der elterlichen Vorstellung hätte die Tochter »in Stellung« gehen sollen. Ein bißchen Haushalt, ehe das normale Frauenleben die Tür zuschlägt und nur noch die Fransen der Tischdecken zittern und das Herz stumm bleibt zwischen den Gegenständen, hat noch keiner Frau geschadet – so war die kleinbürgerliche Überzeugung des ausgehenden 19. Jahrhunderts. Der Wunsch der Tochter, zum Theater zu gehen, wird gründlich und grundsätzlich überhört. Eine Frühehe, kaum siebzehnjährig mit einem Schriftsetzer namens Hennings geschlossen, endet in einem Desaster, der Ehemann verschwindet sang- und klanglos von der Bühne, das erste Kind stirbt. Ohne Mann bringt sie eine Tochter zur Welt, da ist sie 21 und reist mit einer Wanderbühne durchs Land, ohne Rückhalt. Kleine Rollen und schlechte Verträge, Vertragsbrüche und das Hin- und Hervagabundieren machen die junge Frau illusionslos, auch schamlos. Sie stellt die kleine Tochter bei ihrer Mutter ab. In dem autobiographisch geprägten Buch *Das flüchtige Spiel* schreibt sie dazu: »Wenige Tage, bevor ich sie und das Kind verließ, weinte ich fortwährend, als wollt mir das Herz brechen. Mutter wurde nicht klug aus mir und sagte immer wieder: ›Aber bleibe doch, wenn dir das Gehen schwerfällt.‹ Das Bleiben aber fiel mir noch viel schwerer, es war unmöglich. Es war, als triebe mich ein Dämon, dem ich nicht widerstehen konnte.«

Ein Stoff, aus dem ein Kolportageroman oder ein Stummfilm geschnitten werden könnte. Hennings erzählt ihn nah am Körper, bürgt mit dem geschundenen, vom Typhus gezeichneten Körper. Sie gewinnt eine Freiheit, die frieren macht, die nur mit Morphium erträglich scheint. Es ist ein Lebensstoff mit dramatischen Qualitäten, düster besonnt. In einer Rezension ist von ihrer flagellantischen Wahrheitssuche die Rede. »Ich wollte nicht das private Eigentum eines Mannes sein, und was manche Frauen ersehnen, sich einzig und allein einem Menschen hinzugeben – ich spürte es mehr und mehr –, das war nicht meine Sache.« 1908 tritt sie im Café des Westens in Berlin auf, singt bei Kathi Kobus in München; dort lernt sie auch den klugen, asketischen Pechvogel Hugo Ball kennen. 1911 bekennt sie sich zum katholischen Glauben; sie begreift sich als einen gefallenen Engel. Solche, so meint sie mit schöner Naivität, hat Gott besonders lieb. Mit ihrer Konversion ist zunächst keine strikte Veränderung ihrer Lebensweise verbunden. Bis zu Hugo Balls frühem Tod im Jahr 1927 bleibt das Paar in enger Symbiose. Die beiden emigrieren wie so viele Künstler im Ersten Weltkrieg in die Schweiz. Das Paar begründet das Cabaret Voltaire, die Urzelle der Dada-Bewegung. Es kommen auch Mary Wigman, Sophie Taeuber, Hans Arp, Tristan Tzara, Richard Huelsenbeck und Raoul Hausmann. Zürich liegt genau auf der geistigen Schnittlinie zwischen Berlin, Paris und dem Monte Verità. Wenn man den Briefwechsel zwischen Ball und Hennings aus der Zürcher Zeit liest, scheint es so, daß sich Emmy Ball-Hennings inhaltlich mit Dada wenig identifiziert: Doch erweist sie sich als vorzügliche Organisatorin, und die männlichen Künstler, die alle kaum Auftrittserfahrung haben, brauchen den Glanz, den sie auszustrahlen gewohnt ist. Außerdem nützt ihr die praktische Erfahrung an den Wanderbühnen. Sie weiß, daß der Vorhang in jedem Fall aufgehen muß, daß Pannen repariert werden können, daß die Kasse irgendwie stimmen muß. Nein, ohne Emmy Ball-Hennings, die viel Verantwortung schultert, wären die anderen als lauter Neulinge in der Bühnenwelt herumgetappt. Ein Protokoll der Stadtpolizei Zürich verzeichnet im Jahr 1919 »ein[en] Selbstmordversuch der angeblichen Morphinistin Hennings«, auch ist im Polizeijargon die Rede von »gewerbsmäßiger Unzucht Hennings', die von Ball begünstigt wird«.

Richard Huelsenbeck berichtet von dem ach so kläglichen Untermietzimmer des Paares: darin ein Hausaltar, vor dem die beiden beten. Und Friedrich Glauser steuert ein Erinnerungsblatt an Emmy Hennings in Zürich bei: »Wieder geht die Tür auf. Ein kleines, blondes Geschöpf, dem auch der grünspanige Sweater nichts von seiner Zierlichkeit rauben kann, schleppt viel kalte Nachtluft von draußen in den Rauch des Lokals. Sein bleiches Gesicht ist stark gepudert wie bei einem kindlichen Clown. ›Das ist Emmy Hennings.‹ Sie blickt mich zuerst mißtrauisch an. Ihre kleine Hand mit den abgebissenen Nägeln ist fieberheiß, und diese Hitze will gar nicht zu dem weißen Gesicht passen. Sehr erregt ist diese kleine Frau, sie zittert immer ein wenig, wie eine bunte Papierschlange vor einem Ventilator.« Es ließe sich an dieser Stelle leicht über den Zusammenhang von Hunger und Heiligkeit räsonieren, über das Auftauchen apokalyptischer Wahrnehmungsweisen und chiliastischer Bewegungen aus dem Strudel der Weltkriegserfahrung. Seltsame Heilige, barfüßige Propheten, lebensreformerische Kohlrabi-Apostel, Verführer und selbsternannte Seelenführer treten hervor aus der kollektiven Verunsicherung und finden ihre Anhänger.

Nach der Auflösung des Cabaret Voltaire zieht sich das Paar auf eine Alm im Tessin zurück, huldigt einer Metaphysik der schicksalhaften Bescheidenheit. *Flammetti oder Vom Dandysmus der Armen* nennt Hugo Ball seinen kleinen Roman, der die Zürcher Zeit umkreist. Danach schleppt er die deutsche Philosophie in eine Hütte im Hochgebirge. Emmy Ball-Hennings – das Paar hat 1920 geheiratet – trägt die Kleider und das Bettzeug, ein Zicklein wird über einen Gletscher an einem Strick mitgezerrt. Die Mutter der Dichterin ist gestorben, das Paar nimmt die kleine Tochter Annemarie mit, das Kind trägt die im Dorf gekauften Haushaltsgegenstände und Lebensmittel in das schwierige, ausgesetzte Leben. Ein dünner, luftiger Zusammenhang zwischen Kubismus und Kirchenvätern wird gesponnen. Das Leben ist fortan ein willentlich angenommenes Purgatorium. Als angenehme Überraschung beschreibt Emmy Ball-Hennings die Tatsache, daß es keine Feldmäuse in der Hütte gibt. Unruhig bleibt das Leben, gespalten zwischen hektischer Reisetätigkeit und weltabgewandter Konzentration: »Tagsüber sitzen wir in Hut und Mantel an der Schreibmaschine; jederzeit zum Abmarsch bereit; aber daran ist nicht zu denken. […] Geld haben wir auch nicht mehr, nur noch einige halberfrorene Einfälle. Es ist schon zum Verzweifeln«, wie Hugo Ball in einem Brief schreibt. Aus Italien berichtet Emmy Ball-Hennings an Hermann Hesse am 4. Juli 1925: »Wir sitzen hier zwar wunderschön, aber bald fest. Wir arbeiten, wie die nach Sibirien Transportierten, nur mit dem Unterschied, daß wir in einer wundersamen Gegend sind, die ich ja unentwegt in allen Zeitungen besinge. Ein Segen, daß ich das noch kann, denk ich manchmal. Ich bliebe gerne unschuldig, lieber Herr Hesse, ich habe in Cetara, dem Sarazenendorf, vor einigen Abenden den heiligen Petrus auf dem Wasser gesehen. Er wurde von seinen Freunden, den Fischern, getragen; sie zeigten ihm sein Element, das Meer.«

Emmy Ball-Hennings schreibt Reise-Feuilletons – und wieder Gedichte:

O lösche meinen Feuerbrand!
Mein Ungesagt! Mein Unerkannt!
Mein Unbegreiflich! Seelenloos!
Mein Schicksal! Du mein Ohneschloß!
Mein Ungeriegelt! Du mein Turm!
Mein Gipfelglück! Mein Freiheitssturm!
Mein Überfall! Ergebungsweiß!
Mein Sehnsuchtsopfer! Liebespreis!
Mein Höhentod! Wie namentlich,
Wie namenlos erreich ich dich?

Diese Strophe aus dem Gedicht *Mein Ungesagt* von 1922 knüpft formal an die Barocklyrik an; auch die Lauretanische Litanei, die die Gottesmutter mit allen möglichen Epitheta benennt, muß als Gedächtnishorizont genannt werden. Brunst und religiöse Inbrunst sind in der leibfeindlichen Religiosität zwei Seiten einer Medaille. Der zum Mystischen neigende Barockdichter Quirinus Kuhlmann hat in solchen lang ausschwingenden, worterfinderischen Nominalkonstruktionen gedichtet. So viele Benennungen sind in diesem Gedicht, doch das angesprochene Liebesobjekt bleibt im diskreten Dunkel. Deutlich ist die Ekstase der liebenden Inbesitznahme: Was benannt werden kann, geht in den inneren Besitz über. Elfmal wird in diesen acht Zeilen das Possessivpronomen verwendet. Die erotische Konnotion des Gedichts erschließt sich von selbst, doch viel weniger deutlich als in dem Gedicht *Äther* ist das Motiv der Hingabe. Auch das Liebesobjekt ist »offen« zur Hingabe, es muß nicht erobert werden. Ohne Schloß und Riegel scheint der Turm zu sein. Der »Feuerbrand« ist löschbar, die Sehnsucht stillbar. »Namentlich« und »namenlos« stehen als scheinbare Gegensätze nebeneinander, heben sich auf, werden in ihrer Eindeutigkeit »verbrannt«. Ausgelöscht scheint in der sehnsuchtsvollen Liebesbeziehung nicht nur die Brunst, ausgelöscht wird der Name, das Nominelle.

In ihren späteren Lebensjahren werden Ninon und Hermann Hesse Emmy Ball-Hennings' Helfer und Bezugspersonen. Hesse unterstützt sie finanziell, spricht von ihrer »apostolischen, weltverachtenden Armut«, und Emmy Ball-Hennings schreibt ihm reizende, spontane, das Dunkel durchdringende Briefe, balancierend zwischen Todessehnsucht und Lebenslust. Ihre spätere Prosa ist autobiographisch getönt – wie schon der Roman *Gefängnis*: »Ich habe diesen Tag aufgenommen wie ein Objektiv. Ich gebe jeden Ton wieder wie eine korrekte Grammophonplatte. Licht- und schattenempfindlich bin ich, und farbenfreudig. Ich habe ein solides Gedächtnis. Lieber Gott, laß mich dieses nicht verlieren. Nur dieses nicht. Laß mich nichts vertuschen, nichts anders deuten; nur sehen, wie meine Augen sehen, keine falsche Einstellung.« Das Motiv der absoluten Wahrhaftigkeit gegen sich selbst, der Kern aller

Bekenntnisliteratur, wird in ein ungewöhnliches Spannungsfeld gesetzt. Dem Gedächtnis steht das Arsenal der technisch avancierten Hilfsmittel zur Verfügung. Die Objektivität des Kamera-Objektivs wird beschworen, und gleichzeitig blickt diese Textpassage aus der technisch machbaren Aufzeichnung hinaus und wird Gebet. Gott möge die Wahrhaftigkeit künftiger Texte gewährleisten und der Autorin ihr gutes Gedächtnis erhalten. Die Triangulierung zwischen der Autorenperspektive, den technischen Errungenschaften und der göttlichen Anrufung ist höchst ungewöhnlich, doch für Emmy Ball-Hennings' Prosa typisch. *Blume und Flamme* und *Das flüchtige Spiel* heißen die späteren Titel. Oder sie sind nachgetragene Liebe für Hugo Ball. *Hugo Ball: Sein Leben in Briefen und Gedichten, Ruf und Echo. Mein Leben mit Hugo Ball und Hugo Balls Weg zu Gott. Ein Buch der Erinnerung.* Der Topos der literarischen Witwe taugt nur zur Karikatur von Raffgier und monomaner Blindheit. Treuliche Gattenliebe und auch der Versuch, ein schwieriges, aus der Zeit gefallenes Werk lebendigzuhalten, machen eine Witwe nicht beliebt.

»Euer Leben, das Ihre und das von Hugo, wird bald zur Legende werden; und so wie schon Hugos Vater mitten zwischen Geschäftsberichten davon zu erzählen wußte, daß auf seinen Geschäftsreisen die Vögel an seinem Bierglas getrunken hätten, so wird man von Hugo und Ihnen wunderliche und tröstliche Sachen erzählen, es wird ein schöner Sagenkreis werden, und alles wird wahr und mehr als wahr sein.« So prophezeit es ihr Hermann Hesse, und so ist es leider nicht mehr geworden. Die vom himmlischen Vater ernährten Vögel sind nicht in Menschengestalt erschienen. Die Ästhetik der besonnten Armut ist in der Massenarbeitslosigkeit untergegangen. Was Religion hätte werden können, ist ein Relikt, aus der Zeit gefallen.

Der in der Selbstinszenierung so ungleich begabtere Hesse unterstützte und ermutigte sie, hörte gerne ihre klingenden, dramatisch weltfremden, am eigenen Leib erfahrenen Märchen, half nach Menschenmöglichkeit. »Lieber Herr Hesse, ich freue mich zu hören, daß Ihr *Siddharta* beendet ist. Und daß er lächelt. Wir freuen uns, daß Sie uns einen neuen Heiligen schenken werden. Es soll nur viele Heiligenbücher geben, im ekstatischen Stil, wie Hugo sagt. Hugos Buch ist auch fertig, ganz abgeschrieben, absolviert, mir ist, als hätte ich es lieber, wie er.« Bei dem erwähnten Buch handelt es sich um die Studie *Byzantinisches Christentum*. Hesse bleibt für sie nach dem Tod von Hugo Ball, dem sie nicht als literarische Witwe, sondern als Gefährtin der Trauer ergeben ist, die wichtigste Person, die das größte Elend abzuwenden half.

Das hat auch einen moralischen Grund: Ball hat zum 50. Geburtstag des Dichters ein umfassendes Buch vorgelegt: *Hermann Hesse. Sein Leben und sein Werk*; es verpflichtet. Hesse ist bei der Veröffentlichung der Briefe Emmy Ball-Hennings' an ihn selbst noch einmal Helfer und bekundete pflichtschuldigst und freundschaftlich, man könne sich »rasch darüber einigen, daß seit der Bettina Brentano solche Briefe nicht mehr geschrieben worden sind«. Indem Hesse die Schutzheilige der literarischen Spontaneität anruft, unterbricht er auch die Bewegung, die von der radikalen Selbstinszenierung der Frühzeit ins Lebensreformerische, allgemein Menschliche drängt. Die Pose der Kindlichkeit ist auch ein Schutz vor einer gewalttätigen Wirklichkeit, der mit Poesie nicht beizukommen ist. Einmal glaubt sie, beim Film Geld verdienen zu können, dann pflegt sie verwundete Soldaten, bewirbt sich als Haushaltshilfe. Die über 60jährige nimmt noch für mehrere Monate Arbeit in einer Tabakfabrik an. »Ein einsam flatternd, blasses Fahnentuch« nennt sie sich in dem Gedicht *Traum II* im Band *Helle Nacht*. Die frühere, dem Gefährten Hugo Ball gestandene Haltlosigkeit hat in den auferlegten Exerzitien der Armut eine Struktur gefunden. »Man möchte nicht so völlig ohne Sinn sich abquälen und muß sich wenigstens ein bißchen was vorzaubern, solange man noch ein bißchen Lust am Zaubern spürt, nötigen, vertrauen, daß alles vielleicht doch einmal einen Sinn gehabt hat«, schreibt sie im März 1948, kurz vor ihrem Tod.

Emmy Hennings: Die letzte Freude. Gedichte. Leipzig 1913 (= Der jüngste Tag. Bd. 5).

Emmy Hennings: Gefängnis. Roman. Berlin 1919. (Wetzlar 1980)

Emmy Hennings: Das Brandmal. Ein Tagebuch. Berlin 1920.

Emmy Hennings: Helle Nacht. Gedichte. Berlin 1922.

Emmy Ball-Hennings: Hugo Ball. Sein Leben in Briefen und Gedichten. Mit einem Vorw. von Hermann Hesse. Berlin 1930.

Emmy Ball-Hennings: Hugo Balls Weg zu Gott. Ein Buch der Erinnerung. München 1931.

Emmy Ball-Hennings: Blume und Flamme. Geschichte einer Jugend. Einsiedeln/Köln 1938.

Emmy Ball-Hennings: Das flüchtige Spiel. Wege und Umwege einer Frau. Einsiedeln/Köln 1940.

Emmy Ball-Hennings: Ruf und Echo. Mein Leben mit Hugo Ball. Köln 1953.

Emmy Ball-Hennings: Briefe an Hermann Hesse. Hrsg. u. eingel. von Annemarie Schütt-Hennings. Frankfurt am Main 1956.

Emmy Ball-Hennings: Geliebtes Tessin. Zürich 1976.

Emmy Ball-Hennings, 1885–1948. »Ich bin so vielfach …« Texte, Bilder, Dokumente. Hrsg. von Bernhard Echte. Eine Ausstellung des Museums Strauhof. Zürich 1999. Frankfurt am Main/Basel 1999.

Hugo Ball: Byzantinisches Christentum: drei Heiligenleben. München/Leipzig 1923.
Hugo Ball: Hermann Hesse. Sein Leben und sein Werk. Berlin 1927.
Hugo Ball & Emmy Hennings: Damals in Zürich. Briefe aus den Jahren 1915–1917. Mit Fotos und Faksimiles. Zürich 1978.
Hugo Ball.: Flammetti oder Vom Dandysmus der Armen. Berlin 1918. (Reprint der EA 2011.)
Hugo Ball: Briefe 1911–1827. Einsiedeln/Zürich/Köln 1957.
Johannes R. Becher: Verfall und Triumph. Teil 2. Versuche in Prosa. Berlin 1914.
Johannes R. Becher: Abschied. Einer deutschen Tragödie erster Teil. 1900–1914. Moskau 1940.
Gottfried Benn: Lyrik des expressionistischen Jahrzehnts. Von den Wegbereitern bis zum Dada. Wiesbaden 1955.
Epochen der deutschen Lyrik in zehn Bänden, Bd. 9. Erster Teil. 1900–1960. Hrsg. von Walther Killy. Bearb. des 9. Bandes: Gisela Lindemann. München 1974.
Hermann Hesse: Briefe. Erw. Ausgabe. Frankfurt am Main 1964.
Hermann Hesse: Gesammelte Briefe. Bd. 2. 1922–1936. Frankfurt 1979.
Ich schneide die Zeit aus. Expressionismus und Politik in Franz Pfemferts »Aktion« 1911–1918. Hrsg. von Paul Raabe. München 1964.
Landstrasse, Kunden, Vagabunden. Gregor Gogs Liga der Heimatlosen. Hrsg. von Klaus Trappmann. Berlin 1980.
Raimund Meyer: Dada in Zürich. Die Akteure, die Schauplätze. Frankfurt am Main 1990.
Erich Mühsam: Namen und Menschen. Unpolitische Erinnerungen. Hrsg. von Fritz Adolf Hünich. Leipzig 1949. (Reprints: Berlin 1977 und Leipzig 2000.)
Georg Simmel: Die Großstädte und das Geistesleben (1903). In: G. S.: Das Individuum und die Freiheit. Essais. Berlin 1984.

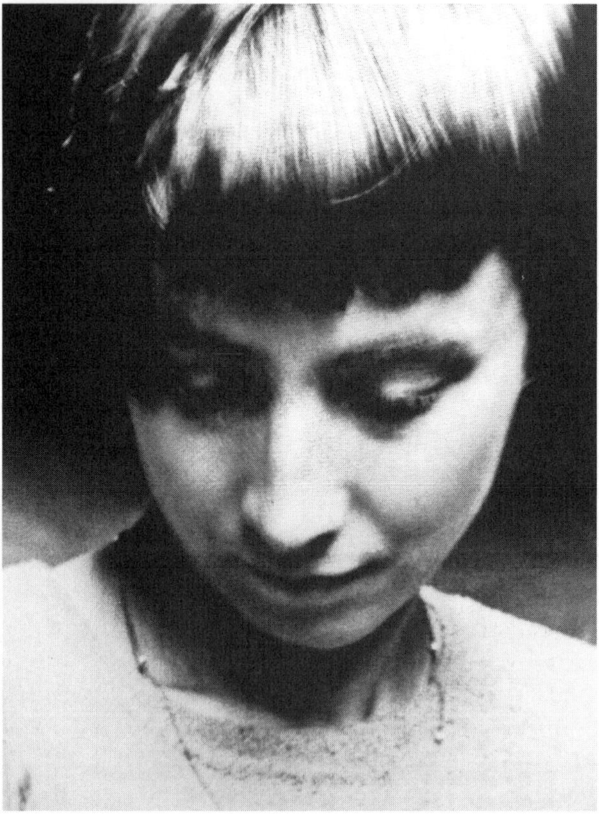

»Als ob ich schon tot wäre«: HANNAH HÖCH

Ein winziges spitzgiebeliges Häuschen im Berliner Norden, in Heiligensee, eher ein Dach über dem Kopf. Kein Häuschen, um sich als Hausbesitzerin zu fühlen. Allerdings hat es einen großen Garten von tausend Quadratmetern, den seine Besitzerin zum Blühen bringt. Es ist ja nur märkischer Sand, kein fruchtbares Paradies. Man muß ihn entwickeln, man muß ihm Nahrung und Düngung geben, geben, geben. Man muß geduldig mit ihm sein – wie mit einem Werk, einem Lebenswerk. Man kann weder den Garten noch das Werk wirklich planen, alles hat seine Eigenheiten, Hindernisse und ein ganz eigenes Glück, das daraus entsteht. Mühsal und Ertrag. Etwas wächst, man sieht das Wachsen nicht, nur das Gewachsene, man sieht Fortschritte, Rückschritte. Aber das Kontinuum entwickelt sich so langsam, daß es den eigenen Augen verborgen bleibt. Die glückliche Besitzerin des Häuschens ist die Künstlerin Hannah Höch. Auch ihr Vater, Subdirektor einer Versicherung in Gotha, hat sich schon in die Gartenarbeit versenkt. »Mittags, zwischen 12 und 2 Uhr, wenn die Büros geschlossen waren, pflegte mein Vater seinen Rosengarten, und ich lernte dabei helfend, schon mit sechs oder sieben Jahren, Rosen veredeln.«

Hannah Höch macht 1939 eine Erbschaft. Und von dem Geld kauft sie ein Eigentum und schreibt in ihren Kalender: »Beim Notar gewesen und das Grundstück und Haus An der Wildbahn ist unser. Was ich noch nicht mal zu träumen gewagt hatte: Der Besitz eines Häuschens ist Wirklichkeit geworden.« Es ist keine gute Zeit, um ein Häuschen zu kaufen, aber vielleicht noch Zeit genug, um Geld zu investieren, das später verloren wäre. Das Häuschen am Rande eines Flugfeldes, das bis 1919 bestand, ist von seinen Vorbesitzern um- und umgebaut worden. Als mit dem Kriegsende auch die Flugzeugproduktion der AEG in Hennigsdorf an ihr Ende gekommen war, wurde das Gelände parzelliert und bebaut. Ursprünglich gehörte es wohl einem Holzhändler, der vom regen Publikumsverkehr des Flugplatzes für sein Geschäft profitieren wollte. Im Jahr des Kaufes wurde Hannah Höch 50 Jahre alt.

Sie lebte schon lange im Verborgenen, ohne Anerkennung. 1934 hatte sie in Brno in der Tschechoslowakei eine Ausstellung mit Photomontagen, eine andere im selben Jahr in Den Haag zeigte neue Collagen. Geplant war auch eine Ausstellung ihrer Arbeiten im Bauhaus Dessau 1932, 15 Photomontagen und 31 Aquarelle; alles war bereitet, die Arbeiten schon verschickt, die Einladungskarten gedruckt, da ließ die neugewählte nationalsozialistische Landesregierung das Bauhaus schließen. Jetzt gab es die Künstlerin Hannah Höch offiziell nicht mehr. Ihre Freunde aus der gemeinsamen Dada-Zeit waren emigriert oder ebenso an den Rand gedrängt wie sie. Ihr blieb über alle Zeiten und Entfernungen hinweg die Freundschaft zu Kurt Schwitters, der sie 1922 eingeladen hatte, in der ersten Nummer seiner Zeitschrift MERZ mitzuarbeiten. Sie steuerte eine Zeichnung bei, ein Jahr später gestaltete sie auch eine Grotte im MERZ-Bau Schwitters' in Hannover, 1925 eine zweite. Sie ist immens freundschaftsfähig. Auch die Freundschaft mit Hans Richter, Hans Arp blieb unbeschadet. Beide waren, wie Eberhard Roters es formuliert, angezogen von »jene[r] transzendente[n] Erotik eben, die sich im Ätherischen verbreitet«.

Ihre schneidend-kalten Montagen aus der *Bierbauchkulturepoche*, ihre konstruktive Auseinandersetzung mit dem

Photomaterial der Zeit, ihre Anti-Bürgerlichkeit, ihre Zeichnungen, Ölbilder und vor allem ihr waches Sensorium für das Zeitgenössische sind nicht das, was die Nazis unter Kunst verstehen wollen. Und die Künstlerin ist gewarnt und aufgeschreckt. In ihre Berliner Atelierwohnung in Friedenau wurde eingebrochen, viele ihr wertvolle Dokumente waren verschwunden, und nie ließ sich klären, ob dies eine kriminelle Tat oder ein gezielter politischer Einschüchterungsversuch war. Im Frühjahr 1933 bezog sie ein anderes Atelier in Friedenau, in der Rubensstraße, nahe an der Stadtbahn. Da lebte sie mit der niederländischen Schriftstellerin Mathilda Maria Petronella »Til« Brugman zusammen, die sie 1926 auf einer Reise mit Kurt und Helma Schwitters kennengelernt hatte. Bis 1929 war sie mit Til Brugman in den Niederlanden geblieben. Mit ihr unternahm sie viele große Fußwanderungen. Til Brugman war eine lebhafte, vielseitige Künstlerin, weitgereist, ein »Sprachgenie« nannte Hannah Höch sie. Sie konnte Latein, Griechisch, Japanisch, Malayisch, Russisch, Deutsch, Französisch, Dänisch, Spanisch, Norwegisch so gut, daß sie die Sprachen lehren konnte. Allerdings blieb ihr Werk schmal. Sie schrieb visuelle Gedichte, kam früh mit der Zeitschrift *De Stijl* in Kontakt, kannte Mondrian, Theo von Doesburg, machte ihre vielen Kontakte für Hannah Höch fruchtbar und kam wegen ihrer Homosexualität, ihrer Arbeitsinteressen und ihres Lebensstils in Konflikt mit ihrem streng katholischen Umfeld. Aber Hannah Höch spürte den Konflikt auch auf andere Weise: »An ihrer starken Persönlichkeit und einem ausgeprägten Geltungstrieb litt meine eigene Spannkraft, und ich mußte wieder zu mir selbst zurückfinden«, schrieb sie, lange nach der Trennung, im Jahr 1967.

Auf Deutsch schrieb Til Brugman Grotesken, und Hannah

Höch steuerte Federzeichnungen bei: *Scheingehacktes* erschien 1935 im Verlag Rabenpresse von V. O. Stomps, einem kleinen Verlag, der einen gewissen Freiraum bot. Das war ihre letzte gemeinsame Arbeit. Neun Jahre lang war keine von ihnen lange ohne die andere gewesen. 1939 kehrt Til Brugman in die Niederlande zurück – mit einer neuen, erst 19 Jahre alten Gefährtin. Im nachhinein beschreibt Hannah Höch die Beziehung als »zu eng und zu erdrückend«.

Der Reichsverband bildender Künstler Deutschlands, dem Hannah Höch angehörte, war 1933 aufgelöst worden. An seine Stelle trat die Zwangsvereinigung der Reichskammer der bildenden Künstler, eine Unterabteilung der Reichskulturkammer. Die Mitgliedschaft war die Bedingung, um weiter an Ausstellungen teilnehmen zu dürfen. Am 28. April 1933 schrieb ihr die Vereinigung der Künstler-Läden, eine Selbstorganisation: »Die durch die politische Neuordnung notwendig gewordene Umgestaltung des Vereins ›Künstler-Läden e.V.‹ veranlasst uns, Sie zu bitten, bis zum 15. Mai 1933 eine Erklärung abzugeben, dass Sie auf dem Boden der nationalen Bewegung stehen und nicht jüdischer Abstammung sind. [...] Obige Erklärung gebe ich hiermit ab.« Hannah Höch schreibt auf das Blatt handschriftlich »nein«. In ihrem Nachlaß fand sich ein Briefentwurf vom Mai 1933: »deshalb erkläre ich meinen Austritt aus dem Verein ›Künstlerläden‹. Mit kollegialem Gruss! H. Höch«.

1935 wurden alle jüdischen Künstler aus der Reichskulturkammer ausgeschlossen. Es gelang Hannah Höch noch 1936, an der Gruppenausstellung *Deutsche Frauenkunst der Gegenwart* im mutigen Mannheimer Kunstverein auszustellen. 1937 stand ihr Name als der einer erklärten »Kulturbolschewistin« in der nationalsozialistischen Kampfschrift *Säuberung des Kunsttempels*. Hitler hatte bereits in *Mein Kampf* dezidiert die Dada-Künstler angegriffen. Und deshalb lebte sie so, »als trennten sie tausend Meilen von der Hauptstadt des ›Dritten Reiches‹«. In Friedenau ließ sie sich nicht mehr blicken; dort war sie zu bekannt.

In Heiligensee hatte sie gutartige Nachbarn, die sich wie sie um ihre Gärten kümmerten, jedenfalls keine Denunzianten. »Alle, derer man sich noch als ›Kulturbolschewisten‹ erinnerte, standen auf der Schwarzen Liste und unter Aufsicht der Gestapo. Jeder von uns vermied es, selbst mit den ältesten und liebsten Freunden und Kollegen zu verkehren, aus Furcht, sie in Ungelegenheiten zu bringen«, bekannte sie später im Gespräch mit Edouard Roditi.

Hannah Höch heiratet 1938 den Volkswirtschaftler, Pianisten, Alpinisten und Exhibitionisten Heinz Kurt Matthies. Er ist mehr als zwanzig Jahre jünger als sie; sie hat ihn 1935 bei einer Wanderung in den Dolomiten kennengelernt. Es könnte eine Idylle fernab sein: Ein Photo aus dem Jahr 1940 zeigt das Paar auf der Terrasse, Hannah Höch hat ein Hündchen auf dem Schoß, der Ehemann sitzt etwas steif und förmlich mit weißem Hemd und Krawatte am Gartentisch. Aber über der Beziehung liegt ein düsterer Schatten. Matthies ist im November 1937 verhaftet worden, er hatte vor spielenden Kindern onaniert, ein anderes Mal vor Schülerinnen in einer Badeanstalt und wieder ein anderes Mal mit entblößtem Unterleib im Auto sitzend. Eine Elfjährige hat sich seine Autonummer gemerkt und beherzt eine ernsthafte Zeugenaussage verfaßt. Matthies wird zu einer Gefängnisstrafe von einem Jahr verurteilt. Seine Untersuchungshaft wird ihm angerechnet. Der Doktortitel, den er gerade erworben hat, wird ihm aberkannt. Aus der Untersuchungshaft beantragt er »eine freiwillige Entmannung« –, möglicherweise, um das Strafmaß zu vermindern. Doch das Gericht geht auf seinen Antrag nicht ein und ordnet die Kastration an. Hannah Höch steht zu ihm, nimmt, ganz gegen ihre Überzeugung, so wenig Berührung wie möglich mit den Nazi-Behörden zu haben, Kontakt mit dem Staatsanwalt, mit dem Rechtsmediziner auf, schreibt Gnadengesuch um Gnadengesuch und schildert Matthies' schwierige Kindheit. Sie interpretiert seine Handlungen als »krankhaft« und ihn demnach als therapierbar. Ob er sich strafbar gemacht hat, stellt sie in Frage. Trotzdem muß er sich der Operation unterziehen: seine Hoden werden entfernt; von Freiwilligkeit ist nicht mehr die Rede. Wegen guter Führung und sicher auch wegen Hannah Höchs energischem Eintreten für ihn wird er vorzeitig entlassen. In einem Brief an sie unterzeichnet er »als treuer Ehekrüppel«. 1942 ist die Ehe zu Ende. Hannah Höch faßt sie lakonisch in einem Satz zusammen: »Ich brauchte ein Kind, er brauchte eine Mutter.« Nun werden die Häuslichkeit und die Fürsorge für ihr Werk und die ihr anvertraute Hinterlassenschaft ihrer Weggenossen noch wichtiger. Sie besorgt zwei holländische Seemannskisten aus Teakholz, die innen mit Blech ausgeschlagen sind, und versteckt darin ihr persönliches Archiv, aber auch Bilder und Materialien befreundeter Künstler, die sie besitzt. »Ich lebte in Heiligensee, als ob ich schon tot wäre. [...] Manchmal habe ich wochenlang kein einziges Wort gesprochen.«

Für ihre Nachbarn bleibt sie eine ältere harmlose Handarbeitslehrerin, und in der Tat kann sie alles, was in diesem Beruf gefragt ist – und noch viel mehr, für das es keinen Raum mehr gibt. Sie rettet sich in die geliehene Identität der die Einsamkeit suchenden, die Einsamkeit findenden alleinstehenden Frau. Immer höher läßt sie die Hecke um ihren Garten wachsen. So schweigsam muß sie gewesen sein, so schlangenklug prekäre Signale vermieden haben, daß man in ihr die verfemte Künstlerin nicht vermutet. Eine Künstlerin, die eine Tür aufmacht und sie auch wieder schließen kann. Und wenn es sein muß, für immer. Und »Handarbeit«, dieser vollkommen neutrale Begriff, verändert sich, wird ein Stochern im Nebel, im Nichts; dort wäre niemand mehr zu Hause. Doch der Heideggersche Begriff des Daseins als ein verbrämtes, verschwiemeltes Dableiben zählt nicht, es ist ein existenzielles Aushalten, eine Zähigkeit des Ertragens, einer Verschwiegenheit im harten Unbeschädigtsein, das Hannah Höch auszeichnet. Sie kann sich das Getötetsein vorstellen und behält ihre Lebendigkeit. Es gelingt ihr, sammelnd, bergend, »einen Ort individueller Freiheit zu schaffen«, wie es Ralf Burmeister, der in der Berlinischen Galerie ihr Archiv verwaltet, ausdrückt. In dieser Zeit ist der Garten eine überzeitliche Inspirationsquelle und Überlebensnotwendigkeit, er rettet sie buchstäblich vor dem Verhungern. Vermutlich 1947 schreibt sie an ihre in die Schweiz emigrierten Freunde Fritz und Gertrud Koref: »Jahrelang war man todeinsam. Sie können sich unmöglich vorstellen wie sich in den Kriegsjahren (im totalen, und immer totaleren Krieg) das Leben hier abgespielt hat. Geistige Anregung gab es überhaupt nicht mehr. Dagegen war das Mistrauen [sic!] von Mensch zu Mensch in's uferlose gestiegen. Niemand und nirgens zeigte man sein wahres Gesicht. Man liess überhaupt keine Leute mehr in sein Haus. Das ging garnicht mehr.«

Sie hatte sich ihr Kunststudium schwer erkämpft. Ihr Vater hatte ihr ein Probejahr in der Versicherung verordnet, wo sie Buchhaltung lernte. Erst danach besuchte sie die Kunstgewerbeschule in Charlottenburg, die während des Krieges geschlossen war. Sie ging nach Gotha zurück und arbeitete als Hilfskraft beim Roten Kreuz. An der Staatlichen Lehranstalt des Berliner Kunstgewerbemuseums –

dem heutigen Gropius-Bau – setzte sie bei Emil Orlik ihr Studium in der Klasse für Graphik und Buchkunst fort. Sie war begeistert von Emil Orliks Lehrmethoden und dem schönen Gebäude mit dem Blick auf alte Bäume neben dem Prinz-Albrecht-Palais, dem späteren Sitz der Gestapo und aller anderen Polizeieinheiten. Eingeschränkt wurde ihre große Freude nur dadurch, »daß es jahrelang als Lazarett dienen mußte, und wir Schüler an vielen, vielen Verwundeten (selbst die breiten Gänge waren mit Betten belegt) vorbei mußten, um zu den oben gelegenen Ateliers zu kommen«. Und sie war eine frühe Besucherin von Herwarth Waldens Galerie *Der Sturm*. Alles, was sie dort kennenlernte, saugte sie in sich auf. Sie reiste allein nach Rom, man konnte ihr nichts vormachen.

Schon während des Studiums arbeitet sie als Entwurfszeichnerin für Schriften, Vignetten, und sie liefert Illustrationen im Hause Ullstein, wo sie auch später noch drei Tage in der Woche arbeitet, um ihren Lebensunterhalt zu verdienen. Eine vernünftige Konstruktion. Sie wird Teil der Berliner DADA-Bewegung um Richard Huelsenbeck, die Brüder Wieland Herzfelde und John Heartfield, George Grosz, Johannes Baader, Raoul Hausmann, der ihr Lebensgefährte geworden ist und sie mit seinem Dominanzgebaren terrorisiert. Hannah Höch glänzt mit ihren Collagen. Früh erkennt sie in der Photographie ein künstlerisches Leitmedium. »Ich hatte schon 1920 beschlossen, der Fotomontage eine Stellung in der KUNST einzuräumen.« Der Erste Weltkrieg hat die Photographie explodieren lassen, die Illustrierten der zwanziger Jahre sind für Experimente offen, die Schere, der offene Blick für die Fläche und ihre Möglichkeiten werden für Hannah Höch charakteristisch. Die Montage wird zum künstlerischen Erkenntnisinstrument. Doch verstellt das Etikett DADA auch nachhaltig den Blick auf die späteren Photomontagen.

Von all diesen Innovationen ist sie im Heiligenseer Häuschen abgeschnitten. Sie gefährdet sich selbst durch ihre geheime Sammel- und Archivarbeit. Auf Flohmärkten kauft sie verbotene Bücher auf, doch gibt ihr die heimliche Nachbarschaft der bewahrten Gegenstände und künstlerischen Zeugnisse auch einen inneren Halt in einem feindlichen Umfeld. Dagegen wird ihr Werk vielfältiger, heterogener, auch düsterer. Sie experimentiert, zeichnet, malt, schreibt Notizheft um Notizheft voll. Vorausschauend und klug, wie sie ist, hat sie sich bereits im Frühjahr 1939 reichlich mit Farben und anderen Arbeitsmaterialien eingedeckt.

Eine Kohlezeichnung, entstanden um das Jahr 1940, monogrammiert. Sie ist klein, 250 x 325 mm, also nicht viel größer als ein DIN-A4-Blatt. Zwei Köpfe neigen sich einander zu, sie haben klar begrenzende Linien, der rechte ist im Profil gezeichnet, ein wenig zum Betrachter gedreht, so daß das zweite Auge gerade noch sichtbar wird. Die Augen sind weit aufgerissen, übergroß, wie staunend, die linke Figur ohne Augenbrauen, die rechte mit einer hoch gewölbten Augenbraue. Beide haben hohe Stirnen, die fast aneinanderstoßen, und die lippenlosen Münder sind geöffnet, weiter bei der linken Figur, schmäler, eckiger bei der rechten. Sie haben keine Ohren, oder sie sind verborgen – unter dem kinnlangen Haar der linken Figur, unter der Haube der rechten. Hören sie nicht, was der jeweils andere sagt? Lesen sie nur die geheimen Gedanken hinter den vorgeneigten Stirnen? Die Schultern sind angedeutet, am unteren Bildraum scheinen die Figuren zu verschmelzen, nur für eine winzige Fläche, undeutlich, ungeformt, im Weißen belassen. Die Köpfe und Schultern beider Figuren sind mit einer dunklen Schraffur umrahmt. Wie ein Schatten wirkt die Dunkelheit, sie deutet einen Raum an, der sich verliert, einen Raum, der unsichtbar, aber doch unheimlich auf dem Papier bleibt, ihn nicht ausfüllt. Er scheint die Figuren näher aneinanderzudrängen, zu vereinheitlichen. Beide scheinen geschlechtslos zu sein. Oder: Die Künstlerin ist nicht an einer solchen Zuordnung interessiert. Sehr hell bleibt unterhalb der Münder eine fein strukturierte Fläche, sie fasert an den Rändern aus, ein hell ausgesparter Streifen zieht sich an der Oberlippe und der Nase der rechten Figur entlang, und auch unterhalb der Nase der linken ist eine kleine Aussparung, während zwischen den Lippen der linken die äußere Schraffur wiederkehrt. Wird gesprochen? Hell und dunkel? Hoffnungsvoll oder defaitistisch? Sprechen nur die

Augen, so entsetzlich groß, so ernst, angstgeweitet? Der Rest ist Schweigen. Hat das Gespräch stattgefunden, ist es verunmöglicht, vergangen wie ein Hauch?

Es ist eine rätselhafte Zeichnung, die gar nicht zu dem grazilen Eindruck, den viele Bilder der Künstlerin machen, passen will. Eher könnte man die Arbeit mit ihren starken, einfachen Konturen für eine Zeichnung von Karl Hofer halten, der eine ganz andere Tradition verkörpert, doch ebenso wie Hannah Höch während des Krieges in Berlin geblieben ist, auch er an den Rand gedrängt, verdüstert. Sein Atelier brennt aus, und ihm bleibt nur ein Bruchteil seines Werkes erhalten. Nach dem Krieg gerät er zwischen die ideologischen Fronten der abstrakten und der gegenständlichen Kunst; er argumentiert, manchmal allzu polemisch, aber auch resigniert. Doch was nutzen Argumente, wenn das Stilempfinden sich verändert und nach Neuem verlangt, ohne Rücksicht auf den alternden Künstler, der seinen Arbeitsprämissen treu bleibt?

Nach dem Krieg findet Hannah Höch im Gegensatz zu Karl Hofer rasch Anschluß an die Kunstszene, von der sie abgeschnitten war: Sie sieht neue Arbeiten von Huelsenbeck, von Tristan Tzara. »Sie glauben gar nicht, wie stark diese Dinge mich berührten in diesem so lange Zeit gottverlassenen Berlin«, schreibt sie an Hans Arp. Und später: »die Ausstellungen jagen sich.« Im Jahr 1946 ist sie bereits an acht Kunstausstellungen beteiligt, doch die reine Freude ist das nicht; »starke Opposition gegen zeitgenössische Kunst, d. h. gegen alles, was nicht von den Nazis als Kunst anerkannt worden war, von der Jugend. Diese beschränkte, jedes freien Gedankenganges unfähige, störrische und entmenschte Jugend zu Menschen zu entwickeln – ist vielleicht die allerschwerste Aufgabe in dieser deutschen Wüste«, notiert sie im Tagebuch. Eine Ausstellung *Die Frau in Wort, Werk und Bildnis* im Haus am Waldsee in Berlin folgt – und dann die ehrenvolle Aufforderung, für die Ausstellung *Collage* im Museum of Modern Art Arbeiten auszuleihen; drei Arbeiten von ihr werden schließlich gezeigt, sechzehn hat sie angeboten und ebenso solche ihrer Freunde und Weggenossen, die sie gehütet und vor der Vernichtung gerettet hat. So beginnt ihr zweiter Ruhm.

Doch es bleiben auch Anfeindungen, Verächtlichmachungen, Reduktionen. Die Sprengkraft der Epoche, die sie mitgeprägt hat, wird verkannt. Und sie beklagt sich selbst, daß hinter der kurzen DADA-Periode von vier Jahren ihr anderes Werk verschwinde. Überaus sprechend ist der Titel eines Berichts in der *Süddeutschen Zeitung* vom 12./13. März 1977 von Laszlo Glozer zu einer Ausstellung im Haus der Kunst in München: »Gestern verdrängt, heute verharmlost: die deutschen dreißiger Jahre.« Die »ästhetische Notwendigkeit« wird vermißt, das »absurde Nebeneinander« in den Collagen wird kritisiert. Erst als Robert Rauschenberg, Jasper Johns, Ed Kienholz mit fremden Materialien arbeiten, den Schock als ästhetisch produktives und provokantes Mittel einsetzen, werden die früheren Montage-Techniken besser verstanden und anders respektiert.

Hannah Höchs Arbeit verführt zu Schnitten, zu Querschnitten durch eine spätere Epoche. So eine Zeit war das, eine gesegnete, fruchtbare Zeit, eine Zeit zum Graben und Ernten, auch in der steinernen Stadt Berlin. Von 1969 bis 1973 schnellte die Zahl der Zulassungen von Studentinnen an den Colleges und Universitäten in den USA auf Rekordhöhe: Die Anzahl der Jura-Studentinnen hatte sich fast vervierfacht, die der Medizin-Studentinnen mehr als verdoppelt. Überall protestierten Frauen gegen ungleiche Löhne, gegen ihren Mangel an Selbstbestimmung, gegen sexistische Übergriffe. Es waren die siebziger Jahre des vorigen Jahrhunderts in der »selbständigen Einheit West-Berlin«, die auf schnöde Weise dem Osten der Stadt die kalte Schulter zeigten. Der Wind kam aus dem Osten, eigentlich wollte Westberlin eine Weltstadt sein; aber das gelang nicht recht und war eher komisch. Man (und auch eine Frau) konnte etwas werden und bewirken in dieser ziemlich kleinen Stadt. (Die raschen Wirkmechanismen haben sich glücklicherweise bis heute nicht verloren.) Es war die Zeit, in der man das Wort »HISTORY« gerne neu definieren wollte, als »HERSTORY« schrieb, weil die Frauen in der offiziellen Geschichte, der Literaturgeschichte wie der Kunstgeschichte, kaum vorkamen. Das sollte sich ändern. Es war die Zeit des Projektemachens, des Luftschlösserbauens. Man warf eine Idee in die Luft, ein paar befreundete Menschen fingen sie auf, man stellte einen Förderantrag beim Berliner Senat, und man sprang in die Luft vor Freude, wenn dem Antrag stattgegeben wurde. Es war nicht übermäßig viel Geld, aber genug, damit sich einige Menschen über Wasser halten konnten, und genug, daß die Arbeit, »gefördert vom Senator für Wissenschaft und Kunst und der Deutschen Klassenlotterie Berlin«, öffentlich gemacht werden konnte. »Selbstausbeutung« hieß das Zauberwort, mit dem solche Projekte gelangen, und es war noch kein Schreckenswort.

Solch ein Projekt war auch die Ausstellung *Künstlerinnen international 1877–1977*, bei der ich Hannah Höch kennenlernte. Es war die Zeit, als eine Handvoll Frauen, Kunsthistorikerinnen, Künstlerinnen, zum Berliner Senat gingen und eine Ausstellung im Charlottenburger Schloß durchsetzten, wie es sie dort noch nie gegeben hatte (und auch danach nicht wieder). Gestritten wurde heftig, welche Künstlerinnen in diesen Kanon gehörten. Maßstäbe und Wertungen wurden um- und umgewendet, Entdeckungen gemacht, mit lokkerer und vielleicht nicht immer professioneller Hand ausgewiesen, für die quasi beamteten Augen der Museumsleute vielleicht ein leichtes Grausen. Der Beruf des Kurators, der Kuratorin war noch nicht erfunden. Einige Malerinnen, Bildhauerinnen und Kunsthistorikerinnen taten sich zusammen, und heraus kam eine wunderbare Ausstellung und ein kluger, heute gesuchter Katalog. Dort sah ich zum ersten Mal Bilder von Suzanne Valadon, Sophie Taeuber-Arp, Marie Toyen, Meret Oppenheim, Georgia O'Keeffe. Meines Wissens ist Frida Kahlos *Selbstbildnis mit abgeschnittenem Haar* aus dem Museum of Modern Art hier zum ersten Mal in Deutschland gezeigt worden; das Plakat zur Ausstellung mit diesem Bild hing später wie ein Signal in vielen Wohnungen. Eine leise, wie so häufig unbezahlte oder miserabel bezahlte Arbeit von Frauen, die plötzlich offenbar, offensichtlich wurde. Ein Fundus, aus dem später Anregungen für unzählige Einzelausstellungen gezogen werden konnten.

Photomontagen und Ölbilder von Hannah Höch hatte ich schon früher gesehen, ihre Epochenbilder, ihre kühnen Schnitte, und ich hatte vermutlich angenommen, Hannah Höch, geboren 1889, wäre längst tot. Gegen solch beschämendes Nichtwissen hilft nur Wissensaneignung, Aufmerksamkeit, die Anschauung, die Kunst selbst. Aber wie lebendig die Künstlerin mit 88 Jahren war! Sie kam am Arm einer der Ausstellungsmacherinnen, aufrecht wie ein Spazierstöckchen, vogelzierlich, grauköpfig, mit hellen, blitzenden Augen, einer Tatkraft, die sich selbst regenerierte. Ich wußte damals noch nicht, daß sie ein Jahr davor eine große Retrospektive im Musée d'Art Moderne und eine in der Neuen Nationalgalerie gehabt hatte; es hätte mich vielleicht eingeschüchtert. Ich habe keine Notizen gemacht, ich habe die Begegnung wie ein Stück Leben in mich aufgesogen und bin bestärkt, gekräftigt in meine Tage gegangen. Nicht rechts sehen, nicht links sehen, den emphatischen Begriff von der eigenen Arbeit durchfechten, dies schien mir eine leuchtende Konsequenz aus der Begegnung zu sein.

Es war die Zeit, in der Frauen davon überzeugt waren, die Arbeit von Frauen würde prinzipiell unterschätzt, unterschlagen, verfemt. Diese Projektion ersparte auch vielen damaligen Künstlerinnen die Kraft der Anstrengung; im Schmollwinkel konnte man sich auch einrichten. Es war die Zeit, in der jüngere Künstlerinnen den weiblichen Körper vorwiegend verstümmelt, zerschnitten, abgebalgt darstellten, als wäre Weiblichkeit eine offene Wunde, in die die künstlerische Hand hineinfaßt und sich blutig stößt. Hannah Höch stellte dagegen eine Selbstverständlichkeit von Arbeit und Leben dar, die über den Schmerz hinwegging, unaufgeregt, liebenswürdig, zugewandt, bestimmt. Die Provokationen lagen im Werk, in der Analyse der gewaltigen Umwälzungen, die das 20. Jahrhundert den Bürgern sowie den Künstlern und Künstlerinnen aufbürdete, und in der ironischen Umsetzung des Werks.

Der Tod hatte unter den Dadaisten schon lange aufgeräumt. Sie war die letzte. Hannah Höch starb am 31. Mai 1978. Ihr spitzgiebeliges Häuschen ist eine geheime Wallfahrtsstätte geworden. Der Garten blüht, strotzt vor Farben, ein Garten, der jedem Impressionisten gut zu Gesicht gestanden hätte; kraftvoll und samentreibend, so kann man ihn heute noch sehen, wenn man nach Berlin-Heiligensee fährt.

Hannah Höch: Werke und Worte. Hrsg. von Herbert Rennert und Peter Barth. Berlin 1982.
Hannah Höch: Eine Lebenscollage. Archiv-Edition. Bd. 3. 1946–1978. Mit Texten von Ralf Burmeister, Eckhard Fierlus, Karoline Hille, Maria Makela, Eva Zürcher. Berlin 2001.
Hannah Höch Til Brugman Kurt Schwitters & Cie. Action Poétique Nr. 193. September 2008.

Künstlerinnen international 1877–1977. Katalog zur Ausstellung im Schloß Charlottenburg. Hrsg. von der Arbeitsgruppe Frauen in der Kunst. Berlin 1977.
Heinz Ohff: Hannah Höch. Berlin 1968.
Edouard Roditi: Hannah Höch und die Berliner Dadaisten. Ein Gespräch mit der Malerin. In: Der Monat. Heft 134. November 1959. (Das Gespräch wurde nicht mitstenographiert, sondern nachträglich in Dialogform gebracht.)
Cara Schweitzer: Schrankenlose Freiheit für Hannah Höch. Das Leben einer Künstlerin 1889–1978. Berlin 2011.
Carl-Peter Steinmann: Ein Häuschen mit Garten in Heiligensee. Hannah Höchs vegetative Collage.
In: Carl-Peter Steinmann: Von Karl May bis Helmut Newton. Spurensuche in Berlin. Berlin 2006.

Die Pionierin der Sexualwissenschaft bittet um die Hand: CHARLOTTE WOLFF

Sie elektrisiert und sie spaltet, sie ist mutig und tapfer, gleichzeitig braucht sie mütterliche, sorgende Figuren um sich. Sie ist eine Theoretikerin der Bisexualität und der lesbischen Liebe und wird Opfer der Vertreibung durch den Nationalsozialismus. Als Charlotte Wolffs aufregende Autobiographie 1982 auf Deutsch erschien, war die Frauenbewegung dabei, sich in verschiedene Fraktionen zu teilen. Neue Mütter beugten sich über ihr privates Glück, andere Frauen hatten gerade die Freuden der Macht entdeckt, wieder andere wurden Hexen oder versprengte Verehrerinnen von Muttergottheiten. Und Lesben zogen sich in ihre eigene Szene zurück, bildeten enge Fusionen. So wurde Charlotte Wolff mit divergierenden Partialinteressen gelesen, vereinnahmt oder ausgegrenzt. Dabei läßt sich eine blendende Beobachterin des Berlins der zwanziger Jahre entdecken, eine frühe Sexualwissenschaftlerin mit einem physiognomischen Interesse, eine pragmatische Psychotherapeutin, Meisterin der spontanen Berührung, eine leidenschaftliche Teilnehmerin an einem historischen Prozeß, den die später Geborenen nur mit staunender Faszination betrachten können.

Als die 82jährige Emigrantin 1979 zur vierten Frauenuniversität in Berlin reiste – sie berichtet im letzten Teil ihrer Autobiographie fast zu ausführlich darüber –, empfand sie eben die Wärme, die empathische Versicherung des Aufgehobenseins, die ihr so lange fehlten. Berlin wurde zum zweiten Mal ein Ort für sie auf der inneren Landkarte. Die deutsche Sprache, die sie in sich vergraben hatte, lebte wieder auf, und sie sprach und schrieb sie makellos. Über das gemeinsame Interesse an Karoline von Günderrode, der romantischen Dichterin, kam ein Kontakt mit Christa Wolf zustande. Die beiden Preußinnen so ungleicher Herkunft befreundeten sich miteinander, ein langjähriger Briefwechsel folgte, den Christa Wolf 2004 edierte. Gesehen haben sich die beiden Frauen, jede mit einem großen Talent zur Freundschaft begabt, nie, obwohl Charlotte Wolff darauf drängte, sie habe nicht mehr viel Zeit. Aber die eine Generation jüngere Namensschwester verstand dieses Signal nicht oder überhörte es – sehr zu ihrem eigenen Schaden. Mit großem Ernst und intimer Nähe zum Gegenstand hat dieser Briefband neuen Lesern ein Tor eröffnet, obwohl die wissenschaftliche Arbeit von Charlotte Wolff hier außen vor bleibt. Dafür kommt sie einem menschlich ganz nah, ja, sie sucht die Nähe. In den Briefen drückt sich eine intensiv empfindende, eine empfängliche Frau aus, die möglicherweise auch sehr einsam ist, sich aber immer auf dem Weg zu anderen befindet und nicht im Ich verkapselt.

In leuchtenden Farben beschreibt Charlotte Wolff, die 1897 geboren wurde, ihre jüdische Kindheit in einem Städtchen in Westpreußen. Eine jüdische Familie – das bedeutete in dieser Zeit ein dicht gewebtes Netz sozialer Beziehungen, eine Gemeinschaft aus Neigung und Verantwortlichkeit, in der Kontakte zu Nicht-Juden überraschenderweise über Bekanntschaften nicht hinausgingen. Man muß sich die ökonomische Situation der Getreidehändler im Ostseeraum glänzend vorstellen; auch die Familie Mann in Lübeck verdankt dem Getreidehandel ihren Reichtum und ihren Niedergang. Der Vater von Charlotte Wolff möchte sich bereits im mittleren Alter zur Ruhe setzen, doch die Mutter hat einen guten Instinkt und bewegt ihren Mann dazu, in ein anderes Geschäft einzusteigen, und auch das erweist sich als lohnend.

Die Eltern sind bestrebt, ihren Töchtern die bestmögliche Ausbildung zukommen zu lassen. Die Mutter macht sich lustig über den Onkel, der Börsenhändler ist, aber dessen eigentliches Interesse die Musik ist. Zwei Brüder der Mutter begehen während des Weltkriegs Selbstmord. Eine Tante fragt die junge Charlotte um Rat, weil ein Cousin übernervös ist und grimassiert; durch dieses Zutrauen fühlt sie sich aufgehoben und geschmeichelt. Der Sohn einer anderen Tante wirft ein Auge auf ihre Schwester; es ist ein Mißklang in dem vielschichtigen und vielstimmigen Familienkonzert. Und es scheint, daß der Vater in der frühen Kindheit die wichtigere Bezugsperson für Charlotte Wolff war als die kühlere, rationale Mutter: »Ich liebte es, mit ihm im offenen Wagen Einspänner zu fahren. Ich schmiegte mich an ihn, er legte seinen Arm um mich, und ich schlüpfte mit dem Kopf unter das Cape seines braunen Herrenmantels.«

Das kleine Mädchen – sie ist die zweite Tochter und mit beträchtlichem Selbstbewußtsein ausgestattet – muß ein verwöhntes und hochbegabtes Kind gewesen sein, dem kaum Grenzen gesetzt wurden. Also mußte sie auch keine sprengen. Offenkundig sollte sie nach dem Wunsch des Vaters ein Junge werden. »Was auch immer meine Eltern sich gewünscht haben mögen – das falsche Geschlecht tat ihrer Fürsorge und Liebe keinen Abbruch. Sie waren stolz auf ihre Kinder, und mein Vater führte mich mit offensichtlicher Zufriedenheit seinen Freunden und Kunden vor.«

Doch je älter Charlotte Wolff wird, um so mehr mißfällt ihr die materielle Ausrichtung ihrer Familie, in der das Judentum Ritus und Alltagsfundus ist, aber keine religiöse Grundlage mehr hat. Mehr und mehr anzuhäufen, ist die Devise ihrer Mutter. Charlotte sehnt sich nach Intellektualität. Sie sehnt sich nach dem anderen. Sie lernt bei einer Freundin zionistische Ziele kennen, aber da ist sie schon zu sehr mit der Verschmelzung des Deutschen und des Jüdischen vertraut. Sie hat einen jüdisch-deutschen Intellekt, der nicht mehr in der symbolischen Aneignung eines Bodens, in der Beschränkung auf die Landnahme Befriedigung finden kann. Bemerkenswert ist, daß die Eltern von Charlotte Wolff früh ihre Liebe zu Frauen erkennen und akzeptieren; eine ganz ungewöhnliche Haltung in ihrer Zeit. Weder sie noch ihre Kindheitsfreundin Ida »hatten jemals den Begriff Homosexualität gehört, noch wußten wir irgend etwas über gleichgeschlechtliche Liebe. Wir erlebten unsere Zuneigung ohne Angst, ohne Etikett, ohne Liebesvorbilder. Wir liebten uns ganz einfach. Uns zu küssen, bedeutete die größte Lust, und wir küßten uns zu jeder Stunde. Wenn wir miteinander schliefen, lagen wir mit engumschlungenen Beinen da und unser beider Münder verschmolzen zu einem. Das waren die glücklichsten Nächte, die ich je erlebt hatte. Wir hatten keine Angst, kein Schuldgefühl, und unsere Eltern, denen unsere Zuneigung wohl bewußt war, sahen entweder nichts Außergewöhnliches darin, oder wenn, ließen sie es uns nicht merken. Vielleicht waren sie so naiv wie wir. Später stellte ich fest, daß meine Eltern um meine Liebe zu Frauen wußten. Sie stellten mir keine Fragen, sondern akzeptierten mich so, wie ich war.«

Im Gymnasium empfindet sie sich als Außenseiterin, aber das berührt sie nicht weiter. Im Gegenteil: Sie beschreibt eine »angespannte, aber glückliche Isolation«. Leidenschaftlich verliebt sie sich in das Photo von einer russischen Jüdin, das die Freundin ihr zeigt. Sie reist als 16jährige aus Danzig zur Angebeteten nach Berlin, erlebt Leidenschaft und Abweisung: »Du siehst aus wie ein Schulmädchen.«

Die Schule wird ihr unerträglich. »Ich hatte [...] bereits sehr früh eine Abneigung gegen das Gekicher und Getuschel der Mädchen über Lehrer entwickelt. Nun fühlte ich mich wie in einer anderen Welt, eingesperrt in eine falsche Gesellschaft. Nur meine Liebe zu Fräulein Haberfeld und meine Zuneigung zu Dr. Maynard machten es mir möglich, ein junges Mädchen zu mimen, obwohl ich schon längst erwachsen war.«

Sie lernt Else Lasker-Schüler kennen, die sie unbedingt mit ihrem Sohn Paul zusammenbringen will. Doch die beiden Jugendlichen können einander auf Anhieb nicht leiden; die von Else Lasker-Schüler gewünschte Brieffreundschaft mit dem Sohn kommt nicht zustande. Die frühe, verzehrende Leidenschaft für die Russin läßt sie krank werden, ihr Überschwang mündet ohne gebrochene Ironie in eine poetische Produktion.

Weil du niemals kamst
Weil in keinem Schritt
Du mich zu dir nahmst
Bis ich langsam glitt
Hintenübersank.

Meine Kehle preßt
Eine Träne scheint
Wen sein Stern verläßt
Der ist keinem Freund
Und vor Heimweh krank.

Charlotte Wolff möchte Philosophie und Literaturwissenschaft studieren, doch sie hört auf ihre Eltern und entscheidet sich zu einem Doppelstudium mit Medizin und geht zunächst nach Freiburg.

»›Dann hast du dein Auskommen‹, meinte mein Vater,

und ich stimmte ihm zu.« Charlotte Wolff möchte die medizinische Praxis und das Dichten miteinander verbinden. Sie stellt sich eine Existenz wie die des Doktor Gottfried Benn vor. Aber sie verkennt, daß Benn sein Lebensmodell anprobiert und auspolstert mit Musen. Bedingungslos, besinnungslos wird dem Werk geopfert, was ihm als Mann zum Opfer fällt. Er ist approbierter Frauen-Benutzer. Daneben die Praxis, mühsam, schlecht gehend, in der Belle-Alliance Straße, dem heutigen Mehringdamm. Nein, eine solche Existenz wäre weder möglich noch wünschenswert für Charlotte Wolff gewesen; sie braucht Häuslichkeit und Stabilität.

Vor Menschenblick verbergen
Will ich für dich meinen Glanz
Mit sanft geschlossenen Lidern
Durchtaste ich die Nacht.

Ob du mich einmal riefest
Hütest du scheues Licht
Verborgen, mit dunkelndem Auge,
Das mir die Heimat gibt?

Stirn und Mund und Hände
Wende nicht zu dir zurück,
Wir müssen dann beide erkalten
Und alles Leben lügt.

Charlotte Wolff besucht Vorlesungen von Husserl und Heidegger in Freiburg und teilt eine erstaunliche Beobachtung mit: »Die beiden Männer hätten kaum unterschiedlicher in Erscheinung und Temperament sein können. Husserl hatte etwas Ätherisches an sich; Heidegger dagegen sah aus wie ein

Bauer, war eher mürrisch, und man konnte seine Einstellung zu uns nicht erahnen. Während Husserl seine Studenten anzusehen pflegte, betrachtete Heidegger seine Hände oder den Tisch.« Sie sieht Heidegger intellektuell ganz im Schatten von Husserl, ahnt oder weiß bereits, daß seine Wirksamkeit sich erst entfaltet, als er in der Universität Husserls Nachfolge antritt. Husserl wird als Jude die ganze Härte des Nationalsozialismus zu spüren bekommen. Die Lehrerlaubnis wird ihm entzogen, 1937 verlieren seine Frau und er ihre Freiburger Wohnung. Er stirbt 1938, sein Nachlaß wird von einem Franziskanerpater auf abenteuerliche Weise nach Belgien, in die katholische Universität Löwen, gerettet.

Ernst Kretschmer mit seiner psychosomatischen Typenlehre ist der erste Mediziner, der Charlotte Wolff nachhaltig beeindruckt. Kretschmer hat sich 1918 habilitiert und ist Oberarzt der Psychiatrischen Abteilung des Universitätsklinikums Tübingen. In Tübingen macht Charlotte Wolff auch zum ersten Mal in ihrem Leben Bekanntschaft mit dem offenen Antisemitismus: Eine Kellnerin will sie nicht bedienen, die Medizinstudentin ist schockiert.

Über die Bildhauerin Jula Cohn, Walter Benjamins unerwiderte Liebe, die sich im Umkreis Stefan Georges bewegt und dort – höchst ungewöhnlich – als Frau akzeptiert wird, lernt sie Walter und Dora Benjamin kennen. Kein Zeuge hat so intensiv wie Charlotte Wolff von Benjamins kindlicher Seite erzählt, von seinem glucksenden Lachen, den »rosigen Apfelbäckchen eines Kindes«, seiner Freude am Spiel, seiner nervösen und wenig spontanen Gestik. Niemand außer Wolff hat Franz Hessel als »exzellenten Koch« bezeichnet und wahrgenommen. Sie beschreibt, wie er sie bekocht, wie seine fürsorglichen Instinkte ihre brachliegenden, bedürftigen füttern. Die androgyne Studentin fühlt sich bei ihm »behaglich und geborgen wie bei einer fürsorglichen Mutter« und sitzt mit ihm im kleinsten Zimmer der Schöneberger Wohnung. Wenn seine elegante Frau Helen Hessel anwesend ist, benutzt man das Speisezimmer.

Hessel druckt Wolffs Gedichte in der von ihm bei Rowohlt herausgegebenen Zeitschrift *Vers und Prosa*, das ist eine außerordentliche Auszeichnung. Hessel war nicht nur ein hervorragender Seismograph des vibrierenden Berlins und Lektor im Rowohlt Verlag, er übersetzte nicht nur eine zehnbändige Ausgabe mit Casanova-Texten, sondern auch Balzac und Proust und setzte Maßstäbe darin. Er war bei aller Scheu und trotz seiner voyeuristischen Neigung ein Förderer junger Autorinnen. Und mit Vergnügen ließ er sich von den jungen sportlichen Damen chauffieren, Ruth Landshoff-Yorck berichtete darüber, Erika Mann, sicher kannte er auch Annemarie Schwarzenbach. Und Charlotte Wolff hat den richtigen Instinkt, wenn sie sich von seiner Männlichkeit, seiner Position als Lektor unbeeindruckt zeigt. Charlotte Wolff übersetzt in dieser Zeit Gedichte von Baudelaire, und Hessel druckt sie getreulich in *Vers und Prosa* neben Walter Benjamins und seinen eigenen Baudelaire-Übersetzungen. Sie fühlt sich als Mitglied »einer internationalen Avantgarde«.

Mit Dora Benjamin besuchte Charlotte Wolff die Verona-Diele, in der die lesbischen Stammgäste auftankten, nachdem sie sich ihren Lebensunterhalt auf der Straße verdient hatten. Die russische Freundin, die inzwischen Mann und Kind hatte, kam zu Besuch nach Berlin, angstgeschüttelt und aufs äußerste kontrolliert, offenkundig arbeitete ihr Mann für den KGB und überwachte auch ihre Beziehungen.

Ihre erste Berufstätigkeit findet Charlotte Wolff dann am Virchow-Krankenhaus in Berlin. Sie promoviert über ein sozialmedizinisches Thema: die Schwangerenfürsorge. Das konfliktreiche Thema der Empfängnisverhütung sieht sie im Zusammenhang mit einer besseren Fürsorge für Schwangere. Nach den unendlichen Verlusten und Verstörungen, der Hoffnungslosigkeit in der Folge des Ersten Weltkriegs wird »das Interesse am Nachwuchs [...] brennender denn je durch den Verlust von Menschenleben«. Sie dokumentiert den sozialen Wandel von der Schadensvergütung zur Schadensverhütung und beklagt, wie wenig Frauen, besonders die unehelichen Mütter, über die ihnen zustehenden Hilfen orientiert seien. »Die Träger der Sozialversicherung erweitern freiwillig ihre Arbeitsgebiete und verbessern ihre Leistungen zum Nutzen der sozialen Hygiene. Daß der Mutterschutz, also auch die Schwangerenfürsorge, ein besonders wichtiges Gebiet einer Schadensverhütung darstellt, ist ohne weiteres klar.«

Die junge Ärztin versucht, Poesie und medizinische Praxis miteinander zu verbinden, doch wirklich glücklich macht sie ihre Tätigkeit bei der Schwangerenfürsorge zusammen mit engagierten Sozialarbeiterinnen. Sie arbeitet im damaligen Armenviertel Neukölln, angestellt bei der Krankenkasse Berlin – »nie habe ich mich zufriedener und sicherer gefühlt«, bekundet sie über diese fünf Jahre. Tagsüber betreut sie Schwangere, am Abend hilft sie, die erste Klinik für Schwangerschaftsverhütung in Deutschland aufzubauen; sie ist plötzlich im Zentrum einer präventiven Medizin mit sozialistischen und feministischen Zielen. Es ist die Zeit, in der der Kommunalarzt und Leiter des Gesundheitsamtes Reinikkendorf, Max Hodann, Basis-Sexualaufklärung betrieb. Peter Weiss hat ihm in *Die Ästhetik des Widerstands* ein Denkmal errichtet. Es ist die Zeit, in der der Arzt und Schriftsteller Friedrich Wolf in Stuttgart wegen seines Engagements gegen den § 218 mit einem Prozeß überzogen wird. Familienfürsorge, Beratung und Familienplanung weiten sich aus zur psychologischen Beratung, »die Umstände machten mich zu einer Amateur-Sexualwissenschaftlerin, die in ihrer täglichen Praxis durch Empathie und Erfahrung immer mehr dazulernte«. Es ist erstaunlich, daß Charlotte Wolff in diesem Arbeitsfeld nicht mit Magnus Hirschfeld und seinem Institut für Sexualforschung in Kontakt kommt.

Als »eine Frau in Männerkleidern und eine Spionin«, wie sie bezeichnet wird, verhaftet man sie im Februar 1933, einige Tage später wird ihre Wohnung nach Bomben und Papieren durchsucht, ergebnislos – eine Patientin hat belastendes Material weggeräumt. Doch Charlotte Wolff zieht es vor, sich keinen weiteren Repressionen auszusetzen. Abrupt bricht sie ihre Zelte ab, reist nach Paris in eine vollkommen fremde Welt, in der wiederum Helen Hessel eine helfende Hand ausstreckt. In Berlin hat Charlotte Wolff aus Interesse bei dem Chiro-Psychologen Julius Spier das Handlesen gelernt. Er ist ein Anhänger von C. G. Jung und wird von Zeitgenossen »charismatisch« genannt. Da sie als Ärztin im Ausland nicht praktizieren darf, liest sie eleganten Damen aus der Hand und lebt nicht schlecht von diesem exotischen Gewerbe. Sie spürt ihre intuitive Begabung für die Interpretation der Zeichen wie eine unheimliche Macht neben dem wissenschaftlichen Interesse und vermeidet sorgsam, den Gelderwerb mit dem Wissen der Chirologie zu vermischen. Fast alle Emigranten aus Nazideutschland mußten sich gänzlich neue Arbeitsfelder erarbeiten. Walter Benjamin beschäftigte sich in den zwanziger Jahren mit Graphologie und hatte auch erwogen, daraus einen Gelderwerb zu machen. Charlotte Wolff sieht in ihrer Arbeit keine ökonomische Überbrückung, sondern macht daraus eine Forschung: Sie untersucht Hände von geistig retardierten Kindern, sie nimmt Handabdrücke von Neugeborenen und vergleicht sie mit den Extremitäten von Menschenaffen. Sie sieht die Hand als »Seismograph emotionaler Reaktionen« und untersucht die Rückwirkung bestimmter Krankheiten auf die Gebärden und dementsprechend auf Muskeln, Nerven und Haut der Hand. Schicksalslinien, Herzlinien und Lebenslinien, die Sensationen des Lesens aus der Hand, interessieren sie weniger als vergleichende Studien bei Schizophrenen, Sportlern, Künstlern. Eine große Hilfe ist ihr dabei die Flüchtlingsorganisation der Quäker, die Probanden für sie gewinnt. Später untersucht sie nach und nach 2000 psychotische Patienten einer Klinik. So entsteht ihr Buch *Die Hand als Spiegel der Seele. Handdeutung aus physiologischer und psychologischer Sicht.*

Die Surrealisten finden Geschmack an ihrer Arbeit, als wäre sie ein Medium, doch sie bleibt der mystischen Ekstase und den Experimenten am eigenen Leibe, die die Surrealisten befördern, fremd gegenüber. Im Gegenteil: Die vagen Ansprüche an die Handanalyse schrecken sie. Sie fürchtet die Scharlatanerie und verachtet den Aberglauben, die parareligiösen Heilserwartungen ihrer Klientel und leidet unter chronischer Erschöpfung. Schon als junges Mädchen hat sie eine Strategie des Rückzugs bei Überforderung ausgebildet: »Verschwiegenheit und Verschlossenheit wurde in einer nicht adäquaten Umgebung zur Notwendigkeit, damit ich mein Identitätsgefühl bewahren konnte.«

Den lebensrettenden Umzug nach England vermitteln ihr Aldous und Maria Huxley, doch sie bleibt verstört, empfindet ihre Existenzweise wie ein Doppelleben. Ende 1937 erhält sie die Genehmigung, als Psychotherapeutin zu praktizieren, eine ärztliche Tätigkeit bleibt ihr noch lange versagt. Sie deutet die Hände von Wallis Simpson, der späteren Herzogin von Windsor, wie sie die Hände von adeligen Damen in Paris gedeutet hat. Sie ist eine blendende Beobachterin. Ja, am Beginn ihrer therapeutischen Arbeit – oder im Verzicht darauf – steht die Beobachtung.

Man Ray hat Charlotte Wolff photographiert, bedachtsam im strengen Profil, sie wirkt unendlich konzentriert, ihre Hände umfassen fremde Hände. Die Person, der die Hände gehören, ist abgeschnitten. Man Rays Photographie ist ein Negativ, das positiv gewendet ist: Was in der üblichen Wahrnehmung hell ist, ist hier dunkel und umgekehrt. Das Bild und mit ihm das abgebildete Sujet der Handleserin taucht auf diese Weise selbst in ein magisches, konzentriertes Dunkel. Es ist die Umkehrung der Vermeerschen Briefleserin. Doch die Botschaft fehlt. Sie muß konstruiert werden.

An dieser Stelle meldet sich eine Erzählerin. Ja, sie ist beschämt, daß sie den Fluß des Essays stört, daß sie sich vordrängt und abschweift, eine andere Schicht des Sprechens auftut, die eher ein Kellerloch, eher eine niedergehaltene Verzweiflung ist. Mein Vater – ungefähr gleich alt wie Charlotte Wolff – interessierte sich ebenso wie sie für die Chirologie. Einige Bücher zu diesem Thema habe ich aus seinem Erbe übernommen. Ich schlage sie nie auf; sie sind eher Dokumente der Fremdheit, des Unverständnisses für ein gänzlich aus der Mode gekommenes Grenzgebiet, für eine Wahrsagerei, die Roma-Frauen wie gebrannte Mandeln auf der Straße anbieten. Mein Vater kam nach Hause, meine Mutter bereitete das Essen, die Kinder waren hungrig, aber er sprach nur flüchtig mit uns – über den Tellerrand der Handflächen hinaus. Er versenkte sich in die Betrachtung seiner Hände. Ich verstand als Kind nicht, was ihn darin so unendlich faszinierte, warum er glaubte, die Linien seiner Hände könnten sich in kürzester Zeit verändert haben. Er las in ihnen, während er in den Gesichtern seiner Frau, seiner Kinder nicht lesen wollte. Vielleicht wollte er den Zorn, die Beschämung über die Zurückweisung durch ihn nicht lesen. Die eigenen Handinnenflächen waren sein Spiegel. Den Personen, die ihm nahestanden, hätte er selbst Spiegel sein, Nähe zeigen müssen, da versteckte er sich lieber.

Ich erinnere mich nicht, daß mein Vater einmal die Hand seiner Frau oder die seiner Kinder forschend, interessiert in seine Hand genommen hatte, wie die Photographie von Man Ray Charlotte Wolffs Zuwendung, Konzentration auf einen anderen zeigt. Abkapselung, Abwehr: Ich verberge mich hinter meinen Händen. *Pater absconditus.* Das Lesen der Hände ist mir deshalb ein Buch mit sieben Siegeln geblieben, das ich selbst nicht zu öffnen wünschte. Ja, vielleicht wenn Charlotte Wolff meine Hände in ihre genommen hätte, damals bei der Frauenuniversität 1979.

Das Untersuchen der Hände erscheint wie eine kostbare und magische, ja schamanistische Kunstübung. Sie ist nicht nur Zuwendung, ein Spenden von Wärme, sondern ein Austausch von Vertrauen. So untersucht Charlotte Wolff auch die Hände von Virginia Woolf, und daraus wird etwas ganz anderes, eine Hinwendung, die auch den Standpunkt der Forscherin, die Gegenübertragung, nicht ausläßt:

»Als ich in ihrem hohen, schmalen Haus ankam, wurde ich in ein Zimmer im obersten Stockwerk geleitet, wo Virginia Woolf an einem Tisch saß, umgeben mit allen Utensilien eines englischen Teenachmittages. Sie spielte die perfekte Gastgeberin, und darauf konnte ich mir zunächst keinen Reim machen. Sie versuchte mich nicht mit Smalltalk zu unterhalten, sondern begann mich ohne Umschweife über meine Erfahrungen in Nazideutschland auszufragen. Zwischendurch überlegte ich, ob ihr Bedürfnis, aus erster Hand etwas über den Naziterror zu erfahren, der wahre Grund für diese Einladung gewesen war. Ich erzählte ihr eine ganze Menge über meine Verhaftung als angebliche Spionin in Männerkleidung, die Hausdurchsuchung und meine Unruhe und Einsamkeit nach all diesen Ereignissen. ›Mein Mann ist Jude‹, sagte sie, nachdem ich geendet hatte. ›Er ist der humanste Mensch, den ich kenne‹, und viel später am Nachmittag gestand sie mir: ›Leonard ist meine Mutter.‹

Doch sie drängte mich nicht, Details aus meinem Privatleben preiszugeben. Wir saßen eine ganze Weile an diesem Tisch. Nach einer Weile sagte sie zögernd: ›Kommen Sie, wir setzen uns Rücken an Rücken, dann kann ich besser entspannen.‹ Und so setzte sich jede von uns in einen Sessel mit dem Blick auf eine Wand. Sie wollte wissen, wie ich Menschen helfen würde, die unter nervöser Anspannung und Angstzuständen litten. ›Ein Psychologe sollte niemals Ratschläge erteilen. Für Angstzustände gibt es keine therapeutischen Schnellbehandlungen, und nervöse Anspannung hat viele Ursachen.‹ [...] Dann fragte sie zögernd: ›Was halten Sie von der Psychoanalyse?‹ ›Sie meinen die Freudianische Analyse?‹ ›Ja.‹ ›Ich kann sie nicht beurteilen, denn ich selbst habe eine Jungsche Analyse gemacht. Ich kann nur sagen, daß sie teuer ist und ein paar Jahre dauert. Sie mag einigen Menschen helfen, anderen Menschen nicht. In bestimmten Fällen ist sie kontraindiziert.‹ Sie sprang darauf an. ‚Sie meinen, in meinem Fall?‹ ›Ja, ich glaube schon.‹«

Es sind solche Mikrokosmen der Wahrnehmung, die Charlotte Wolffs ärztlich fundierte Schwebekunst ausmachen. Es ist eine Kunst der Versenkung, die sich nicht im Blick verliert, Distanz hält und doch voller Empathie ist. Sie ist das, was sich das kranke Gegenüber wünscht. Sie kann in die Haut des anderen schlüpfen – und weicht nicht der Gefahr der Selbstpreisgabe aus. Sieht man die Diagnose eines Krankheitszustandes und die Prognose einer Heilung wie Vektoren in einem Diagramm, das die ärztliche Tätigkeit abbildet, so neigt Charlotte Wolff der Diagnose zu. Die Prognose gibt sie im wörtlichen Sinne »in die Hand« der Patienten. Sie macht sie mündig, indem sie sie ernst nimmt, sie eröffnet ihnen Selbstheilungschancen. Sie spricht es nicht aus, doch vermutlich schien ihr Virginia Woolf zu krank, zu geschädigt für eine Analyse.

Die Hilfe, die den Flüchtlingen in England zuteil wird, hat den Geschmack von Barmherzigkeit. Die Forscherin wird nicht wirklich heimisch, sie begreift sich selbst als internationale Jüdin mit britischem Paß, »ein adoptiertes Kind dieses Landes, das sorgfältig Worte und Taten abwägen mußte«. Sie möchte nicht länger auf die Neugier ihren intuitiven Fähigkeiten gegenüber vertrauen, sie möchte wieder auf eigenen Füßen stehen und schreibt sich deshalb als Forschungsstudentin in der Psychologischen Fakultät des University College in London ein. Jetzt arbeitet sie unter »Labor-Bedingungen«. Bereits 1941 wird ihr die Ehrenmitgliedschaft der British Psychological Society verliehen.

Wurzellosigkeit bleibt ein Thema. Erst 1952 darf sie als Ärztin praktizieren, was ihr Selbstbild entscheidend verändert. Sie knüpft an ihre sozialpolitische Arbeit in Berlin an und erstellt psychiatrische Gutachten für die Bewährungshilfe. Bemerkenswert ist, daß sie in ihrem Erinnerungsbuch die vielen Toten nicht benennt und auch nicht betrauert, auch nicht zurück auf ihre weitläufige Familie blickt; vielleicht in der Vorstellung, eine englischsprachige Leserschaft könne diese Verluste ohnehin nicht nachvollziehen und begreifen. Oder sie ist selbst im Alter so sehr dem Leben zugewandt, daß der Schmerz des Verlustes, der Enttäuschung nicht die Gewißheit der Lebenskraft, auch des Tätigseins, der Kreativität überschattet. Sie spricht nicht über Dora Benjamin, die wie sie in

London lebt, nicht über Helen Hessels beherzte Rettung ihres Ehemanns Franz Hessel aus Deutschland. Sie spricht nicht über Julius Spier und dessen Tod durch Lungenkrebs kurz vor seiner Deportation aus den Niederlanden nach Auschwitz. Sie will den Berliner Philosophen Walter Benjamin im Gedächtnis behalten, nicht den früh gealterten, auf der Flucht verzweifelten. Sie will die Angst nicht, nicht die Verstörung. Und sie blendet auch aus, wie ihr früheres deutsches Umfeld versteinert, in der kaltblütigen, kaltherzigen Erstarrung verharrt. Ihr akademischer Lehrer Ernst Kretschmer spricht noch in der fünften, 1958 erschienenen, »gründlich bearbeitete[n] und erweiterte[n] Auflage seiner Studie *Geniale Menschen* von »Stämmen und der Bewurzelung des Genies«, von der »Weiterzüchtung einer bestimmten Begabungsrichtung«. Er beruft sich auf Rassekarten und auf eine Schädelindexkarte, auf die »Erfahrungen der Völkerbiologie«, die er in der Nähe der Rassenhygiene ansiedelt, und polemisiert wertkonservativ und nah an den Blut- und Boden-Überzeugungen »gegen das nivellierende Überwuchern der Großstädte«. Und wie bereits in der ersten Auflage der Studie aus dem Jahr 1929 beruft Kretschmer sich immer noch auf Eugen Fischer, den einflußreichsten Rasseforscher der NS-Zeit. Will Charlotte Wolff das nicht wissen, blendet sie es aus – um ihrer eigenen psychischen Gesundheit willen? Oder läßt sie eine Großzügigkeit walten, die an den Rand des eigenen Gefühlshaushalts geht? Vielleicht wegen des schroffen Abbruchs der Karriere als Sozialmedizinerin in Berlin wird der Neubeginn in der Begegnung mit jungen Frauen für sie so wichtig.

Liebesbeziehungen, über die sie unspektakulär, aber mit Wärme erzählt, sind Abhängigkeiten von zum Geben bereiten Frauen. Zwei hochmoralische und in unschuldiger Liebe zusammenlebende Quäkerinnen nehmen sie als Dritte in ihren Bund auf, bis eine der Freundinnen stirbt und die andere ihre Beziehung zu Charlotte Wolff nicht mehr mit der Lehre Christi in Übereinstimmung bringen kann. Kaum eine andere so kraftvolle Person hat den Mut, ihre Bedürftigkeit, ihr schutzloses und gleichzeitig so freizügiges Begehren auszustellen. Jede Larmoyanz über den Lebensbruch durch den Nationalsozialismus liegt ihr fern. Vielleicht suchte Charlotte Wolff einfach ein Nest, einen Ruhepol, und verwechselte diesen Wunsch im späteren Alter mit dem jugendlichen Begehren. Auch deshalb lohnt es sich, diesen erstaunlichen Lebensbericht zu lesen.

»Der Vorteil eines verwöhnten Kindes bei der Konfrontation mit den Härten des Lebens ist sein Vertrauen darin, bevorzugt zu werden, bevorzugt vom Schicksal und von anderen Menschen. Doch die Gefahr der Enttäuschung durch andere bewirkt eine Verletzbarkeit, die sich auswirkt wie die Nacht auf bestimmte Pflanzen: Sie schließen ihre Blüten. Das Risiko neurotischer Erkrankung ist immer präsent bei Menschen, die entweder zu viel oder zu wenig umsorgt werden. Depressive Zustände und Angstanfälle warten immer ›um die Ecke‹.«

In ihrer Praxis behandelte Charlotte Wolff Frauen mit verschiedenen Abweichungen von der heterosexuellen Norm. Das brachte sie dazu, in einer groß angelegten Studie 108 Frauen, die sich als lesbisch bezeichneten, und eine Vergleichsgruppe von 100 heterosexuellen Frauen zu untersuchen. Sie ließ Fragebögen ausfüllen und eine Art emotionaler Autobiographie schreiben; all das erforderte Fingerspitzengefühl und Vertrauen auf beiden Seiten. Die Studie ist in England 1971 unter dem Titel *Love Between Women* erschienen. Es war eine Pioniertat. Zweifellos ist die Lesbierin für Charlotte Wolff eine gesellschaftliche Außenseiterin, mit allen Empfindlichkeiten und auch mit einer großen Selbstbejahung. Schuldgefühle wegen des Andersseins fand sie bei den Probandinnen nicht. Und dennoch beobachtete sie eine »Ghetto-Mentalität«, die ihr aus ihrer jüdischen Kindheit wohlbekannt, der sie aber mit Glück und Geschick entkommen war.

Keine der Frauen, die Wolff befragte, wäre lieber als Mann geboren worden. Doch sie diagnostizierte eine überraschende Auffälligkeit: Mehr als ein Drittel der Frauen in ihrer Versuchsgruppe gab an, sie hätten traumatische sexuelle Erlebnisse in der Kindheit zu verarbeiten gehabt, fast ebenso viele als Jugendliche. Mit anderen Worten: Sie selbst – oder ihre Probandinnen – suchten Motive oder einsichtige Gründe für die weibliche Objektwahl, während heutige Genderforscherinnen eher von einer angeborenen und unumkehrbaren Präferenz ausgehen. Heute würde eine Untersuchung zu Lesbierinnen auch nicht mehr wie vor vierzig Jahren nach Trunksucht und Geisteskrankheiten, nach der Stellung in der Geschwisterreihe in der Herkunftsfamilie fragen, eher nach dem Grad des Gelingens in der vorgelebten Elternbeziehung, nach dem sozialen Gefüge der Freundschaften, auch nach Kinderwünschen und ihrer Realisierung. Viele der befragten Frauen äußerten Zorn und Eifersucht auf ihre jüngeren Brüder, viele waren die erste Tochter, der zweifellos häusliche Pflichten auferlegt worden sind; überproportional viele waren Einzelkinder.

Unter den Probandinnen fanden sich auch sehr viele, die sich selbst als Enttäuschung für ihre Mutter empfanden und darunter litten. »Ambivalentes Verhalten ihrem weiblichen Kind gegenüber ist ein weiteres, auffallendes Merkmal von Müttern der lesbischen Gruppe. Einerseits besaßen homosexuelle Mädchen häufig die Privilegien eines Lieblingskindes, andererseits waren sie Opfer von Gleichgültigkeit.«

Nach der leidvollen »totalen Abhängigkeit des Kindes«, dem »Versagen, der Mutter, ihre natürlichen Funktionen zu erfüllen«, wie Charlotte Wolff es nennt, folgten häufig Angstzustände und Depressionen beim Mädchen, das zur Homosexualität disponiert sei. Charlotte Wolff begreift Sexualität in dieser Studie auch »in vieler Hinsicht als ein Mittel der Angstabwehr«. Lesbische Beziehungen bildeten deshalb nach ihrer Auffassung enge Fusionen, die die frustrierenden Mutter-Kind-Bindungen einerseits wiederholten und andererseits zu heilen versuchten.

Eine »vorgreifende pathologische Eifersucht«, gepaart mit einer verbalen oder körperlichen Aggression, könne »als Symptom einer Zwangsneurose angesehen werden. Sie bewachten einander wie Gefängniswärter«, schreibt sie über manche weibliche Paare. Charlotte Wolff macht für diese Fehlentwicklung die fehlende, unsichere Haltefunktion der Mutter verantwortlich. Die im Gegensatz zu der Kontrollgruppe ungleich größere Aggression lesbischer Frauen begreift sie als einen Mangel an Anpassungsfähigkeit an die berufliche Umwelt, aber auch an intime Beziehungen. Und sie objektiviert diese Schwierigkeit als »die Furcht, sich als Homosexuelle zu verraten und Gefahr zu laufen, ihren Job zu verlieren. [...] Die verhältnismäßig gute Anpassungsfähigkeit der Lesbierinnen an Kontakte im *gesellschaftlichen Rahmen* ist etwas anderes. Eine Lesbierin muß eine Rolle spielen und sie lernt diese auf Grund ihrer Angst. [...] Viele von ihnen waren nicht in der Lage, bei ihren Partnern Frieden und echte Entspannung zu finden. Sie jagten weiterhin der idealen Mutter oder einer überwältigenden Romanze nach. [...] Die Furcht, den Partner zu verlieren, ging bei einigen so weit, daß sie es vermieden, zu gesellschaftlichen Treffen von Lesbier-Organisationen zu gehen, bei denen sie Mitglied waren.« Charlotte Wolff selbst empfand Diskussionen wie auch gesellige Zusammenkünfte unter Lesbierinnen als intensiv; »keinerlei Respekt vor Autorität« fiel ihr auf, sie bediente aber auch ein heftiges Vorurteil gegen heterosexuelle Frauen, in dem das verhaßte Gekicher und Geschwatze aus dem Mädchengymnasium widerhallt: »Keine Gemütlichkeit, kein Geplapper ließ auf eine ›feminine‹ Welt schließen.«

Zu Fragen der Unsicherheit in Hierarchien und zum sozialen Status von Frauen gelingen Charlotte Wolff so großartig nüchterne Sätze wie: »Nur außergewöhnlichen Frauen wird in unserer patriarchalischen Gesellschaft ein angemessener Platz eingeräumt. Frauen, die in der Verwaltung und in der Industrie arbeiten, kommen nicht bis zur Spitze. Aber ihre männlichen Chefs sind möglicherweise vollkommen von ihnen abhängig. Dieser Einfluß auf die Gesellschaft – durch Umweg über den Mann – ist typisch weiblich. Gleichheit der Geschlechter wird mehr von der männlichen als von der weiblichen Emanzipation abhängen. Solange die Männer gewisse persönliche, ethische und soziale Werte nicht ändern, können sich Frauen von ihnen nicht ebenbürtig akzeptiert fühlen.«

Die nächste Forschungsarbeit von Charlotte Wolff erwächst konsequent aus der Studie über die lesbische Liebe. 1977 erscheint in Großbritannien ihr Buch über Bisexualität, 1979 in Deutschland. Bisexualität in der Abgrenzung vom psychischen Hermaphroditismus hat eher mit dem Erleben von Geschlechtlichkeit zu tun als mit einer Geschlechtsidentität. Charlotte Wolff definiert Bisexualität als »die Wurzel der menschlichen Sexualität und die Matrix aller biopsychischen Reaktionen, seien diese nun passiv oder aktiv«.

Mit dieser These wendet sie sich gegen die zu ihrer Zeit landläufige Meinung, daß es sich bei Bi- und Homosexualität um unreife Stadien der psychosexuellen Entwicklung handle. Sie bezieht sich damit auf Wilhelm Fließ, den »visionären Theoretiker der Bisexualität«, wie sie ihn nennt, dessen Konzepte von Freud umgedeutet und in abgemilderter Form in seine eigene Arbeit integriert wurden.

Charlotte Wolff mißtraut Freud, seiner machtvollen Theoriebildung, der Begründung einer Schule, in der es nahe und fernere Verbündete, Spaltungen und Grabenkämpfe gibt. Sie nennt zwar seinen Aufsatz *Hysterische Phantasien und ihre Beziehung zur Sexualität* (1908) »ein Meisterwerk«, aber der aufgezeigte Weg ist nicht ihr Weg geworden. Sie erkennt an, daß für Freud »die Bisexualität die treibende Kraft der Psyche ist«, doch Freud bezieht dies eher auf die Inzestwünsche des Kindes, auf die Ursprünge der Neurosenbildung. Die Phantasien und Tagträume, die er erforscht und beschreibt, die durch Verdrängung ins Unbewußte geraten sind, beziehen sich vorwiegend auf sexuelle *Wünsche*, während Wolff – ungleich pragmatischer – an der verwirklichten Bisexualität interessiert ist. Phantasien sind ihm zufolge nicht nur Symptome, »sondern in bewußter Realisierung [...]« setzen sie auch »Attentate, Mißhandlungen, sexuelle Aggressionen [...] in Szene«. Freuds revolutionärer Gedanke über die »Vereinigung zweier libidinöser Phantasien von entgegengesetztem Geschlechtscharakter« mündet in die »bisexuelle Bedeutung hysterischer Symptome«; doch das ist mehr »ein nachträglicher Einfall« als eine valide Arbeitshypothese, wie die Herausgeber seiner Schriften es nennen. Charlotte Wolff polemisiert nicht, doch das Ungelebte in den frühen Jahren des 20. Jahrhunderts ist eine unbestrittene Lebensform geworden. Sie hat sich von der Theorie zur Hysterie emanzipiert; auch Charlotte Wolffs eigene Lebenspraxis ist ein Beispiel dafür. Daß Freud keine Konzeption zum Verständnis der

Bisexualität hatte, mag an der kleinen Patientenzahl gelegen haben oder an einer prinzipiellen Blindheit für das Begehren des Mädchens, das sich ebenso wie das des Jungen auf die Mutter beziehen kann.

Charlotte Wolff zufolge ebnet die Bisexualität »die Geschlechtsunterschiede weitgehend ein und läßt die androgyne Natur des Menschen hervortreten«. Einerseits ist die Umbruchbewegung der sexuellen Revolution, das Experimentieren mit möglichen Lebensformen jenseits der Norm, einer solch breit angelegten Forschung, wie Wolff sie betreibt, günstig. Andererseits erscheinen viele ihrer männlichen und weiblichen Probanden in ihren Aussagen wie Prototypen der sechziger und siebziger Jahre: Künstler, Lebensreformer, Suchende, auch ein Callgirl ist dabei. Sie sind multipel erregbar, lebenshungrig, furchtlos und unkonventionell, und man wüßte gerne, was ein Vierteljahrhundert später aus ihnen geworden ist und wie sie die eigene sexuelle Erfahrungswelt nun einschätzen. Es ist die Zeit der sexualpolitischen Parolen, von denen mir eine besonders im Gedächtnis geblieben ist: »Eine Frau ohne Mann ist wie ein Fisch ohne Fahrrad.« Eine andere hieß: «Feminismus ist die Theorie, Lesbianismus die Praxis.« Als sei die sexuelle Identität, die Intimität des Wählens, die Macht der Liebe ein bewußter Akt wie die Entscheidung für eine bestimmte politische Partei.

Die überwiegende Mehrheit der Interviewpartner sieht in ihrer Bisexualität, wie immer sie gelebt wird, eine Bereicherung, und dies unabhängig von der Zahl der homo- oder heterosexuellen Geliebten, Liebhaber und Liebhaberinnen. Doch es werden auch heftige Identitätskrisen sichtbar, Sorgen und Angst, doppelte Verräter zu sein: gegenüber den Heterosexuellen und gegenüber den eindeutig Homosexuellen. Die Trennschärfe zwischen den sexuellen Identitäten auszumachen, zwischen psychischer Bisexualität und ausgelebter Bisexualität, ist ungleich schwieriger, ja häufig unmöglich. So scheinen die Partnerschaften zwischen zwei Bisexuellen, die beide Außenbeziehungen haben und sich deshalb dem Partner gegenüber nicht schuldig fühlen, relativ konfliktfrei lebbar, während das Austarieren zwischen heterosexuellen einerseits und homosexuellen Beziehungen andererseits ungleich schwieriger zu bewältigen ist. Wissenschaftlich ist es problematisch, aufeinanderfolgende homosexuelle und heterosexuelle Beziehungen zu kategorisieren. Es könnte sich Charlotte Wolff zufolge so verhalten, daß der Wunsch, »normal [zu] sein und zu heiraten«, die wirkliche Ausrichtung des Begehrens in bestimmten Lebensphasen verdeckt oder gar verstört. Es besteht kein Zweifel, daß sie die Antwort eines Probanden mit Zustimmung zitiert: »Ich glaube, daß man in Wirklichkeit ›Menschen‹ liebt, ob es nun Männer oder Frauen sind. Sex hat nur eine begrenzte Bedeutung.«

Noch im hohen Alter trägt Charlotte Wolff eine alte Schuld ab, die sie spürt. Nach sechsjähriger Arbeit publiziert sie eine bewundernswerte Studie über Hirschfeld, *A Portrait of a Pioneer in Sexology*, die noch kurz vor ihrem Tode erscheint. Magnus Hirschfeld hatte 1919 in Berlin-Tiergarten das Institut für Sexualwissenschaft gegründet, das sich umfassend, aufklärend, vorurteilslos forschend mit allen möglichen Varianten von Sexualität auseinandersetzte. Er erfand den Begriff der »sexuellen Zwischenstufen«, der den binären Geschlechtercode außer Kraft setzte, und gründete die erste Sexualberatungsstelle in Berlin. Den Nationalsozialisten war Hirschfelds Institut seit ihren Anfängen nicht nur ein Dorn im Auge, sondern ein Objekt des Hasses, möglicherweise weil sich in seinem Institut auch homosexuelle Parteimitglieder beraten ließen und weil dort prekäre Unterlagen über Sexualpathologien gesammelt waren. Schon 1930 konnte er sich seines Lebens nicht mehr sicher fühlen; er nahm Einladungen zu Vorträgen an, blieb in der Schweiz, in Paris und Nizza. Am 6. Mai 1933 wurde sein Institut geplündert und zerstört, die Bibliothek im Feuer der Bücherverbrennung auf dem Berliner Opernplatz verbrannt, Hirschfelds Büste war wie eine Trophäe mit den Büchern zum Opernplatz getragen und später aus dem Feuer gerettet worden. 1935 starb er in Nizza.

»Er war wie ein riesiger Schatten, den man eher vermeiden als aufsuchen mußte«, schrieb Charlotte Wolff in ihren Erinnerungen. Von ihm hat sie offenkundig das Prinzip der Befragung der Betroffenen und einer heterosexuellen Vergleichsgruppe übernommen. Ihm ähnlich hat sie ihre eigene Subjektivität und ihre Erfahrung in die Forschung eingebracht. Ganz anders als er hat sie – jünger, beweglicher, dem Terror in Deutschland entkommen – neu beginnen können, eine zweite und eine dritte Chance gehabt. Und ihr war überaus bewußt, ohne daß sie es aussprach, daß lesbische Frauen diffamiert, diskriminiert, lächerlich gemacht, doch im Gegensatz zu männlichen Homosexuellen nicht kriminalisiert wurden. Auch das ist ein Grund, Charlotte Wolff in ihrer unerbittlich offenen Menschenliebe, Menschenneugier, in ihrem Genie des Mitempfindens ein Denkmal zu setzen.

»Ich hab' geschrieben so transparant wie ich einmal bin«, schreibt sie im vorletzten Brief an Christa Wolf vom 17. August 1986. Am 12. September 1986 ist sie gestorben. Transparant – nicht durchscheinend, transparent: Sie ist bereit, sie scheint *parat* zu sein für das Unausweichliche, so könnte ihr markanter Schreibfehler gedeutet werden.

Charlotte Wolff: Die Fürsorge für die Familie im Rahmen der Schwangerenberatung der Ambulatorien des Verbandes Berliner Krankenkassen. Diss. Charlottenburg 1928.
Charlotte Wolff.: Innenwelt und Außenwelt. Autobiographie eines Bewußtseins. München 1971.
Charlotte Wolff: Psychologie der lesbischen Liebe. Eine empirische Studie der weiblichen Homosexualität. Reinbek 1973.
Charlotte Wolff: Bisexualität. Frankfurt am Main 1979.
Charlotte Wolff.: Die Hand als Spiegel der Seele. Handdeutung aus physiologischer und psychologischer Sicht. Reinbek 1986.
Charlotte Wolff: Magnus Hirschfeld: A Portrait of a Pioneer in Sexology. London 1986.
Charlotte Wolff: Augenblicke verändern uns mehr als die Zeit. Eine Autobiographie. Aus dem Englischen von Michaela Huber. Mit einem Vorwort von Christa Wolf. Pfungstadt 2003.
Lotte Wolff: Gedichte. In: Vers und Prosa. Heft 6. 1924.
Christa Wolf/Charlotte Wolff: Ja, unsere Kreise berühren sich. Briefe. München 2004.

Sigmund Freud: Studienausgabe. Bd. 6. Hysterie und Angst. Frankfurt am Main 1971.
Der Sexualreformer Magnus Hirschfeld. Ein Leben im Spannungsfeld von Wissenschaft, Politik und Gesellschaft. [Konferenz des Moses-Mendelssohn-Zentrums für Europäisch-Jüdische Studien vom 11.–13. Mai in Potsdam]. Berlin 2004.
Ernst Kretschmer: Geniale Menschen. Berlin/Göttingen/Heidelberg 1958. 5. Auflage.
Julius Spier: The Hands of Children. Mit Vorwort von C. G. Jung. London 1944.

Topographie auf Sand und Asche: ELISABETH LANGGÄSSER

Manchmal muß ich plötzlich wie in einer Doppelbelichtung an zwei Frauen denken. Ich stelle mir Szenen vor, die wie in zwei parallel fahrenden Zügen nebeneinander ablaufen. Ort der Handlung: die Reichshauptstadt Berlin, Mangelwirtschaft, Zwangsbewirtschaftung, die ersten Flächenbombardements. In der einen Szene sehe ich Frau L., in ihrem kleinen Haus in Eichkamp gleich hinter der Avus in wilder Hast Seite um Seite füllend, ohne Hoffnung auf Veröffentlichung, »dienstverpflichtet« am Ende des Krieges, bedroht von Zwangsarbeit in einer Fabrik, bedroht von den lähmenden Krankheitsschüben der Multiplen Sklerose, krankgeschrieben zwischendurch. Ihre kleinen Töchter tollen herum, und jeden Tag hat sie Angst, daß die älteste Tochter Cordelia vor ihren Augen deportiert wird. Nein, nicht vor den Augen. Cordelia lebt, seit sie den gelben Stern tragen muß, als halbwüchsige kleine Krankenhelferin im Jüdischen Krankenhaus in der Iranischen Straße, einem Alptraumort, einem Aufschiebeort für eine begrenzte Zeit, bevor die Abschiebung erfolgt in ein gnadenloses Terrain, aus dem wenige entkommen. Also doch vor den Augen der Mutter, wenn diese die Augen vom beschriebenen und noch zu beschreibenden Papier in die Gegenwart wendet. Cordelia wird später nach Theresienstadt verschleppt, nach Auschwitz transportiert, dann nach Schweden gerettet. Aber das Verhältnis zur Mutter ist zerstört; sie schreibt: »Der Zorn der Überlebenden, der zur Angst des Lebens wird. Jahr um Jahr verbarg die junge Frau den wilden Zorn, er erfüllte sie, erstickte sie fast, aber die beiden, die Frau und ihr Zorn, wurden nie miteinander bekannt. Der Zorn war zu überwältigend, als daß sie es hätte wagen können, ihm zu begegnen; er hätte sie zersprengt, und er wäre zu einem blitzenden Messer geworden für den Stoß ins Herz der Mutter. Aber den Muttermord wagte sie nicht. Er hätte auch Cordelia ausgelöscht, die Auserwählte, die Auserkorene, diejenige, die ihr Treuegelöbnis hielt.«

Die Mutter schrieb einen Brief an ihre Tochter in Schweden. Sie arbeite an einem neuen Roman, schrieb sie, in dem eine junge Frau vorkomme, die in Auschwitz gewesen sei, eine Überlebende. Es sei wichtig, daß die Erinnerungen der jungen Frau bis ins Einzelne korrekt seien, danach könne sie, die Mutter, diese in erdichteter Form wiedererstehen lassen. Könnte die Tochter ihr von der täglichen Routine in Auschwitz berichten, es aufschreiben? Cordelia schreibt von sich in der dritten Person: »Die Tochter antwortete, beschrieb, so gut sie es vermochte. Später, als sie den Roman der Mutter las, erkannte sie ihre Erinnerungen nicht wieder. Es war sowohl zuviel als auch zuwenig. Es wurde vom Feuer gesprochen, aber von der Asche geschwiegen. Wie hätte es auch anders sein können, er war ja von einer Lebenden geschrieben worden.«

Die andere Frau, eine halbe Generation jünger als Frau L., frisch und stolz verheiratet, Frau K., sie horcht in sich hinein, ob nicht endlich ein Kind in ihr wächst. Nein, sie ist nicht schwanger, noch nicht, ein paar Jahre später wird sie meine Mutter. Jetzt hat sie viel Zeit, sie ist eine ordentliche Sekretärin, sie hat einen Kurs für Abiturientinnen gemacht mit besten Referenzen, sie ist eine tragende Säule der Mangelwirtschaft, der Zwangsbewirtschaftung geworden. Wenn ich es recht begriffen habe, zeichnet sie Organisationskurven und schreibt saubere Briefe für eine Außenstelle des Reichswirtschaftsministeriums, Zellstoffzuteilung, das macht sie sicher sehr gut. Zellstoff wird dringend gebraucht, und abends schreibt sie Briefe an ihren Mann im Felde, das macht sie sicher auch sehr gut, stickt und führt ein Tagebuch, das ich nach ihrem Tod einmal gelesen habe, das mein Vater dann vor seiner oder gegen seine lesehungrige Tochter vernichtet hat. Nach Feierabend nimmt Frau K. von Berlin-Mitte aus, wo ihre Dienststelle ist, die S-Bahn nach Berlin-Schlachtensee, wo sie und ihr Mann eine möblierte Wohnung haben. Die Möbel, Vorkriegsware von guter Qualität, ließen sie vorausschauend im Linksrheinischen. Von Berlin-Schlachtensee (was für ein martialischer Name mitten im Krieg) sind es nur zwei S-Bahn-Stationen zurück zum Bahnhof Grunewald, der Station von Frau L., man muß in Nikolassee umsteigen, also ein Klacks für die Entfernungen in der Riesenstadt. Nikolassee, Grunewald, Schlachtensee: All dies sind feine Adressen, waren es damals und sind es geblieben. Die Stadt lappt aus, leckt an Wäldern und an den Ufern der Seen. Sie bilden den südwestlichen Zipfel der Stadt, man kann dies symbolisch sehen, muß es aber nicht. Frau L. und Frau K., beide in freundlichen linksrheinischen Städtchen geboren, sind in der großen Stadt nie heimisch geworden. Ein Gärtchen, Luft und der Waldrand mußten sein; sie waren Lebensmittel. Erde, wenn sie auch sandig ist. Beide lieben die Großstadt nicht, ihr Risiko, ihr Tempo, ihre Verdichtung, ihre Koinzidenzen, ihre Potentialitäten, ihren »Asphalt«. Sie suchen keinen Ort für Zufälle.

Vom S-Bahnhof Grunewald nimmt man die Unterführung, um in die Siedlung Eichkamp zu kommen. Hier hat sich der Schriftsteller Arnold Zweig ein luftiges, weißes Atelier- oder Schreibgehäuse bauen lassen, er hatte schlechte Augen und brauchte viel helles Tageslicht. Ein Bauhaus-Bau, errichtet von dem jüdischen Architekten Harry Rosenthal. Arnold Zweig und Rosenthal flohen 1933 aus Deutschland. Die späteren Besitzer haben den kühnen Bau, der heute mit seinen großen Blendarkaden auf den Archiv-Bildern, aufbewahrt in der Akademie der Künste Berlin, wie ein Vorläufer von Richard Meiers Architektur aussieht, gründlich und spießig umgebaut, bis zur Unkenntlichkeit dem tausendjährigen Stilwillen unterworfen. Kürzlich war ich da. Die freundlichen Besitzer baten mich hinein, sie wußten, in wessen Haus sie wohnten. Ich konnte nicht umhin, sie zu fragen, seit wann das Haus in ihrem Besitz ist. 1977, war die Antwort, die mich erleichterte. Und sie wußten zu erzählen, daß ein »Fliegermajor« das Haus arisiert hatte.

Der Bahnhof Grunewald wirkt in seiner Jahrhundertwende-Freundlichkeit ganz und gar nicht großstädtisch, ein Biergärtchen rechts davor und eine Bäckerei. Doch die Gemütlichkeit hat Sprünge und Risse. Der Güterbahnhof Grunewald, gleich neben dem S-Bahnhof, wurde im Oktober 1941 Deportationsbahnhof. Hier wurden bis Februar 1945 50.000 Juden gesammelt und in die Züge getrieben, gestopft. Man kann sich die nächtlichen Scheinwerfer in der ruhigen, bürgerlichen Wohngegend vorstellen. Das Hundegebell, die gebrüllten Kommandos. Die überbreiten Bahnsteige sind vollständig erhalten, die Bahnwärter-Häuser, auch die Signal-Anlagen. Ein Kopfgleis, hier wird der Zug eingesetzt. Auch die überbreite Rampe in ihrer nüchternen, grasüberwachsenen Sachlichkeit ist erhalten. Man kann das alles bei einem Grunewald-Spaziergang am Sonntagnachmittag besichtigen, und viele Besucher tun es inzwischen. Eine Plakette ist am Bahnhof angebracht. Man hört viel Iwrit sprechen. Aufmarschgebiet, Abzählgebiet, Zusammentreibgebiet, Einschüchterungsgebiet. »Das Betreten der Gleisanlagen ist verboten«. Brandneu ist nur das blauumrahmte Schild in gut preußischem Neuschrift-Deutsch an einem der Häuschen: »Toilettenschlüssel beim Check in Point«. Die Rampe von Auschwitz-Birkenau sieht genauso aus wie die in Grunewald, auch ein Kopfgleis, hier endet der Zug. Zwei Bahnstationen auf einem Leidensweg. Zur einen Seite lappen die Gärten kleiner Villen der Trabener Straße (auch dies eine linksrheinische Reminiszenz) an das großräumige, gut einsehbare Bahngelände. Die Schlafzimmerfenster und die Kinderzimmer, wie es sich gehört, schauen in den Garten, schauten auf die langen Schlangen der Deportierten, wenn die Bewohner denn nicht wegschauten. In einem langen Tunnel unterquert man sicheren Fußes die Autobahn, auf ihrer anderen Seite läuft man ein Stück die Eichkampstraße entlang, biegt in den Maikäferpfad oder parallel dazu in den Kiefernweg. Idyllische Namen. In knapp sieben Minuten ist man vom Deportationsbahnhof zu Fuß an dem kleinen hübschen Haus, in dem Frau L. lebte, und umgekehrt vom Haus am Bahnhof. In diesem Haus im Eichkatzweg ist kein Stein auf dem anderen geblieben, doch eine Straße weiter, das Haus im Zikadenweg, wo sie nach dem Krieg wohnte, wirkt so verschlafen, als habe es nie einen Krieg, nie einen sehr langen Nachkrieg gegeben. Frau L. hat über die räumliche Nähe zu dem Ort des Grauens nie geschrieben. Frau K. hat davon nie erzählt, sie war abends im Schiller-Theater oder im Kino.

Wieder zu Hause, hatte ich das heftige Bedürfnis, einen Zirkel von sieben Minuten um meine Wohnung zu schlagen. Was sehe ich da, was will ich nicht sehen, was höre ich? Ein paar Häuser weiter in der Siedlung Eichkamp wirbt heute ein Schild: »Handzahme Schafe zu vermieten.« Ich rätselte, aufgewühlt vom vorher Gesehenen: Sollen die Schafe tageweise neben den Osterhasen stehen als Saisonarbeiter? Sollen sie vielleicht (alternativ) den Elektrorasenmäher ersetzen und dem Streichelbedürfnis der Kinder in der Siedlung Genüge tun? Handzahm war vieles gewesen auf der Rückseite der Verbrechen, als die Siedlung gebaut wurde. In der Nähe ist heute eine Schule für Gehörlose. Auf meinem Forschungsgang begleiteten mich gebärdende Kinder, deren Sprache kaum jemand versteht, verstehen will. Mein Außenseitertum unter ihnen schien mir passend.

Hier bin ich zurückgekehrt in die frühere Zeit, hier laufen die Züge ein Stück weit parallel. Es wäre ein Leichtes gewesen, wenn sich Frau L. und Frau K. am Sonntagmorgen getroffen hätten. Kirchgängerinnen waren sie beide, in der Hedwigs-Kathedrale zum Beispiel, bevor die große Kuppel brannte und hinunterstürzte. Dann trennen sich die Bilder wieder. Frau L., höchst angespannt hier, Frau K. dort, müßig, gedankenverloren, gefühlsverloren, horchend, was ihre Aufgabe im Leben sein könnte – außer eine gute Frau zu sein. Zweifellos, Frau K. war eine Leserin, aber erst als Frau L. eine erfolgreiche Schriftstellerin war, las Frau K. sie. Und ich lernte ein Gedicht von ihr in meinem Sexta-Lesebuch auswendig, leiernd vermutlich, seine Schönheit durch Angestrengtheit störend. So geht es häufig.

Frühling 1946

Holde Anemone,
Bist Du wieder da
Und erscheinst mit heller Krone
Mir Geschundenem zum Lohne
Wie Nausikaa?

Windbewegtes Bücken,
Woge, Schaum und Licht!
Ach, welch sphärisches Entzücken
Nahm dem staubgebeugten Rücken
Endlich sein Gewicht?

Aus dem Reich der Kröte
Steige ich empor,
Unterm Lid noch Plutons Röte
Und des Totenführers Flöte
Gräßlich noch im Ohr.

In der Druckfassung der Anthologie *De profundis* (1947), also dem Erstdruck, ist dieses Gedicht der Tochter Cordelia gewidmet, in der handschriftlichen Urfassung, die sich im Literaturarchiv Marbach befindet, fehlt die Widmung ebenso wie im Band *Gedichte* von 1959.

Meine parallel laufenden Züge entfernen sich wieder voneinander. Frau L. brauchte Hilfe in ihrer Überbelastung, Frau K. hatte Zeit und schöne Träume. Brauchen Sie Hilfe, Frau L.? Eine Sekretärin? Eine Kinderbetreuerin für ein paar Stunden? So läßt sich etwas erproben, nicht nur vom Muttersein träumen, das dann eine Zumutung wird, wie der ganze »verlorene« Krieg eine Zumutung ist. So verdruckst, so ärmlich hatte sie sich das nicht vorgestellt, als sie »ja« sagte, einen ordentlich auf Lebenszeit bestallten Ministerialbeamten des Dritten Reiches zu heiraten. Depressionen folgten, Krankheiten, sie hatte aufs falsche Pferd gesetzt (wenn dies nicht zynisch klänge), die Rechnungen gingen einfach nicht auf.

Jetzt fahren die beiden Züge wieder nebeneinander, man kann die Passagiere im jeweils anderen Zug sehen. In meinem Kopf legt die junge Frau K. die Kreuzsticharbeit mit den bunten Fäden nieder, nur zwei S-Bahn-Stationen und eine Welt dazwischen. Ich stelle mir vor, daß Frau K. Frau L. besucht. Nein, keine Verabredung am Telefon, sie kommt an Frau L.s Tür. Aber das Wort »Frauensolidarität« war noch nicht erfunden. Und ist im Nu ein Fremdwort geworden. Aber nicht nur deshalb stocke ich. Hätte Frau L. denn Frau K. vertrauen können? Hätte Frau K. überhaupt eine »Halbjüdin«, wie der widerwärtige Terminus hieß, besucht? Hat sie überhaupt vorher oder nachher jemanden gekannt, kennen wollen, ganz abstrakt, an dem ein solcher Terminus haftete? Ich hafte nicht für Frau K. Hätte Frau K. Frau L. ein wenig von ihrer Last tragen geholfen? Überhaupt geholfen? In ihren Erzählungen kamen solche mit diesem Stempel nicht vor, kam überhaupt vieles nicht vor. Und die insistierende Tochter hörte, was so viele Kinder und Jugendliche in den fünfziger, sechziger Jahren hörten, wovon ihnen die Ohren gellten. Man konnte doch nicht, man durfte doch nicht, man wäre doch gleich ins Gefängnis gekommen, das Wort »KZ« wurde vornehm vermieden, das verstehen Kinder nicht. Aber die Kinder ahnten, was in der Luft lag, witterten im Schweigen und Lippenschürzen das Verschweigen. Das machte sie hellhörig und mißtrauisch, erbarmenswürdig unbarmherzig.

Jetzt fahren die Züge in verschiedene Richtungen. Ein Zug ist abgefahren für immer. Als ich 1974 daranging, Elisabeth Langgässers Roman *Das unauslöschliche Siegel* neu herauszugeben und ein Nachwort zu schreiben: Wußte ich da, was ich tat? Ist zu rekonstruieren, warum ich es tat? Die Bitte war an mich herangetragen worden. Eines der wenigen Bücher, die im auferlegten Schweigen der Diktatur gegen alle Widerstände und Bedrohungen geschrieben worden waren, eines der wenigen, das da war, als man glaubte, nun öffneten sich die Schubladen und Sekretärfächer der vom Schreibverbot betroffenen Schriftsteller, die aus was für Gründen immer nicht in die Emigration gegangen waren. Nun, als die Beschämung ausgehalten werden mußte, daß zwölf Jahre Faschismus nicht nur ein Land und, seine mörderischen Kreise ziehend, einen ganzen Kontinent verwüstet hatten, sondern auch in den Köpfen jene Freiheit zunichte gemacht hatten, die die Bedingung für jegliche künstlerische Arbeit ist. Eine Freiheit, die man sich nehmen muß, die niemand verleiht. Also war alles noch viel schlimmer gewesen. Die Deutschen, die nichts gesehen und gehört hatten, die von nichts etwas wußten, hatten vor allen Dingen ihre eigene Blindheit nicht gesehen, ihre Wahrnehmungsschwäche, ihre Mitleidlosigkeit, ihre mangelnde Mitmenschlichkeit. Ich kannte den Titel *Das unauslöschliche Siegel* wie andere von Elisabeth Langgässer seit je. Mir waren die katechetischen Implikationen des Titels bekannt: daß es die christliche Taufe ist, die den Menschen ein unauslöschliches Siegel auf die Stirn drückt oder ein Brandzeichen, wie einem Tier in einer Herde, doch der Hirte ist abwesend.

Ich nahm diese Arbeit auf mich, als Frauen hier und dort sich eines abgebrochenen Vermächtnisses versicherten, als sie – einfach so, methodisch auf schwachen Füßen, aber mit einem langen, heißen Atem – sich daranmachten, schmerzhafte Lücken, die die Geschichte der Kunst und Literatur aufweist oder neu reißt, zu schließen. Es war die Zeit, als die junge Dramaturgin, die ich gewesen war, auf die wiederentdeckte Marieluise Fleißer zuging und sie um ein Interview bat, das dann zufällig das letzte wurde, das diese wunderbare Schriftstellerin geben konnte. Es war die Zeit, in der ich mir die Finger wund schrieb mit Briefen an die verschiedensten Adressen zwischen Köln und Bonn, an das Rheinische Landeskrankenhaus, damals gemeinhin noch eine Irrenanstalt genannt, auf der Suche nach Irmgard Keun, die in vollkommene Vergessenheit geraten war. Dann, als ich sie gefunden hatte in ihrem jammervollen Zustand, als ein paar Hilfsmaßnahmen in die Wege geleitet worden waren, als ich einen energischen Aufsatz über sie geschrieben hatte, noch einmal wund geschriebene Finger, um einen geeigneten Publikationsort für diesen Text zu finden, den mir dann glücklicherweise Nicolas Born im *Literaturmagazin* zur Verfügung stellte. Dagegen war die Vergegenwärtigung bei Elisabeth Langgässer leichter. Die postume Büchner-Preisträgerin des Jahres 1950 war von ihren Lesern überlebt worden, und dann waren diese Leser auch alt geworden. Elisabeth Langgässer war im Juli 1950 gestorben. Jüngere Leser hatten andere Lesetraditionen, auch andere Modelle von Welt. Es war ein Leichtes, daß die Lizenzabteilung des Luchterhand Verlages bei der Lizenzabteilung des Claassen Verlages die Taschenbuchrechte am *Unauslöschlichen Siegel* erwarb. Dies ging mit leis nüchterner, tüchtiger Betriebsamkeit vonstatten. Die Ausgabe erschien, hatte einen guten Überraschungseffekt. Die beiden Namen auf dem Titelblatt, so entfernt sie standen, so entfernt die literarischen Positionen waren, für die sie einstanden, ergaben offenbar einen Akkord, fremd gewiß, aber auch keinen Mißklang. Das Prinzip ließe sich als Patenschaft erklären, als ein Passepartout, das eine verschlossene Tür aufschließt. In einer anderen, erdigeren Metaphernwelt vielleicht als Pferd und Wagen. Etwas muß vom Fleck gezogen, ins Laufen gebracht werden, das feststeht in einer gesicherten Tradition, die abgebrochen ist – auch das ist gesichert oder, wie es im Roman *Märkische Argonautenfahrt* aus dem Blickwinkel des russischen Kommandanten, der die in einem Nonnenkloster untergestellten feudalen Gegenstände betrachtet, heißt: »Was das geblendete Auge des russischen Kommandanten in raschem Lidschlag aufgefaßt hatte, war seiner Erfahrung, aber vor allem seinem Werturteil vollkommen inkongruent; es war so abendländisch im Guten wie auch im Bösen gewesen, daß sich nichts anderes anmelden wollte als leise Verlegenheit.« Die Chiffren aus der antiken Mythologie, die Gewißheit, Antike und Christentum unmittelbar verknüpfen zu können, zu dürfen, in scholastischer, ja augustinischer Tradition, die Camouflage der Not, keine Sklavensprache sprechen zu wollen und dafür eine Sprache der klassischen Bildung zu benutzen, ist abgerissen. Die Umschlaggeschwindigkeit der Wissensgüter, auch des verfügbaren Wissens ist rasant gewachsen. Bruchlinien zwischen den Kulturen machen sich keineswegs nur an Grenzen, Kontinenten, Herkünften fest, sie verlaufen quer in den Gesellschaften, ja in uns selbst, zerreißend manchmal. Konkurrierende Muster sind an die Stelle von historisch gewachsenen Übereinkünften getreten, und diese Muster sind erkennbar in der zu lernenden Zeichensprache der mühsam ausgehandelten Kompromisse überall dort, wo Menschen mit verschiedenen Wertvorstellungen und Traditionen nebeneinander, miteinander leben.

»Denn wir sind ja aus ›Südwestdeutschland‹ – ich selbst, genauer gesagt: aus Mainz –«, schreibt Elisabeth Langgässer 1942 einem auf Kreta stationierten soldatischen Leser, der sich während der Lektüre in sie verliebt hat; das kommt vor: »und leben hier im Nordosten seit zwölf Jahren in der ›Verbannung‹. Oder ist das eine Erde, vielmehr ein bewohnbares Land, das nicht einen einzigen Schaufelstich antiken Boden, überhaupt Kulturboden in sich hat?« Abgerissen ist auch die Gewißheit, daß die Götter- und Mythenbilder der Antike in gegenwärtiges Denken zu übertragen sind, daß sie einen Klang, eine Vorstellung wecken und dann an eine Begrifflichkeit rühren, die nicht aus dem Lexikon der Antike geklaubt ist. Das Ineinanderfallen des monotheistischen Erbes und des hellenistischen Logos ist ja so selbstverständlich nicht, wie es Elisabeth Langgässer annahm. Es ergab sich, daß ich, kurz bevor ich die antiquarisch erstandenen Langgässer-Ausgaben wieder hervorholte, das Tagebuch eines Studenten gelesen hatte, der, in einem liberalen Berliner Haus aufgewachsen, nur ein Jahr älter als Elisabeth Langgässer war. Lesend, nachdenkend erarbeitete er sich als junger Mensch das Judentum neu, was ihn charismatisch vereinzelte im Kameradenkreis, doch seinen Intellekt schärfte – und beten lernte er auch dabei, fast wider Willen. Es war Gershom Scholem, der damals noch Gerhard Scholem hieß. Das Judentum als eine Quelle zu entdecken und nicht als Belästigung des weiten osteuropäischen menschenreichen Raumes, der in den west- und mitteleuropäischen einsickert und ihn verwandelt, wie es der politische Antisemitismus seit dem 19. Jahrhundert nahelegte – darin war in nuce eine Revolution, eine Kraft enthalten, die im Physischen und Metaphysischen Auschwitz überlebte. Ein Judentum als Denkkonzeption, als eine Religion der Verschriftlichung. Das politische Konzept, das zur gleichen Zeit Zionismus hieß, die Begründung eines Anspruchs auf Palästina, dieses Konzept und der Glaube an seine praktische Verwirklichung mit eigenen, sich in die Erde grabenden Händen ging spurlos an Elisabeth Langgässer vorüber, obwohl sie persönlich mit Emanuel bin Gorion befreundet war, dem Mitherausgeber des *Philo-Lexikon*, das zwischen 1934 und 1937 in mehreren Auflagen das Unbegriffene am Judentum in Begrifflichkeiten ordnete. Seit Ende der zwanziger Jahre gab es in den märkischen Wäldern um Berlin kleine Kolonien, Zeltlager junger Juden, die den Härtefall probten, der eintrat. Sie lebten zusammen im Sand, jenseits der familiären Bindungen, und übten, eine Wüste fruchtbar zu machen. Elisabeth Langgässer nahm das mögliche Erbe des früh verstorbenen jüdischen Vaters nicht an. Er ließ sich taufen und heiratete eine Katholikin. Das Judentum blieb für sie eine Frage des Blutes, der Rasse, und wurde später in der Ausgrenzung »jüdisches Schicksal« genannt. So abendländisch im Guten wie auch im Bösen, in der Begrenzung, auch Beschränkung, die den Blick wie an den Domtüren auf Ecclesia und Synagoge lenkte, ein Blick aus der Tiefe des Mittelalters. Ausgeblendet wurde damit die Amalgamierung des Antiken, Jüdischen, Christlichen, später Islamischen im ganzen Mittelmeerraum bis zur Vertreibung der Juden aus Spanien durch die katholischen Majestäten. So blieb das unbegriffene Judentum eine Herkunft ohne Zukunft, eine Fremdheit, die erst die Tochter Cordelia, in die Fremde von Theresienstadt und Auschwitz gestoßen, aufnahm.

Lesen, immer wieder lesen. Jeder Autor schreibt gegen seine Bibliothek an, adversativ oder affirmativ. Alles zu Schreibende geht auf Er-Lesenes zurück. Nur so schreibt sich ein großes Buch, der Korpus der Literatur, weiter. Eine paraphrasierende, rekapitulierende, kritisierende, variierende, sich in Segmenten ablagernde Um- und Nachschrift, Auf- und Niederschrift.

Ich kannte die weinseligen Städtchen, die großmächtigen und fein gegliederten Weinanbauflächen an den Flußläufen, die Dörfer, in denen der Geruch, der Geschmack der Gärung so heftig, so wild in den Gassen hängt, daß er ein Kind schon am Morgen erregt, betäubt. Das Glück der Einkehr auf Spaziergängen, den Ruck, der durch die Nervenzellen fährt bei dem ersten Glas Wein. Die strenge Geometrie der Hügel mit Weinstöcken, am schönsten, wenn Puderzuckerschnee sie überstäubt. Die milchigen Schieferdächer, behäbig schlafende Elefantenkühe, die Bruchsteinmäuerchen zwischen den Weinbergpfaden. Anna Seghers, nahezu gleich alt wie Elisabeth Langgässer, hat dieser Landschaft das Paradigmatische entnommen, Langgässer das Singuläre. Meine Ausflüge reichten jedoch nicht mehr ins Ried, an die totbegradigten Arme des Altrheins. Die Pappeln, Weiden, die Dörfer hinter den strengen Hoftoren verschlossen, Pendlerdörfer, tagsüber verwaist, niedergemacht vom Gestaltungstrieb, der aus reifen Bausparverträgen wuchert. Biblis strahlte, eine strenge Kuppel, von weitem zu sehen. Wir sahen es eher als eine Gedenk-Kathedrale eines unwegsamen Fortschritts. Meine Freundinnen wollten in dieser Gegend nicht ihre Kinderwagen und ihre Fahrräder schieben, mit guten Gründen. Ich hatte nichts zu schieben, aber einen nachdenklichen Kopf auf den Schultern zu tragen, der auch im Odenwald oder im Westerwald gelüftet werden konnte. Der Freund einer meiner Freundinnen war Kälte-Ingenieur, und er erklärte uns mit messerscharfer Logik, was bei einem eventuellen Störfall die Kühlleistung bewirkte, um den Reaktor zu retten – nach dem damaligen Forschungsstand ein Leichtes. Der Rhein war so nah. Das Wasserreservoir für den Notfall, an temporäres Fischsterben und die Wiederauferstehung der Schwärme waren wir gewöhnt. Die Erwärmung des Flusses, die Vergiftung der Atmosphäre, der jederzeit mögliche Hitzeschild drang in unseren Sonntagsspaziergang, erhitzte unsere Diskussionen übermäßig rabulistisch, bis die Kinder schläfrig wurden und uns, dem Spezialisten für Kühltechnik und den mißtrauischen Nichtingenieuren, die Argumente ausgingen auf den holprigen Wegen. Eisgekühltes Schweigen, ein niedrig gehängter Himmel, Tableau.

Bei Elisabeth Langgässer kommt etwas ins Blickfeld, das in einem anderen Kontext vielleicht weniger provozierend gewesen wäre: Ich meine den Aspekt der Gotteskindschaft, die Unerbittlichkeit einer Heilsgewißheit, die das von Menschen begangene Unrecht mit einschließt. Herr Belfontaine aus dem Roman *Das unauslöschliche Siegel* beklagt sich beim Pfarrer, daß er in den Glauben hinuntergestoßen worden sei »wie ein zu ersäufendes Tier«. Der Gottesvorstellung Elisabeth Langgässers fehlt Güte, fehlt das Quentchen Trost, das die Mühseligen und Beladenen sich gerne abholen, fehlt die Traulichkeit der Riten, in die der Gläubige eintaucht, bis er wieder Land sieht in seiner Gottesbeziehung oder einen von Menschenhand ausgeworfenen Rettungsring. Vielleicht – aber um dies nachzuprüfen, reicht mein religionswissenschaftliches Rüstzeug nicht – ist die Gottesvorstellung doch insgeheim im Bunde mit dem Alten Testament, mit einem Gott, der plötzlich aus einem Dornbusch donnernd spricht. »Wie ein zu ersäufendes Tier« – Mut machend, glückverheißend, gar missionarisch eifernd ist diese Gottesvorstellung nicht. Die Autorin wirbt nicht für diesen Glauben. (Wie jede Gewißheit dem Poetischen schädlich ist. Die Gewißheit einer Erkenntnis, die Gewißheit, eine Form gefunden zu haben und den Gegenständen überstülpen zu können, wie die Gewißheit, etwas zu wissen und mitteilen zu können, so schmerzlich das ist. Punktum.)

Nicht die Knechte im Weinberg, die den ganzen Tag schuften, liebt Elisabeth Langgässer, sondern die Vögel des Himmels: Sie säen nicht, sie ernten nicht, und der himmlische Vater ernährt sie doch. Er gießt bei der Langgässer im letzten Akt der menschlichen Libretti dramatisch einen Gnadenstrom über den, der sein Wohlgefallen erregt. Nach ausgleichender Gerechtigkeit wird nicht gefragt. Eine exaltierte, nichts exkulpierende Gnadenlehre also. Wer, wie der polnische Philosoph Leszek Kołakowski sagt, »aus Gott einen launischen Tyrannen macht, der über die ewige Erlösung oder Verdammung des Menschen nach unbegreiflichen Prinzipien entscheidet, die mit unseren Anstrengungen nichts zu tun haben«, hat wohl Grund, an dem, was wir Humanum nennen mögen, was wir aber eher als eine Interaktion zwischen Menschen beschreiben müßten, zu zweifeln.

Nichts ist Elisabeth Langgässer fremder als eine vertrauensvolle Gotteskindschaft. Das Geschöpf, das sich in

Gottes Hand gibt, das den alten Vatergott am Bart zaust – eine mögliche Variante, mit dem Körper des Vaters zu spielen: Sie würde sich intellektuell von ihm distanzieren. So hält sie es mit dem patriarchalen Gottesbild, doch sie füllt es nicht aus. Die Schöpfung in ihrem Roman harrt der Erlösung, es ist ein Noch-nicht-Sein im Gegensatz zu einem Nicht-Sein im ontologischen Denken. »›Das Nichts ist der Gegenpol zur Gnade, in die es umschlagen kann‹, erläutert Herr Chamant. […] ›Sie braucht Leere. Die sprachlose, reine, vollkommene tiefe Leere.‹« Im Epilog des Romans wird der Begriff der Leere noch einmal radikalisiert »als Zustand der stattgehabten Entleerung«: An den heißen, stillen Mittagen, wenn die Panflöte ruft, vollzieht die Natur förmlich Sprünge aus dem matriarchalen sinnenhaften Urbild in ein Bild, das den Schöpfergott voraussetzt. »Die Luftströme, die einander durchdringen und launische Wirbel bilden, und der taumelnde blinde Anflug der Bienen zu tausend Blütenschößen, die sie, ohne es zu wissen, befruchten müssen, weil die große Mutter es will […], als ob mit dem Frühling ein anderes Wesen, das nicht ›Natur‹ hieß, nicht ›Schöpferkraft‹ oder ›Erneuerung‹, schlechthin nach seinem Wesen suchte.« Kein Zweifel, daß da in einem Gespräch zwischen Belfontaine und dem gebildeten Küster das Pauluswort von der Natur, die immer noch in den Wehen liege und um Erlösung bitte, nicht fern ist. Mutter Natur wird dem Vatergott überantwortet, ausgeliefert. Das Fruchtbare, Schwüle, Schwärende, Faulige, das Staunenswerte des Naturkreislaufes wird erhöht. So ist der Küster, der nicht Priester werden konnte, zumindest Gärtner geworden.

Zu fragen ist auch, vorsichtig und ganz ohne literaturwissenschaftliches und theologisches Netz, nach den historischen und sozialen Implikationen der plötzlich aufflackernden Gläubigkeit in der letzten Phase des Dritten Reiches und in den ersten Jahren der Bundesrepublik. Dies sind materialistische Fragestellungen, die für die Annäherung an das christliche Mittelalter selbstverständlich, für diese Zeit jedoch kaum gestellt worden sind. Not lehrt ja nicht nur beten, wie der Volksmund vollmundig meint, sie lehrt auch dankbar zu sein für menschliche Handreichungen. Die Deutschen haben ihre Befreier vom Faschismus vorwiegend als Besatzer gesehen und tituliert.

Was für ein Gottesbegriff nach Auschwitz denkbar, möglich wäre, darüber hat der Philosoph Hans Jonas – angelehnt an Gershom Scholem – auf leise Weise öffentlich nachgedacht. Er spricht »von einem Schicksal Gottes, dem er sich mit der Weltwerdung unterzog«. Ein Gott, der seine Allmacht aufgegeben hat, der in den Menschen leidet, nicht in der Fleisch gewordenen Existenz schon für sie gelitten hat und Nachfolge verlangt, wie es das Christentum nahelegt. Denn wenn auch der einzelne Mensch sein Kreuz auf sich zu nehmen hätte, dann hieße dieses Kreuz für sechs Millionen Menschen eben »Auschwitz«. So könnte man die Erstarrung, die Kälte des Nicht-Trauern-Könnens und Nicht-Hinsehen-Wollens interpretieren. Aber wer bürdet die Last auf? Wohin kann der einzelne seine Hoffnungen und seine Vernichtung von Hoffnung werfen? Die existenziellen Interessen suchten »Schutz beim Herkömmlichen und Gewesenen«, wie Adorno es in seinem Aufsatz *Auferstehung der Kultur in Deutschland* beschreibt.

Die Opfer verstummten in der sie umgebenden Geschäftigkeit, die Täter hatten Grund zu schweigen, die Wegseher sahen weiter weg. Gershom Scholem ist in Jerusalem ein Weiser geworden. Arnold Zweig ist 1948 aus Haifa nach Berlin zurückgekommen, in den Ostteil der Stadt, in den man ihn gerufen hatte, als eine Repräsentationsfigur. Sein ehemals schönes Arbeitshaus war verbiedert, er nahezu blind. In einem Brief an Wilhelm Lehmann vom 10. Dezember 1945 ordnete Elisabeth Langgässer Arnold Zweig in den »Gespensterreigen von 1928 (etwa)«, der das »geistige Leben« anführt: Brecht, Toller, Tucholsky, Zweig, Becher. Zwei aus dem »Gespensterreigen« haben sich in der Emigration das Leben genommen. Die moralische Kraft dieser Freitode in der klirrenden Einsamkeit der ausgesetzten Sprache wurde erst später erkannt. Der Bahnhof Grunewald wurde wieder eine ganz normale S-Bahn-Station. Der Güterbahnhof brummt. Von hier aus ist wohl auch der Transport jüdischer Rüstungsarbeiter Ende Februar oder Anfang März 1943 abgegangen, die letzte Spur der Dichterin Gertrud Kolmar. Als ihr Schwager, der ihre Manuskripte gerettet hatte, 1947 den Verteilerzettel für die Lese- und Rezensionsexemplare des Bandes *Welten* schrieb, stand auch Elisabeth Langgässer auf seiner Liste. Emphatisch begrüßte sie den Band und schrieb an bin Gurion nach Palästina: »Habt Ihr eigentlich die jüdische Lyrikerin Gertrud Kolmar gekannt? *Sehr* begabt. Ist auch irgendwo im Osten spurlos untergegangen. [...] *Schöne* Sachen – und welches Schicksal! Ach.«

Vielleicht ist dieses sprachlose »Ach« wirklicher als die Umschreibung des Berichts, den die Tochter Cordelia der Mutter über Auschwitz gab und den die Tochter so schmerzhaft zurechtzurücken gezwungen war – nach 40 Jahren.

Heute möchte ich Elisabeth Langgässer in Kontexten lesen. Neben ihre Tierkreisgedichte möchte ich Gertrud Kolmars *Die Frau und die Tiere* legen, neben *Grenze: Besetztes Gebiet* Marieluise Fleißers *Pioniere in Ingolstadt*, neben *Märkische Argonautenfahrt* eine ganze Reihe von Group Novels, Parallelführungen von Personen- und Handlungssträngen, die alle in polyphoner Ordnung auf ein einziges Ziel zusteuern. Neben der Erzählung *Der Schulausflug* Anna Seghers' *Der Ausflug der toten Mädchen* lesen. Lesen, immer wieder. Warum tut die Person dies? Hat sie nicht mit ihren eigenen Gedichten, mit ihrer langwierig fortgetriebenen Prosa genug zu tun, muß sie sich nicht in die Gegenwart werfen? Ja, sie hat zu tun, genug. Doch es gibt eine zweite Schicht, Schicht im doppelten Sinne, im Temporären als Wochenend- oder Nachtschicht, und Schicht im morphologischen Sinne als eine Felsader im Grund, eine innere Verwerfung. Ein Erdzeitalter ragt in das andere. Man muß es untersuchen und die Stücke vergleichen mit anderen. Das Lesen unterspült das Schreiben. Manchmal hat das eine mit dem anderen gar nichts zu tun, reißt es schier weg. Ein anderes Mal vertraut sich das Schreiben dem Lesen an, mündet in es ein, so daß das Gelesene wie Geschriebenes wird und Geschriebenes so fremd wie Gelesenes in einem gestern aus dem Regal genommenen Buch. Ich verdanke Elisabeth Langgässer, daß ich, indem ich sie las, mich wieder und wieder mit einigen Bedingungen meines Schreibens auseinandersetzte, die mich von ihr trennen.

Elisabeth Langgässer: Das unauslöschliche Siegel. Roman. Hamburg 1946.
Elisabeth Langgässer: Frühling 1946. In: De profundis. Deutsche Lyrik in dieser Zeit. Eine Anthologie aus zwölf Jahren. Hrsg. von Gunter Groll. München 1947.
Elisabeth Langgässer: Märkische Argonautenfahrt. Roman. Hamburg 1950.
Elisabeth Langgässer: »... soviel berauschende Vergänglichkeit«. Briefe 1926–1950. Hamburg 1954.
Elisabeth Langgässer: Gedichte. Hamburg 1959.
Elisabeth Langgässer: Das Christliche der christlichen Dichtung. Vorträge und Briefe. Olten/Freiburg 1961.
Elisabeth Langgässer: Grenze: Besetztes Gebiet. Ballade eines Landes. Mit einem Nachwort von Anthony W. Riley. Olten 1983.

Theodor W. Adorno: Auferstehung der Kultur in Deutschland. In: Frankfurter Hefte. Zeitschrift für Kultur und Politik. 5. Jg. H. 5. Mai 1950. S. 469–476.
Cordelia Edvardson: Gebranntes Kind sucht das Feuer. Roman. München und Wien 1986.
Hans Jonas: Der Gottesbegriff nach Auschwitz. Eine jüdische Stimme. Frankfurt am Main 1987.
Leszek Kołakowski: Falls es keinen Gott gibt. München 1982.
Ursula Krechel: Ein Kosmos, durch die Gartenpforte zu betreten. In: U. K.: Mit dem Körper des Vaters spielen. Essays. Frankfurt am Main 1992.
Gershom Scholem: Von Berlin nach Jerusalem. Jugenderinnerungen. Frankfurt am Main 1977.
Gershom Scholem: Tagebücher 1913–1917. Frankfurt am Main 1995.

»In hartes Grau verwandelt ist das Grün«: RUTH LANDSHOFF-YORCK

Es gibt eine jugendliche androgyne Schönheit, die Menschen jeden Geschlechts und Alters anzieht; sie ist wie ein Versprechen. Der mädchenhafte Knabe: das knabenhafte Mädchen. Gleichzeitig weckt sie die Vorstellung von einer Person des anderen Geschlechts. Und es gibt die Moden der Travestie, ein Kokettieren mit den Geschlechterrollen sowie die bewußte Überschreitung der jeweils zeitgenössischen kulturellen Normen. In der erotischen Vorstellung ist die Potentialität häufig stärker als das Einzulösende. Das Einzulösende ist schon Versprechen gewesen, ist in der Gegenwart schon zukünftige Vergangenheit. Aber das Flirrende, Ungewisse... Ein Reiz, der flüchtig ist, aber intensiv. Photographen haben sich diesem Reiz stets geöffnet, ihn für eine Dauer festgehalten. Ruth Landshoff-Yorck ist eine solche anziehende Gestalt, vielfach photographiert, kein Objekt für die Kamera, sondern ein Subjekt, das Mut zur verstörenden Nähe des Objektivs hat.

Ein Photo. Da lehnt sie zwischen zwei hoch aufgerichteten Kissen. Die Weichheit der Kissen läßt die Züge, den Mädchenkörper noch straffer, noch strenger erscheinen. Sie sieht ernst und bleich in die Kamera, fast hochmütig. Sie hat es nicht nötig, sich photographieren zu lassen. Sie läßt zu, daß sie photographiert wird, von wem immer. Dunkel und lockig der Bubikopf. Das Kleid der Abgebildeten ist orientalisch gemustert, hochgeschlossen am Hals, doch läßt es die Achseln und ein Stück unter den Achseln frei bis zum Brustansatz, der sich nur erahnen läßt. Ihre rechte Hand ist offen, eine gewölbte Schale. Eine Hand, die nehmen kann, die geben kann. Umbo, ein Pionier der neuen Photographie, arbeitet mit Großaufnahmen und ungewöhnlichen Bildausschnitten, Anschnitten in strengen Kontrasten. Ungewöhnlich großflächige, abstrakte Formwirkungen traten an die Stelle eines dem Detail verpflichteten Realismus in der Nahaufnahme. Die Photographin Marianne Breslauer, auch bekannt unter ihrem Ehenamen Marianne Feilchenfeldt, erinnert sich an Ruth Landshoff: »Rut ging mit meiner älteren Schwester in die Klasse, und ich kannte sie schon als Mädchen, als sie von geradezu berückender Schönheit war. Ich glaube, dass der Höhepunkt ihrer Schönheit zwischen 16 und 18 lag. Da fing auch ihr Ruhm in Berlin an.« Ruth Landshoff-Yorck erfuhr frühe Förderung, Tanz- und Ballettunterricht waren selbstverständlich, sie schrieb und pflegte zahllose Freundschaften. Sie wuchs mit zwei Brüdern in Berlin-Karlshorst auf, später zog die Familie in die Lützowstraße – in den Berliner Westen. Noch im Lyzeum entdeckte sie F. W. Murnau für seinen Film *Nosferatu*. Sie spielt das schöne Opfer des Vampirs. Die Opferrolle ist ihr ganz und gar nicht auf den Leib geschrieben. Oskar Kokoschka hat das kleine Mädchen, aus dem die Schriftstellerin Ruth Landshoff-Yorck wurde, lithographiert: ein dunkler, kräftiger Bubikopf im Halbprofil, kräftige Augenbrauen in einer schönen Wölbung und ein großer, trotziger, leicht geöffneter Mund.

Sie zieht Projektionen auf sich und spiegelt sie nicht zurück. Sie wirbelt im Rausch der zwanziger Jahre, in der überhitzten Konjunktur, im Flitter. Sie ist wie Erika Mann, wie Annemarie Schwarzenbach eine begeisterte frühe Autofahrerin. Carl Sternheims Tochter, im Familienjargon Mopsa genannt, vergöttert Ruth Landshoff-Yorck und bezeichnet das zeitweilige Zusammenleben mit ihr eine »Ehe«, sehr zum Leidwesen ihrer damals noch streng katholischen Mutter Thea Sternheim, wie man ihrem Tagebuch entnehmen kann. Die Lebensweise ist instabil, die Körper geraten in Bewegung, die Geschlechterrollen werden mobil, der neusachliche Jargon mit seinen schnellen Vernetzungen steht hoch im Kurs. Die voluminösen Einrichtungen sind démodée, die langen Haare fallen – wie die Illusionen, die Körper erschlanken, werden sportlich gestählt. Die junge Schriftstellerin legt das End-H ihres Vornamens ab, ein überflüssiger Schnörkel. Einer großstädtisch geprägten jungen Generation steht eine Welt offen, die sich in Berlin zu fokussieren scheint.

Das wehrhafte Mädchen. Konventionen kennt es nicht. Geboren wird die Schriftstellerin Ruth Landshoff-Yorck als Ruth Levy am 7. Januar 1904. Ihre Mutter ist Opernsängerin, ihr Vater Ingenieur. Im Haus ihres Onkels, des Verlegers Samuel Fischer, lernt sie früh Intellektuelle und Künstler kennen, auch Thomas Mann und Gerhart Hauptmann. »Ein Onkel, den man häufig sieht, ist selbstverständlich wie ein Baum im Garten«, schreibt sie ohne Scheu vor dem Denkmal der Verlagsgeschichte. Und: »Wir wurden früh an Berühmtheit gewöhnt. Berühmt sein war einfach eine Eigenschaft, wie nett und klug, und eine Tatsache, die nichts an unserem Benehmen änderte. Vor berühmten Toten wie Goethe und Beethoven hatte man Ehrfurcht. Vor berühmten Lebenden nicht.« In sozialen Hierarchien zu denken, ist ihr grundsätzlich fremd. Ihr Cousin ist der spätere Exil-Verleger Fritz Landshoff. Bereits als junges Mädchen nimmt sie den Namen ihrer Mutter an. Man kann diese Geste auf zweierlei Art interpretieren: als einen Akt der Abweisung des erkennbar jüdischen Namens (wie Rahel Levin durch Eheschließung den Namen Rahel Varnhagen annahm) oder als eine erklärte Indienstnahme einer mütterlichen, matrilinearen Tradition. In ihrer unvollendet gebliebenen Autobiographie schreibt sie:

»Ich war bestimmt ein glückliches Kind. [...] Ich war übermäßig stolz auf dreierlei: Jüdin zu sein, Deutsche zu sein, Berlinerin zu sein. All das war später eher ein Nachteil.«

Vorerst sind die Vorteile ganz auf ihrer Seite, alles fliegt ihr zu, der Kreis der Berliner Bohème mit seinen wilden Kindern nimmt sie mit ihrem angeborenen androgynen Adel auf Anhieb auf. Die Jugendkultur wirbelt. Hochkultur und Alltagskultur sind im Berlin der zwanziger Jahre untrennbar verschränkt. Das Berlin jener Jahre hat einen unverkennbaren Typus von Frauen hervorgebracht, dem Franz Hessel in *Spazieren in Berlin* von 1929 ein luftiges Denkmal setzt. »Noch ist Berlin, vom Standpunkt der Gesellschaft aus betrachtet, klein und die Eleganz der Dame ein Produkt aus zweiter Hand. Aber schon kommt ein neuer Frauentyp auf, der den Sieg davonträgt über die, deren Schneider und Putzmacherin am Tiergarten wohnen, die junge Avant-Garde, die Nachkriegsberlinerin. Um 1910 müssen ein paar besonders gute Jahrgänge gewesen sein. Sie haben Mädchen hervorgebracht mit leicht athletischen Schultern. Sie gehen so hübsch in ihren Kleidern ohne Gewicht, herrlich ist ihre Haut, die von der Schminke wie erleuchtet scheint, erfrischend das Lachen um die gesunden Zähne und die Selbstsicherheit, mit der sie paarweise durch das nachmittägliche Gewühl der Tauentzienstraße und des Kurfürstendamms treiben; nein, treiben ist nicht das richtige Wort. Sie machen ›*crawl*‹, wenn die anderen Brustschwimmen machen. Scharf und glatt steuern sie an die Schaufenster heran.«

Ruth Landshoff-Yorck ist eine Pionierin dieses Typus, und Franz Hessel, ein offenkundiger Bewunderer, sucht ihre Nähe und läßt sich gerne von den jungen Autofahrerinnen chauffieren. Im Dezember 1930 hat Ruth Landshoff, wie sie es ausdrückt, »nur Liebe [empfunden], als ich einen Jungen heiratete, der einen historischen Namen trug«: Es ist Graf Friedrich David Yorck von Wartenburg. Mit ihm reist sie viel, zu der angebeteten Fürstin Polignac, zu Karl Vollmoeller, der ein Haus in Venedig besitzt. Die Ehe mit dem Grafen Yorck wird 1937 geschieden.

Eine weitere Projektion. Im Tagebuch von Klaus Mann findet sich am 31. März 1932 die Stelle: »Geträumt, dass Ruth Landshoff feierlich hingerichtet würde – oder wegen unheilbarer Krankheit den Giftbecher trinken musste – während ihr Grab daneben hergerichtet wurde. Ich stand ihr bei und sollte dann Sohni trösten.« Sohni ist vermutlich der Ehemann, die Bezeichnung läßt auf ein Beziehungsgefälle schließen. Auffällig an dieser Eintragung sind auch zwei verräterische Silben: hin und her, »hingerichtet« und »hergerichtet«. Hin und her und rundherum und tollkühn durcheinander, hingezogen und abgestoßen: so ist die zentripetale Berliner Avantgarde dieser Jahre.

Ruth Landshoff-Yorck beginnt, für Zeitschriften zu schreiben, für *Die Dame*, den *Querschnitt*, für *Tempo*. Sie veröffentlicht in einem bibliophilen Druck einen ersten Gedichtband mit etwas zittrigen, zaghaften Zeichnungen. Er ist auf der Rückseite der kühlen Eleganz, der klugen Beherrschtheit, auf dem Antipoden-Kontinent der Verletzbarkeit angesiedelt. Der Band ist in 100 Exemplaren aufgelegt und optisch ausgesprochen schön gestaltet, elfenbein und mintgrün, eine schlanke, zeitgenössische Schrifttype.

»Für Lally Rut« – lautet die schnörkellose Widmung in einer kräftigen Schrift mit Blaustift in meinem Exemplar Nr. 45.

nördlich

die wiesen wölben sich nicht mehr so sacht
stolz trägt kein spitzer berg mehr hohe säulen
und nirgends schmaler bäume armen schatten
(auf trocknem gras verzittert nicht die luft)

am rand der flüsse träumt kein dunkler garten
mit straffen wipfeln um ein weißes haus
kein roter sonnenstrahl fängt sich im glanz
(der hohen fenster und verschlungenen gitter)

in hartes grau verwandelt ist das grün
der weichen hänge an den berg geschmiegt
kein turm bewacht den rand des horizonts
(emporgereckt in fließend süße weite)

im rücken bleicht mir das verlassene land
und blauer kummer trägt sich nicht so leicht
wie leichtes blau des himmels den ich ließ

Äußerst melodisch und melancholisch wirkt diese nördliche Landschaft aus Formen und Farben. Sie bleibt eine Abstraktion. Das verlassene Land in diesem Gedicht: Es klingt heute wie eine Vorahnung des künftigen Lebens. Lauter Verneinungen, »nicht mehr«, »nirgends«, »keiner«. Die offene Form ist so gegliedert, daß der Hörer, der Leser den Reim erwartet, aber er bleibt aus. Das Gedicht steht in der besten Tradition des Naturgedichtes – und ist doch, architektonisch gesehen, nahezu »kubisch« mit Säulen, einem spitzen Berg, dem weißen Haus. Eine zweite, gestaltete, kalte Natur. L'ordre froid, wie man in Frankreich die Neue Sachlichkeit nennt. Der Begriff wird zuerst 1925 von Gustav Friedrich Hartlaub in den deutschen Sprachraum übertragen; er initiierte eine Ausstellung gleichen Namens in Mannheim.

Sie schreibt einen kleinen eleganten Roman mit französischen Einsprengseln: *Die Vielen und der Eine*, eine Episode unter Oxford-Studenten und mit New Yorker Sehnsuchtsphantasien, angesiedelt zwischen reichen, spleenigen Leuten und schrägen Vögeln. Der Roman taucht tief in die männliche homosexuelle Szene. Der Rowohlt Verlag bringt ihn 1930 heraus, die Umschlagzeichnung – ein nackter, schlanker Mädchenkörper und ein sehr behaarter Hund – ist vermutlich wieder von der Hand der Autorin. Annette Kolb bemerkt weise anläßlich seines Erscheinens in der *Literarischen Welt*: »[...] sie hat eine große und liebenswürdige Eigenschaft, sie schreibt nicht langweilig. Aber sie hat einen weiten Weg und wird sich gehörig entsnoben müssen.«

Fast gleichzeitig veröffentlichen die Geschwister Erika und Klaus Mann ein kleines Buch: *Das Buch von der Riviera – Was nicht im Baedeker steht*. Die mit ihnen eng befreundete Annemarie Schwarzenbach reist in den Orient und schreibt darüber. Ruth Landshoff-Yorck wagt es, die Welt von einem Aeroplan aus literarisch zu betrachten. Ihre Heldin bekundet: »Ich werde nie wieder zu Fuß gehen. Von aller Luft getragen zu werden, ist viel sicherer als von nur zwei dünnen Beinen.«

Rasch entsteht ein weiterer Roman, mondän und gleichzeitig verdüstert; er hat eine reale Person zur Vorlage, Lena Amsel, eine junge Tänzerin, die 1929 bei einem Autounfall zu Tode kommt. Der Roman *Leben einer Tänzerin* sollte 1933 bei Rowohlt erscheinen, betreut von Franz Hessel. Ruth Landshoff-Yorck hat die Fahnen in ihre Emigration mitgenommen; die Machtübernahme der Nationalsozialisten hat sein Erscheinen verhindert. Auch Annemarie Schwarzenbach macht den tragischen Tod dieser lebensdurstigen Tänzerin zum Stoff einer Erzählung: sie heißt *Pariser Novelle.* Unveröffentlicht geblieben ist auch Ruth Landshoff-Yorcks kleiner gutgelaunter Roman *Die Schatzsucher von Venedig*, zu Landshoff-Yorcks 100. Geburtstag sind beide Bücher im Aviva Verlag erschienen. Es ist zu vermuten, daß der Rowohlt Verlag mit der munteren, produktiven Ruth Landshoff-Yorck eine jüngere, temporeichere Unterhaltungsschriftstellerin aufbauen wollte, eine Alternative zu der höchst erfolgreichen Vicki Baum im Ullstein Verlag. »Aber es machte dann doch Spaß, mit Vicky [sic!] Baum zu konkurrieren«, äußerte sich Ruth Landshoff-Yorck.

Dann ist das Reisen, das eine Freiheit, eine luftige nomadisierende Lebensform war, solange es den Massentourismus noch nicht gab, eine Notwendigkeit geworden. Die eleganten jungen, lebenslustigen Menschen sind nahezu alle Antifaschisten der ersten Stunde. Nichts hält sie in einem Deutschland, das ihre offene Lebensweise verhöhnt, vernichtet. Das »Entsnoben«, das Annette Kolb so dringlich anmahnte, erledigt die Geschichte.

Ruth Landshoff hält sich in den ersten Jahren des Exils vorwiegend in Frankreich auf, doch es gelingt ihr einige Male nach Berlin zu reisen, wo ihre Eltern ausharren. Noch einmal veröffentlicht sie in verschiedenen Privatdrucken Gedichte, doch die Leser sind in alle Winde zerstoben, wechseln die Adressen wie die Autorin. »Paris« oder »Venedig«, steht neben der Jahreszahl zur Datierung ihrer Gedichte.

Beschwörendes Liedchen für ein Krankes

Wenn eines krank ist wird die luft ganz still
Und stern und sonne scheinen gleicherzeit
Man muß dann lauschen was die krankheit will
Und ruhig liegen warten ganz bereit
Die engel anzuschaun die fremd
Und deutsam durch die zimmer fliegen müssen.

Sie streichen mit den flügeln übers hemd
Die bunte decke und die weißen kissen
Und sitzen dann die federn leis gefaltet
Am bett und sehen wie die krankheit waltet.

Manchmal hebt einer dann die blasse hand
Und schaut mit großen augen unverwandt
Wie in den himmel in ein fremdes land
Das voll von träumen ist bis an den rand.

Der Ton ist elegisch, kindhaft schlicht. An die Stelle der androgynen Identifikation ist ein Neutrum getreten. Spricht sie von einem Kind? Einem unglücklichen Menschenkind jedweden Alters? Die Krankheit, der Kummer vernichtet die Geschlechtlichkeit. Der Verlust nicht nur der Sprache, sondern der liberalen Szene und so vieler Freunde und Freundinnen trifft sie schwer. Als sie in Paris auftaucht, bei Mopsa Sternheim, notiert deren Mutter Thea Sternheim im Tagebuch am 2. Juni 1934: »Ruth Landshoff-Yorck lebensstrotzend, sympathisch, sich wie ein nassgewordener Pudel unter den deutschen Peinlichkeiten schüttelnd […]«.Im Juni 1935 erscheint in der französischen Zeitschrift *L'européen* eine Erzählung von ihr, die den Schmerz des Verstoßenseins aus Deutschland, den unendlichen Verlust thematisiert.

Zwei Jahre später hat sie das seltene Glück, ein Affidavit in die USA zu bekommen. Sie trifft ihren Bruder Werner wieder, ihr Bruder Hermann ist mit den Eltern nach England emigriert; David Yorck, Ruths Ehemann, hat ihnen dazu verholfen. Verblüffend rasch gelingt es ihr, auf Englisch zu schreiben. Sie nutzt das Privileg des angelsächsisch anmutenden Ehenamens und schreibt für verschiedene Zeitschriften: über die prägende Erfahrung des Nationalsozialismus, über die zurückgelassenen Freundschaften. *The Immigrant Hears his Lost Language* heißt eines ihrer Gedichte aus dieser Zeit. Aus dem rasanten jungen Mädchen, der weltläufigen Reisenden, ist eine geradlinige Gegnerin des Nationalsozialismus geworden. 1942 stellt sie – wie eine ganze Reihe deutscher Emigranten – dem *Office of War Information* ihre Arbeitskraft zur Verfügung. Später spricht sie auch Nachrichten für die *Voice of America*, die die deutsche Bevölkerung über die Aussichtslosigkeit des deutschen Angriffskrieges informiert. Sie schreibt zusammen mit Dean S. Jennings und David Malcolmson den Roman *The Man who Killed Hitler*, der 1939 für einen Eklat sorgt. Das schmale Buch, das nicht einmal 100 Seiten hat, erscheint anonym; nationalsozialistische Racheakte waren zu befürchten. Doch es ist kein Pamphlet, wie der Titel vermuten läßt. Der Attentäter, ein Wiener Psychiater, entschließt sich, Rache zu üben, nachdem seine jüdische Frau auf offener Straße totgeschlagen wurde. Der erste überzeugte Nazi, der als Patient in seine Klinik kommt, provoziert ihn – und verliert sein Leben im Kampf mit ihm. Der Arzt nimmt die Identität dieses Mannes an und reist nach Berlin. Als vermeintliches Mitglied einer SS-Sonderstaffel dringt er in das Zentrum der Macht vor. Um in Hitlers Nähe zu kommen, erklärt sich der Arzt bereit, bei Frau Göring einen Blumenstrauß abzugeben, doch er muß vorher Waffe und Messer abliefern. Das Buch versucht, das Archetypische des autoritären, zu mißbrauchenden Charakters herauszuarbeiten. Die Scham, hineingerissen zu werden in die Gewalttätigkeit des Systems, wirkt in diesem Buch wesentlich stärker als der *thrill* der Handlung. Claudia Schoppmann schreibt zu diesem Buch: »Wie dem Umschlagtext der amerikanischen Ausgabe zu entnehmen ist, hat dieser anonym erschienene Bestseller [...] für Furore gesorgt. Der amerikanische Verleger Putman erhielt anonyme Briefe, in denen ihm gedroht wurde, falls er die Publikation des Buches nicht stoppe. Zur Bekräftigung lag ein durchschossenes Exemplar des Buches bei. Putman, der auf die Drohung nicht reagierte, wurde daraufhin in Hollywood von zwei deutschsprachigen Männern entführt, konnte aber bald wieder befreit werden.«

Ruth Landshoff-Yorck kann kecke, wunderbar schnoddrige Sätze schreiben wie: »›Ich glaube nicht, daß die Italiener nur wegrennen, wenn sie müssen‹, sagte Darling. ›Sie mögen einfach keinen Krieg.‹ [...] ›Oh, ich vergaß, Sie waren ja die ganze Zeit *drin*.‹ *Drin* bedeutete bei ihnen Konzentrationslager oder Gefängnis. Einige hatten das Lager eine Zeitlang *Konzert* genannt, aber der Ausdruck war aus der Mode gekommen.« Diese Stelle findet sich, von Claudia Schoppmann übersetzt, in dem Roman *Sixty to Go*, den sie 1944 in New York veröffentlicht. Ihr Englisch ist eine Sprache des Common Sense, der Suche nach Einverständnis, eine Sprache der Vermittlung, die die europäische Eleganz und Weltläufigkeit, die multipel changierenden Kulturen und Extravaganzen, die europäische Tragödie der dreißiger Jahre für ein amerikanisches Publikum erzählerisch erfaßbar macht. »Romanhaft« liest sich das Buch, als handle es *auch* von einem Abenteuer in der fernen europäischen Welt. Eine Umgangs-Sprache, die um ganz andere Sprach- und Lebenserfahrungen herumgeht und sie nicht preisgeben kann. *Sixty to Go* erzählt von der Fluchthilfe in Südfrankreich, der stillen internationalen Gruppe um Varian Fry, die gefährdeten Emigranten half, die Pyrenäen zu überqueren, Transitvisen und Affidavits für die Einreise in die USA zu erhalten. Sein Held, Johannes Tarner, ist von der deutschen Muttersprache abgestoßen und kann sie nur noch als die Sprache der Mörder begreifen: »That language is dead or hibernating perhaps. You can't talk or print lies every day without imperiling the very life of the tongue you use.«

Im Dezember 1946 vermeldet Thea Sternheim die Neuigkeit unter den Pariser Emigranten, »Ruth Landshoff, ehemals Gräfin York [sic!], sei von Amerika angekommen. Sie sei nicht mehr schön.« Was für eine Nachricht! 1952 erscheint in Alfred Anderschs Reihe *Studio Frankfurt* der Frankfurter Verlagsanstalt ein Band von Ruth Landshoff-Yorck mit dem Titel *das ungeheuer zärtlichkeit*. Es sind Erzählungen, die mit ihren früheren Romanen nicht zu vergleichen sind. »Spät in derselben Nacht tötete dieser Joe, wie hieß er doch gleich, den Peetor Lauffert. Er hatte eine Axt gefunden, mächtig, flach und scharf von einer Eisscholle abgelöst, aus blauem hartem tödlich kaltem Eis. Und damit schlug er Peetor auf den Kopf. Es klang, als ob Eis auseinanderbarst, und dabei war es doch der Kopf des Eisvermessers, der zerbrach.« Ruth Landshoff-Yorck hat jetzt eine trockene, spröde, dabei höchst dynamische Schreibweise. Kein Wort zu viel, keine Gefühle, keine Erklärungen.

»Die Autorin schreibt sowohl englisch wie auch deutsch. Die Geschichten dieses Bandes sind im Urtext deutsch«, so heißt es in der Verlagsankündigung. Kein Wort über die Ursache dieser Zweisprachigkeit, kein Wort über die Emigration, das Überleben unter schwierigsten Verhältnissen. Die frühen fünfziger Jahre wollen nach vorne blicken. Sie wollen den Anschluß an die westliche Welt, sie wollen sich positionieren im Rücken der Vergangenheit. Viele Lektionen sind zu lernen, und sie werden in West-Deutschland begierig gelernt. Der Anschluß an die ersehnte Welt wird musterschülerhaft vollzogen, bedenkenlos wird nach vorn gesehen. Die Umerziehungscamps der amerikanischen Befreier werden eine Keimzelle der deutschen Literatur. Sicher unbeabsichtigt arbeitet der Verlagstext der ehrenwerten Frankfurter Verlagsanstalt der Reaktion in die Hände. Es gibt genug Stimmen im Nachkriegsdeutschland, die behaupten, die Emigranten hätten sich an kalifornischen Stränden gebräunt, während auf deutsche Städte Bomben fielen.

Ganz anders geht der amerikanische Verlag Harper & Brothers mit der biographischen Situation seiner neu gewonnenen Autorin um, als er 1948 ihren Roman *So Cold the Night* veröffentlicht. Er wirbt geradezu mit ihrer politischen Haltung – und ihrer Fähigkeit zur Integration. Jeder Leser, jeder Kritiker kann nachrechnen, daß hier eine Autorin schreibt, deren Muttersprache nicht Englisch ist, daß sie gerade elf Jahre Zeit hatte, die neue Sprache zu ihrer Literatursprache zu machen, daß sie politischen und moralischen Kredit verdient. »She came to America in 1937 and has had three anti-Nazi books published here«, so heißt der Verlagstext, der sich im Literaturarchiv Marbach im Nachlaß von Alfred Andersch fand. Alfred Andersch muß ihn also gekannt haben. An Alfred Andersch schreibt Ruth Landshoff-Yorck in einem undatierten Brief, vermutlich um die Zeit, in die ihre Zusammenarbeit fällt: »Wer hat mir meine Sprache geklaut? Ich habe sie doch nicht aus Nachlässigkeit verloren?«

1945 war Ruth Landshoff-Yorcks fiktives Tagebuch einer Frau erschienen, die langsam begreift, daß sie gegen die

Nazis kämpfen muß. *Lili Marlene*. Teile davon wurden nach Kriegsende im deutschen Rundfunk gesendet, eine Art von Aufklärungsliteratur in den Trümmern und Scherben des nicht mehr Aufzuklärenden. Ruth Landshoff-Yorck kam zu Vortragsreisen nach Deutschland, kritisierte unermüdlich die Haltung der Deutschen zur NS-Vergangenheit. Sie versuchte, amerikanische Literatur in Deutschland bekannt zu machen und jungen deutschen Autoren in den USA Türen zu öffnen. Ihre Kontaktpersonen waren Alfred Andersch, »Tutti«, die Tochter von Samuel Fischer, Brigitte Bermann-Fischer, die ihre Cousine ist, Hans Magnus Enzensberger und Bernhard Zeller. Sie versuchte, für einen Roman einen Verlag zu finden. Am 11. August 1960 schrieb sie, auf den Roman bezogen, in einem Brief an Andersch: »Wenn ich nur nicht zuviel aendern muss ändern kann ich schlecht das hat mir schon bei Rowohlt der liebsanfte Hessel abgenommen. Ich setzte mich hierher um zu schreiben und entwickele ein Trauma über die Vergangenheit anstatt in ihr zu schwimmen. Und ein anderes Trauma ueber den Mercedes den die Mercedesleute hier in Grund und Boden reparieren der suesse Wagen unverstanden in der Fremde. Er sollte mich und einen geborgten Windhund an den Strand fahren und was tut er er tut es nicht.«

Da ist sie wieder, die stupende Leichtigkeit der begabten Berlinerin, die ein Projekt in die Luft wirft, das nicht übermäßig viel Arbeit machen soll, aber eigentlich ist sie schon mit den Freuden des Lebens beschäftigt, dem standesgemäßen Auto und dem standesgemäßen Hund. War da nicht noch etwas? Ein Trauma? Schnell und elegant tänzelt sie darüber hinweg. In einem anderen Brief schreibt sie an Andersch am 18. September 1961: »Ich bin Ihnen sehr dankbar. Ob ich schreiben kann steht dahin aber verkaufen kann ich meine

Sache nicht. Oder nicht gut.« Und zwei Monate später bricht das Hochgemute, Elegant-Weltläufige plötzlich zusammen in einer Mitleid erregenden, auch Hilfe erhoffenden Geste: »Und ich hoff so enorm auf die Annahme des Buches. Schon damit ich nach Europa MUSS wohin ich so gerne moechte vor allem da ich hier gerade strindbergische qualen erlebe mit Haeusern um mich herum abgerissen seit monaten kriegerische detonationen und dauernd Bohrmaschine Krach von vier elektrischen Maschinen vorn und drei rechts. Der Krach ueberwaeltigend. Und dazu muss in der Kueche hinter der Wand eine sehr kranke Ratte wohnen [...]. So kaempf ich gegen meine Wohnung. Und such eine neue was langweilig ist und was gar nicht geht weil ich immerzu von hier weg aufs Land flieh und dann nicht hier erreichbar bin. Ein Genuss die kleinen Plagen des Lebens wenn man sie an den grossen Tragoedien misst. Aber die gibt es ja auch nur redet man davon nicht.«

Sie arbeitet als Übersetzerin und Autorin für Rundfunk, Fernsehen und Theater. Einige gesellschaftskritische Stücke von ihr werden an Off-Broadway-Theatern aufgeführt. Und sie hat ein großartiges Projekt, das sie mit weiträumigen Lettern und in ihrer krausen Orthographie und Zeichensetzung ankündigt: Schauspieler sollen in einem Theater avantgardistische Gedichte lesen, die von Frank O'Hara, John Ashbery, ihre eigenen. *Revolting Poets*, heißt der Plan. Sie schreibt für das berühmte La Mama Theater und gilt in den USA immer noch als eine zu entdeckende, avantgardistische, folglich unverkäufliche Autorin: »Ich bin ja gespannt in welcher hohen Altersstufe ich aus dem Avantgarde empor reife?« So schreibt sie in einem Brief ohne Datum an Manfred George. Sie befreundet sich mit dem eigenwilligen Harry Mathews, einem experimentellen Autor. Harry Mathews ist später das einzige amerikanische Mitglied der französischen Schriftstellergruppe Oulipo, deren einziges deutsches Mitglied wiederum Oskar Pastior wird. Vieles von Ruth Landshoff-Yorck bleibt ungedruckt. Der Nachlaß befindet sich in der Boston University, Howard Gotlieb Archival Research Center; das Nachlaßverzeichnis ist lang. Am 6. September 1962 schreibt sie in einem Stoßseufzer an Alfred Andersch: »Wenn ich mich von hier wegsehne weil die GUTEN so bierernst sind und schoene Regungen immer sterbenslangweilig herauskommen, dann denk ich an Sie im Ticino und Enzensberger in Norwegen. Hilft das? Viele Leute sind so well intentioned dass es mitleiderregend ist. Wenn sie nur niemals das Wort ABER gelernt hätten. Das macht alle Glauben kaputt. Und wenn sie nicht but sagen, dann sagen sie however.«

Es gibt ein Photo von Ruth Landshoff-Yorck, da sitzt sie, mit einer großen dunklen Brille und einem großgemusterten Kleid, an einem überfüllten Schreibtisch. Sie lacht, sie wirkt wie eine professionell tüchtige Frau. Sie könnte eine Galeristin sein, eine Agentin. Hinter ihr auf dem Kaminsims eine alte Uhr und ein Blumenstrauß. Vermutlich ist das Bild in ihrer New Yorker Wohnung aufgenommen worden. 819, Second Street, New York 17. Über dem Kamin hängt die Lithographie von Oskar Kokoschka. Das Bildnis des kleinen, wilden Mädchens aus den Berliner Jahren.

Am 19. Januar 1966 starb Ruth Landshoff-Yorck überraschend, fast wie in einer literarischen Erfindung. Sie starb während einer Theatermatinée an einem Herzschlag. Sie wollte sich das Stück eines anderen Emigranten ansehen: *Die Verfolgung und Ermordung Jean Paul Marats, dargestellt durch die Schauspielgruppe des Hospizes zu Charenton unter Anleitung des Herrn de Sade* von Peter Weiss in der Inszenierung der Royal Shakespeare Company, die im Martin Beck Theatre in New York gastierte. Die Allure, die die junge Ruth Landshoff-Yorck einmal ausgezeichnet hat, ist bitterer, lebenslänglicher Ernst geworden.

Rut Landshoff: Das wehrhafte Mädchen. Gedichte und Zeichnungen für meine Freunde. Berlin 1929.

Rut Landshoff: Die Vielen und der Eine. Roman. Berlin 1930. Neudruck: Die Vielen und der Eine. Hrsg. von Walter Fähnders. Berlin 2001.

Rut Landshoff: Gedichte. O. O. 1934 (8 Ged.).

Rut Landshoff: Gedichte. O. O. und J. (11 G.) wohl 1034.

Rut Landshoff: Die Gedichte 1935. O:O. 1935 (10 Ged.).

[Anonym]: The Man who Killed Hitler. London 1939, Los Angeles 1939.

Ruth Landshoff-Yorck: Sixty to Go. Novel. New York 1944. Neudruck: Sixty to Go. Roman vom Widerstand an der Riviera. Hrsg. von Doris Hermanns. Berlin 2014.

Ruth L. Yorck: Lili Marlene. An Intimate Diary. New York 1945.

Ruth L. Yorck: So Cold the Night. Novel. New York 1948.

Ruth Landshoff-Yorck: das ungeheuer zärtlichkeit. Frankfurt am Main 1952.

Ruth Landshoff-Yorck: Klatsch, Ruhm und kleine Feuer. Biographische Impressionen. Hrsg. und mit einem Vorwort von Claudia Schoppmann. Frankfurt am Main 1997.

Ruth Landshoff-Yorck: Roman einer Tänzerin. Hrsg. und mit einem Nachw. von Walter Fähnders. Berlin 2001.

Ruth Landshoff-Yorck: Brief an Dr. Baum vom 7. Februar 1956, aus dem Nachlaß R.Y.L. In: Walter Fähnders: Zum literarischen Werk von Ruth Landshoff-Yorck. Mit einer Bibliographie von Walter Fähnders und Christine Pendl. In: Zeitschrift für Germanistik. Heft 3. Neue Folge 12 (2002).

Ruth Landshoff-Yorck: Die Schatzsucher von Venedig. Hrsg. und mit einem Nachwort von Walter Fähnders. Berlin 2004.

Franz Hessel: Spazieren in Berlin. Leipzig und Wien 1929.

Im Fluchtgepäck die Sprache. Deutsche Schriftstellerinnen im Exil. Hrsg. von Claudia Schoppmann . Frankfurt am Main 1995.

Annette Kolb: Die Vielen und der Eine. In: Die Literarische Welt. 7. Jg. Nr. 4. 1931. S. 5.

Erika und Klaus Mann: Das Buch von der Riviera – Was nicht im Baedeker steht. München 1931.

Klaus Mann: Tagebücher 1931–1933. Hrsg. von Joachim Heimannsberg, Peter Laemmle und Wilfried F. Schoeller. München 1989.

Anna Rheinsberg: Wie bunt entfaltet sich mein Anderssein. Lyrikerinnen der zwanziger Jahre. Gedichte und Portraits. Mannheim 1993.

Annemarie Schwarzenbach: Pariser Novelle. Erstdruck aus dem Nachlaß. Hrsg. von Walter Fähnders. In: Jahrbuch zur Kultur und Literatur der Weimarer Republik. Band 8. Göttingen 2003.

Annemarie Schwarzenbach: Freunde um Bernhard, Lyrische Novelle, Winter in Vorderasien, Tod in Persien, Alle Wege sind offen, Bei diesem Regen. Basel 2008.

Thea Sternheim: Tagebücher I –V. Hrsg. von Thomas Ehrsam und Regula Wyss im Auftrag der Heinrich Enrique Beck-Stiftung. Göttingen 2002.

Das Weltläufige als Widerstandsform: IRENE BRIN

Im Herzen der Bourgeoisie blinkt ein kleiner Spiegel. Die Frage »Wie wirke ich auf meinesgleichen?« beantwortet das Gefühl. Das Gefühl ist ein Privileg, selbstverständlich. »Meinesgleichen« ist der ungereizte Wurmfortsatz der eigenen Person. Die peer group, an die man sich hält, die einen hält. Die soziale Gruppe, die Klasse, in die man hineingeboren wurde – zum eigenen Vorteil: ein geschlossenes System. Mit dem Ausstieg aus ihr kann getändelt werden, aber die Zugehörigkeit ist lebenslänglich, keine Zweidrittelstrafe. Die Frage »Welche Sehnsüchte erwecke ich samt meinesgleichen?« beantwortet der kleine Spiegel. Die Bourgeoisie lebt von der Sehnsucht der Kleinbürger, so zu werden wie sie, die gleichen Äpfel zu essen, so zu sündigen wie sie und dennoch (so wie sie) nicht aus dem Paradies vertrieben zu werden.

Was die Bourgeoisie wie die Schlange fürchtet: den Bankrott. Was die kleinen Leute fürchten: den Unfall. Hauptsache gesund, sagen sie. Und meinen: Wenigstens die Rente genießen. Der Tod und das Leben müssen bis zur Altersgrenze verschoben werden. Deshalb muß die Altersgrenze für kleine Leute immer weiter nach vorn geschoben werden, an das unlebbare Leben grenzen. Altern die Mitglieder der Bourgeoisie nicht? Ihnen ist jedes Alter lebbar. Sie zweifeln nicht, ob sie gemeint sind von den Dingen, die sie umgeben. Die Dinge schmiegen sich ihnen an.

Die vollkommene Diktatur ist die, die sich vergessen macht in den Köpfen, die die Wahrnehmung regiert. Draußen warten die Automobile. Das geschlossene System, das hier beschrieben wird, kennt zwar auch Schlupflöcher, doch muß man in seiner Erforschung schon sehr weit vorgedrungen sein, um sie zu finden. Musik quillt daraus hervor, und wer draußen stehenbleibt und die erleuchteten Spiegelsäle ahnt, die ihm verschlossen bleiben, könnte aus seiner Ahnung die Gewißheit gewinnen, der Glanz sei nicht da für die Glänzenden, sondern für die hinter den Spiegeln, um ihre Sehnsucht auf das geheimnisvolle Höhere am Leben zu erhalten. Ohne sie versänke die illustre Gesellschaft im Schlund einer gähnenden Langeweile.

Eine schöne Frau, ihr Name sei Irene Brin, läßt sich ungern photographieren. Setzt sie ihre Einzigartigkeit, ihre Wiedererkennbarkeit als bekannt voraus? Ihr Bild muß nicht reproduziert werden. Der Ruhm der Reproduzierbarkeit, dem die Abziehbild-Schönheiten nachjagen, ist ihr gleichgültig. Sie kennt sich. Die, von denen sie gekannt werden will, kennen sie. Das Ladenmädchen dagegen, die kleine Schneiderin, hütet die Bilder, die sie von sich selbst hat, in einer Schachtel. Sie ist und bleibt schön in der Schachtel. Das Leben spiegelt sie nicht zurück. Und wenn das ehemalige Ladenmädchen, die kleine Schneiderin, die nie den erträumten Schneidersalon bekommen wird, später die Schachtel öffnet, entdeckt sie sich mit dem Blick eines nicht anwesenden Liebhabers, zitiert sich selbst mit dem ausgeliehenen Blick: Sieh, hinter dieser müden Haut, den herabgezogenen Mundwinkeln lebte das schöne, junge Mädchen, aus dem alles hätte werden können, wenn. Aber niemand außer ihr selbst will die Bilder sehen; Spiegel sind für die anderen, eine Hoffnung auf die fremde, unerfüllte Sehnsucht, Beispiele aus einer verlorenen Zeit.

In den dreißiger Jahren wird das Photographieren ein Massenvergnügen. Es gibt die ersten billigen Kameras, der Entwicklungsvorgang ist vereinfacht, es fehlt nicht an Anlässen, sich und die Seinen vor wechselnden Hintergründen in die Sonne blinzelnd abzulichten. An den Stränden von Rapallo und Positano winken Nixen in die Kameras, doch die offiziellen Bilder überlagern sie. Eine Luftaufnahme: Kleine Jungen robben im Sand. Die Hände fassen jeweils an die Füße des Jungen, der vor ihnen robbt. Die Leiber formen Buchstaben im Sand: IL DUCE. Der Faschismus befördert den Massentourismus, Räder rollen. Jeder, der da in die weite eroberte Welt hinausexpediert wird: ein chamois-mattes Denkmälchen seiner selbst. Manche Vaterländer weiten sich, haben sich schon nach dem Ersten Weltkrieg gebläht. Verlierer verschlucken sich mit ungeheurem Hunger nach Größe.

Natürlich bewegt sich auch die Bourgeoisie, doch ihr Vergnügen am Reisen ist anders, teurer, individueller. Schnelligkeit! Exactitude! (Mit diesem Begriff werben die französischen Staatseisenbahnen auf glasklar neusachlichen Plakaten.) Die Lebensverhältnisse changieren, die Moden leben, die erlebnishungrige Gesellschaft sieht sich beiläufig in den Scheiben der Schnellzüge, in den Luken der Ozeandampfer, im milden Schein der Tischlämpchen in den Tanzcafés. Mit anderen Worten: Die Bourgoisie hat das Transitorische, das ihr nun anhaftet, begriffen – und genießt es wie zum letzten Mal. Aber sie weiß nicht, daß es das letzte Mal ist. Die exemplarischen Bauwerke dieser Zeit sind nicht mehr Rathäuser, Villen, Läden: es sind die Bahnhöfe, zum Beispiel der Hauptbahnhof von Florenz von Giovanni Michelucci (1933). Einer der schönsten Filme Josef Sternbergs: *Shanghai Express* (1932). Die Ruhe ist nicht einmal mehr in den eigenen Räumen ein Gewinn. Marcel Breuer richtet für Erwin Piscator ein Schlafzimmer ein, in dem offenkundig wenig geschlafen wird, das niedere Bedürfnis wird in ein Klappbett verbannt, während viel Platz für das Boxtraining bleibt.

Blicke von leidenschaftsloser Präzision, photographische Blicke, die sich nicht auf den Zustand der Gesellschaft insgesamt richten, sondern auf das Detail. So photographierte der Dadaist Raoul Hausmann sein eigenes Monokel, die Beschaffenheit der Haut. So ist die Struktur einer bröckligen Häuserwand bei Brassaï staunenerregender als das kunterbunte Leben der Menschen hinter der Fassade. Die Motive sind von prononcierter Zufälligkeit. Das Ganze – wenn es denn ein Ganzes für die Gläubigen des Lebens geben muß – ist die Summe vielfältiger, unverbundener Teile. Der Blick nimmt nicht Anteil, er schämt sich aber auch nicht seiner Neugier. Das ästhetische Pathos, auch das Agitatorische der zwanziger Jahre – immer wird etwas gewollt – ist gewichen. Anteil nehmen und Partei ergreifen im Blick auf die zerstückelte Welt, das tun nun die namenlosen Arbeiterphotographen. Doch ist der ästhetische Blick in der Literatur, in der Malerei, im Film, in der Photographie nicht voyeuristisch: Seine Kühle hat Methode, er liebt atmosphärische Genauigkeit, Farben, die sich nicht vordrängen, einen harten metallischen Glanz auf den beschriebenen, abgebildeten Dingen, Ellipsen, elegant gezogene Konturen, schattenlos wie die Reling eines Ozeandampfers in der Mittagshitze. Eine »gleichsam ideologisch bedingte Scharfkantigkeit«, nennt Klaus-Jürgen Sembach in seinem Buch *Stil 1930* diese Ästhetik. An den Bauten, die um 1930 entworfen werden, ist eine elitäre Gebärde erkennbar. Die Gegenstände sind so, daß sie nicht mehr verbesserungswürdig sind, sie sind heute »Klassiker der Moderne« und weisen auch den unerbittlich ab, der sich ihrem strengen Stilwillen nicht fügen will.

Unzweifelhaft sind jene Zeichen eines neusachlichen Stilempfindens am deutlichsten in den Ländern zu erkennen, die nach dem Weltkrieg eine weitgehende gesellschaftliche Wandlung durchlebt haben: in den Verliererstaaten Österreich und Deutschland, in Italien, das in der Reihe der Siegermächte nur eine Nebenrolle spielt und sich die bessere Durchsetzung der eigenen Interessen bei der Neuordnung der alten Welt in Versaille versprochen hat, in der UdSSR, bis alle konstruktivistischen Tendenzen getilgt sind. Die andere Bewegung ist der Surrealismus: Gleichzeitig mit der Neuen Sachlichkeit entstanden, sucht und findet er, nachdem der Beginn des spanischen Bürgerkriegs die internationale Künstlerclique in Paris aufgeschreckt hat, Zuflucht in den USA, in Mexiko.

Der jeweils zeitgenössische Blick kennt keine Symbole, erst die historische Distanz läßt sie erkennen. Und dennoch sind sie da, überdeutlich. Die Liktorenbündel, Totem eines faschistischen Stammesrituals, phallische Signale einer voluntaristischen Realitätssetzung. Der Marsch auf Rom: Eroberung als ein sinnlicher Vorgang, die Macht scheint er-gangen werden zu können. Schwarz, die Farbe des Todes, die freudlose Nicht-Farbe auf den Hemden der Männer, die eine Hoffnung der Geschichte sein wollen.

Der Faschismus lehrt Sitte und Ordnung; die von ihm so grauenerregend ordentlich geregelte Welt hat einen Sinn. Denen, die sich ihm widersetzen, bleut er ihn ein. Die internationale Gesellschaft um 1930 dagegen hat keine Etikette, das macht sie so vergnügt. Farbige mixen exotische Cocktails, Bürgerstöchter tanzen mit den Capri-Fischern, und ein emigrierter russischer Großfürst wird von wohltätigen Damen herumgereicht. Er serviert den Kaviar, als hätte er es gelernt. Dann ist jeder dritte Pariser angeblich ein weißrussischer Emigrant, und die politisch motivierten Trinkgeldgeber fühlen sich düpiert.

Die Erkältungen, die der rauhe Wind nach dem Ersten

Weltkrieg gebracht hat, sind längst vergessen. Die Kaiser- und Königshäuser, die er hinweggefegt hat: Schnee vom vergangenen Jahr. Von da an: immerwährende, rasch verjubelte Ferienzeit, Sport-Ereignisse an mondänen Adressen, peinvoll rasche Veränderungen im Schatten eines verjährten Stils. Bringt man seine Schwiegermutter noch mit an den Strand? Seinen Verlobten an die Bar? Zu welcher Gelegenheit läßt sich eine junge Dame entjungfern? Mit Musik, ohne, mit welcher? Die Sitten und Gebräuche wechseln, wie sich die Rocksäume heben und senken. Doch nur der Kleinbürger denkt, er mache es immer falsch oder viel zu spät richtig.

Die Welt ist ihre Oberfläche. Ihre dunklen Abseiten werden ihr später zum Verhängnis. Gelebt wird aus dem vollen, so man kann. Wer nicht kann, hat ein Ziel: die Leichtigkeit, Kühle, Präzision der vorgelebten Bilder zu erreichen. Die Abgründe sind so überdeutlich, ein falscher Schritt, ein Konkurs, ein Kurssturz. Die Kosten werden später in Rechnung gestellt, doch davon wird nicht gesprochen.

Usi e costumi 1920–1940, die Gewohnheiten und Moden, die Irene Brin wie die Riten eines fremden Völkerstammes beschreibt, sind die der herrschenden Klasse, mit weltgewandten italienischen Augen gesehen. Das Zeitalter, das sie beschreibt, endet, je nach Nationalität, früher oder später abrupt. Die mondäne Eleganz wird spätestens mit dem Kriegseintritt in die Grenzen eines national gesinnten Anstands verwiesen, im Sinne der Anspannung aller Kräfte für die kollektiven Ziele der Kriegsführung. Ziele, deren vorletztes in Deutschland Kampf für den Endsieg, deren letztes in Europa Vormarsch der Alliierten und deutsche Kapitulation hieß. Die Contenance, mit der die Redaktion der britischen Ausgabe der Zeitschrift *Vogue* sich anläßlich eines deutschen Bombardements für Unregelmäßigkeiten im Erscheinen bei der Leserschaft entschuldigt, spricht für sich; Irene Brin bewahrt das Zitat wie ein kleines Medaillon in ihrem Buch auf: »Unsere englische Ausgabe wird mit einiger Verzögerung erscheinen, da in der Nähe der Redaktion gerade eine Bombe gefallen ist. Erscheinen aber wird sie auf jeden Fall, weil *British Vogue* jetzt mehr denn je eine Aufgabe zu erfüllen hat, nämlich die, in einer aus den Fugen geratenen Welt jene Annehmlichkeiten des bürgerlichen Lebens zu bewahren, die zu den – durchaus nicht geringfügigsten – Ursachen des gegenwärtigen Krieges zählen.«

1944 erscheint Irene Brins Buch in Italien zum ersten Mal, nur von einem kleinen Kreis wahrgenommen; das Land hat andere Sorgen, als dem Duft, der Eleganz einer rasanten Zeit nachzuhängen, die zerstoben, zerbombt ist. Die letzten Reisenden: marschierende Kriegsteilnehmer, Emigranten mit kleinem Handgepäck, mutige Menschen, die sich zu den Partisanen durchschlagen, Flüchtlinge auf ihren Trecks quer durch Europa. Irene Brin will nicht die Geschichte eines Zeitalters zwischen den Kriegen beschreiben. Sie setzt sich mit ihrem Buch das bescheidene Ziel, eine Generation verstehen zu helfen, die mit Freiheit und äußerstem Kalkül gelebt hat, die reiselustig und sozial mobil war, erotisch äußerst anziehend, die nie ihren Glanz für die Nachwelt verloren hat.

Irene Brin ist zweifellos selbst ein kenntnisreiches Mitglied der Gruppe, die sie beschreibt, eine Forscherin, die das Vertraute zum Fremden macht, damit es sichtbar wird, die in der Sprache flaniert und den Glanz der Oberflächen nie vorsätzlich verletzt. Sie beschreibt Gegenstände des täglichen Gebrauchs, Verhaltensweisen, Redeweisen, Orte, an denen man sich trifft, Leute, von denen man spricht, Schönheitsideale und ihre systematische Negierung. Sie zeigt dabei so viel umfassende Klugheit, solch einen souveränen Umgang mit ihrem vielfältigen kultursoziologischen Material, daß ich keinen Autor der Zeit nennen könnte, der vergleichbar ist. Pitigrilli: die aufgeklärte, zynische Sexualmoral der feinen Herrenrasse im biedersten Erzählstil des ausgehenden 19. Jahrhunderts verhüllend. Walter Serner: auf das Milieu der Verführung und des kleinen Schwindels fixiert. Anita Loos: am blonden oder brünetten Sentiment klebend, amerikanisch-ungebildet. Die Geschwister Erika und Klaus Mann, 1929 »rundherum« reisend, perfekt im Zeitstil, jedoch zu ichsüchtig aufs Subjekt versessen, augenzwinkernd die väterlich verliehene Berühmtheit genießend. Irene Brin – das ist ein großer Unterschied zu den genannten Autoren – schreibt in offenen, schillernden Kurzformen, zitiert, montiert, ohne von einer gußeisernen Romanform, einem Episodenreigen zu den Gleitmitteln des Erzählens gezwungen zu sein. Fragmente einer Sprache des Lebens. Mythen der Freizeit. Ganz selbstverständlich nimmt sie einen Kulturbegriff in Anspruch, der, hoch und niedrig, die populäre Kultur ebenso wie die von Sergej Jessenin und Wladimir Majakowski, nur von wenigen gelesene Bücher miteinschließt. Ein dem heutigen Leser vertrauter, ja aktueller Kulturbegriff: elitär *und* alternativ, volkstümlich *und* abenteuernd, freibeuterisch. Alles wird zu Bausteinen eines Gebäudes, das aber niemand mehr sieht, denn es ist überaus groß, und unzählige Bauleute haben an ihm teil, während jeder »Verbraucher« von Kultur sich bewußt ist, daß er nur an den Cocktails nippt, daß er das ganze ästhetische Programm seiner Zeit nicht mehr umfassend würdigen (das Hohe) und genießen (das Niedere) kann. Vermittler in diesem Prozeß der zweifelhaften und leeren Anstrengungen, auf der Höhe der Zeit zu sein, war und ist das Feuilleton. Wo seine Vermittler heute als subjektive Instanzen auftreten, an denen sich die Wogen der kulturellen Trends brechen oder die dabei einfach nur nasse Füße bekommen, läßt Irene Brin ihr Selbst dankenswerterweise aus dem Spiel.

Der gegenwärtige Duktus der Subjektivität im Feuilleton ist fiktional, verrät den Journalismus täglich an ein miserables Erzählen. Die austauschbaren Individuen, die da erzählen, was ihnen im Taxi, an der Garderobe und schlußendlich im Zuschauerraum eines Theaters widerfahren ist, stilisieren sich selbst zum idealtypischen Hörer, Leser, Seher – mit all seiner idealtypischen Beschränktheit. Nie spricht ein Subjekt in eigener Sache; es hat keine eigene Sache: Wo heutige Vermittler sich als Schmerzensmänner der Ratlosigkeit vor vollen Regalen im Warenhaus der Stile und Moden präsentieren, bleibt Irene Brin gelassen. Und doch ist sie anwesend, nicht als bestürzte, kopflose Käuferin vor Ladenschluß, eher als amüsierte Betrachterin der Schaufensterfronten.

Bei Irene Brin erfährt man vom Auftauchen der Engel bei Claudel, Ungaretti und Rilke bis zu den Vorzeichen des Zweiten Weltkrieges in der Damenschuhmode unzählige Details. Details, als habe man zehn Jahrgänge ausländischer Magazine durchgeblättert. Aber die kenntnisreiche Autorin läßt in ihrer Rasanz zum Staunen keine Zeit. Die nächste Sonderbarkeit wartet schon um die Ecke. »Wenn auch die Popularität des Satans beschränkt blieb, die Engel hingegen wurden den Lesern Claudels und der humoristischen Romane, den Lesern Ungarettis und der Romane für Damen recht vertraut. Man sah Engel aus Gips, aus Holz, aus Papier. In den Salons hatten sie die Aufgabe, bescheiden eine Lampe zu halten; in den Witzblättern entschwebten sie auf prallen Wattewölkchen; ambitionierte Maler setzten sie ein, um allzu rationale Bilder zu beleben. Der mehr aus Eitelkeit denn aus Neigung angenommene Engelkult hat sich bis über 1940 hinaus gehalten.«

Sie erklärt, warum man zu Beginn der untersuchten Epoche schnell und häufig heiratete, später langsamer und seltener. Stichworte wie »Surrealismus«, »Neue Sachlichkeit«, »Negerkult« werden mit zitronensaurem Sarkasmus abgehandelt. Immer hat diese Autorin ein passendes Zitat aus der zeitgenössischen Literatur zur Hand, sie wirbelt Stefan Zweig neben Jean Cocteau, zitiert mal eben die Speisekarte des Berliner Presseballs von 1929, kennt den Brotpreis in verschiedenen Stadien der Inflation, hier streut sie ein kostbares Eluard-Gedicht ein, dort bildet ein freches Chanson das Motto.

Woher weiß Irene Brin das alles, und wer ist sie, die das weiß? 1914 wurde sie als Tochter eines veritablen Armee-Generals geboren. Ihre Mutter war eine künstlerisch interessierte Österreicherin. Der Riß, der mit dem Ausbruch des Ersten Weltkriegs durch Europa ging, ging durch ihre Familie. Irene Brins eigentlicher Name war Maria Vittoria Rossi. Daß sie seit Beginn ihrer journalistischen Arbeit Pseudonyme wählte, hat einen ausgesprochenen und einen mutmaßlichen Grund. Der ausgesprochene: Unter einem Pseudonym konnte sie sich politisch und literarisch von ihrer Familie entfernen; ihr Vater fand das Schreiben für Zeitungen entehrend. Der mutmaßliche: Pseudonyme erfinden und ausprobieren ist eine Art von literarischem Probehandeln, Schrift gewordene Hoffnung, mit einem anderen Namen zu leben, eine Suche nach einem eigenen Stil – als wären Namen Kleidungsstücke oder Requisiten. Der Name Irene Brin »paßte«, er blieb ein Leben lang ihre Identität. Irene Brin sprach fünf Sprachen, eine exzentrische Frau von vorzüglichem Geschmack, eine disziplinierte Arbeiterin, die vorwiegend im Bett schrieb und keinen Schreibtisch besaß. Die Fama nennt sie die erste Kontaktlinsenträgerin Italiens. Sie trug auch im Winter keine

Schuhe, sondern immer hochhackige Pantoletten, welche die Fersen und die Zehen freiließen. Eine Frau, die ihre Privilegien nicht einfach genoß, sondern analysierte und ironisierte. Eine leidenschaftliche Leserin, immer auf der Suche nach Entdeckungen. Eine Bescheidwisserin, aber keine Besserwisserin. Obwohl praktizierende Katholikin und seit 1935 mit Gaspero del Corso verheiratet, war sie gleichzeitig eine flammende Befürworterin des Scheidungsrechts. Eine freigebige Person, die sich gleichwohl nicht scheute, ihre Gäste bei der ersten Einladung sanftmütig zu testen. Es wird berichtet, daß sie azurblauen Reis in Schwanenförmchen servierte, nur um zu sehen, wie ihre weltläufigen Gäste mit dieser Überraschung umgehen würden. Inaktiv zu sein, haßte sie. Außer *Usi e costumi 1920–1940* schrieb sie noch zwei Bücher *Olga a Belgrado* und *Le visite*, doch mit Leib und Seele blieb sie Journalistin, an Unsterblichkeit weniger als an Zeitgenossenschaft interessiert. Ihr Stil Marke extra dry – für das Italien der späten dreißiger Jahre ganz und gar ungewöhnlich – machte sie berühmt. »Diejenigen, die sie im Journalismus und in der Literatur imitiert haben, sind alle bekannt geworden, zum Teil bekannter als sie, aber es sind sehr wenige«, schreibt Lietta Tornabuoni über sie.

Mit ihrem Mann Gaspero del Corso führte Irene Brin nach dem Krieg eine Galerie in der Via Sistina in Rom: Obelisco. Dort sah man die ersten italienischen Ausstellungen von Dalí, Tanguy, Kandinsky, Calder, Bacon. Anläßlich einer Ausstellung der Zeichnungen von George Grosz wurde die Galerie Zielscheibe der reaktionären Nachhut der Democrazia Cristiana, wegen Obszönität sollte die Schau geschlossen werden. Es kam zu einem Prozeß. Erst in der Berufung wurde die ausgesetzte Strafe von zwei Monaten revidiert.

Stilbildend und stilkritisch zu sein, ist ihre Berufung geblieben. Als Modekorrespondentin für *Harper's Bazaar* setzte sie italienische Alta Moda in Amerika durch: das Lässig-Elegante gegen die damals von Hollywood inspirierten ausgesteiften, erotischen Schneiderträume. 1969 starb Irene Brin an einem Tumor.

Riten, Regeln, der Rhythmus der kulturellen Aneignung: das ist es, was Irene Brin als Autorin interessiert. Doch die Veröffentlichung ihrer Skizzen und Beobachtungen ist auch ein Akt wider die Riten und Regeln im faschistischen Italien, der deutschen Lesern nicht unmittelbar einleuchtet. Das Zeitalter, das hier besichtigt wird, läuft quer zur Zeitenwende des Faschismus, wiewohl es sich in seinen äußeren Daten etwa mit ihm deckt. Daß dieses Zeitalter 1940, mit dem Kriegseintritt Italiens, endet, ist begreiflich. Doch warum beginnt es im Jahr 1920? Warum es nicht 1922 beginnt, mit dem Jahr des Marsches auf Rom, in dem Mussolini den Auftrag zur Bildung einer Regierung erhält, dürfte klar sein. Irene Brin negiert das offiziöse Italien (und macht sich gleichzeitig über ein Fest bei Generalfeldmarschall Hindenburg lustig). Warum wählt sie nicht das Jahr 1918, das Jahr des Waffenstillstands, oder 1919, das Jahr der Versailler Verträge? Im September 1920 springt der Funke der Oktoberrevolution und der deutschen Novemberrevolution über, eine Streikwelle erschüttert Italien, Fabriken werden besetzt. Es ist der weitreichendste Versuch einer friedlichen Arbeitererhebung in Italien. »Es muß ausgesprochen werden, daß der italienische Sozialismus sich bei dieser Gelegenheit als friedfertig und nicht blutrünstig erwiesen hat«, schreibt der Historiker Robert Michels über diese bewegte Zeit. Es muß auch gesagt werden – um in der vorsichtigen Rhetorik unseres Zeugen zu bleiben –, daß die italienische Arbeiterbewegung traditionsgemäß eher als andere Arbeiterbewegungen internationalistisch gesonnen war, und um so schmerzhafter, schockartig, hat man das Auseinanderbrechen des Internationalismus im Ersten Weltkrieg empfunden. Eine viel gesungene Arbeiterhymne von Filippo Turati heißt:

I confini scellerati
Cancelliam dagli emisferi!
I nemici, gli stranieri
Non son lunghi, ma son qui!

(Die schändlichen Landesgrenzen reißen wir nieder. Die Feinde, die Ausländer sind nicht fern, sondern mitten unter uns.)

Das Scheitern der Massenstreiks macht den Weg frei für die Putschaktionen und Generalproben der Machtübernahme, in denen der morsche italienische Staat seine Wehrlosigkeit zeigt: Der Faschismus entstand aus den Stoßtruppen des Ersten Weltkrieges und erstarkte am Gegensatz zwischen der dem Nationalismus fernstehenden Arbeiterbewegung und der liberalen Bourgeoisie. Auf der Gleichzeitigkeit der Erfahrung in den verschiedenen europäischen Ländern zu beharren, einen internationalen kulturellen Kontext zu entwerfen, muß deshalb auch als ein Akt des Widerspruchs gesehen werden. Das Mondäne schließt sich jenseits der Enge der Grenzen aus, lacht über die »Solidarität des Blutes« (Mussolini). Das Mondäne, stets auf Anregungen, Innovationen versessen, braucht den freien Zugang zu Ideen, Orten, Schauplätzen – und ist freilich nur für die erreichbar, die es sich leisten können. Es braucht Umschlagplätze in der Karawanserei der Moden. Weil die avancierten, frei schweifenden Teile der Bourgeoisie – und das sind häufig Frauen – sich ungern freiwillig beschränken, stets hungrig und durstig sind nach den

Unterhaltungen, die andere nicht zu entbehren gelernt haben, brauchen sie die Handelswaren des Luxus wie andere das tägliche Brot. Ihre kleinen Laster sind deutlich sichtbar im Gegensatz zum Besitz einer Bank, zum Fallieren einer Bank, zu den Millionenschwindeln in den Rauchsalons der Ehrenmänner, den mafiösen Bruderschaften und Familienschiebereien: »Die ernstlichen, wahren, das sind die sozial gefährdenden Laster, gebärden sich bescheiden, vermeiden, selbstverständlich, jeden Anschein von Betrieb, können geradezu etwas Rührendes annehmen«, schreibt Walter Benjamin in seinem *Pariser Tagebuch*. Wer wollte der Frau von Welt verübeln, daß sie eine Reise an die Côte d'Azur den Matronen-Programmen Mussolinis vorzieht? Zugute kam dieser Tendenz, für die Irene Brin als einzigartige Zeugin steht, daß der italienische Faschismus nie die totalitäre Einheitlichkeit des Nationalsozialismus hatte, daß ihm die völlige Gleichschaltung seiner kulturellen Fermente nie gelang: industrialistischer Höhenrausch der futuristischen Avantgarde und ästhetische Autarkie von Landschaft und Arbeitervolk des Novecento Italiano, das Schwarz der Kohorten der Bewegung und das Schwarz der Soutanen der Staatskirche (nach dem Konkordat), der absolute Idealismus des Unterrichtsministers Giovanni Gentile und der Populismus des Regimes – von *einer* faschistischen Kultur zu sprechen, ist nahezu unmöglich. So paart sich das Megalomane mit dem Funktionalen, das Hausbackene kann das Mondäne nicht verdrängen. Das Weltläufige wird nicht gänzlich vom Provinziellen verschluckt, immer noch gibt es Grauzonen des Laissez-faire.

Im Gegensatz zum Nationalsozialismus, der die Gleichschaltung der Presse von Beginn an zielstrebig betrieb – die Verordnung des Reichspräsidenten »zum Schutz von Volk und Staat« vom 18. 2. 1933 bildete die Grundlage für die Abschaffung der Pressefreiheit im Dritten Reich –, war die italienische Pressepolitik trotz markiger Bekundungen widersprüchlicher: »Nur starke und männliche Worte dürfen heute frei gesprochen werden.« (Mussolini) Das faschistische Regime tolerierte eine Reihe von Zeitungen und Zeitschriften, die es permissiv, ja sogar liberal erscheinen lassen sollten. Besonders galt das für die Zeitschriften, die Leo Longanesi herausgab, den der Faschismus-Forscher Edward R. Tannenbaum »einen faschistischen Intellektuellen« nennt. Longanesi gab von 1926 bis 1942 die Monatszeitschrift *L'Italiano* heraus, die laut Tannenbaum »einen antibourgeoisen, pseudoradikalen, aber auch antiproletarischen Standpunkt in der herrschenden Ordnung einnahm«. *L'Italiano* lebte von ätzender Ironie, am ehesten war die Zeitschrift *Punch* oder dem *New Yorker* der gleichen Zeit vergleichbar. Noch brillanter war Longanesis zweite Gründung von 1937, das Wochenmagazin *Omnibus*. Gedruckt wurde es im photomechanischen Druckverfahren, das damals ganz neu war. Obwohl seine Aufmachung und sein Stil Ähnlichkeiten mit *L'Italiano* aufwiesen, wurde es zwei Jahre später verboten, vermutlich, weil es eine weitaus größere Leserschaft hatte, als eine Monatszeitschrift sie üblicherweise erreicht. Beide Zeitschriften druckten Artikel von bekannten Antifaschisten neben denen von höchst konservativen und faschismusfreundlichen Autoren, die dem Regime zu seiner Aura von Respektabilität verhalfen.

Longanesi suchte für *Omnibus* frische, unverbrauchte Autoren, ihm wurde Irene Brin empfohlen. Ihre Kolumnen erschienen nun regelmäßig in *Omnibus* auf der letzten Seite rechts. Longanesi ermutigte Irene Brin auch, noch trockener, noch präziser zu schreiben, »die geschlagene Sahne der Adjektive« wegzulassen, an einer Sprache zu arbeiten, die Redeweisen, Phrasen ernst nimmt und mit leichter Hand gegen die wendet, die sie verwenden. Ihre sprichwörtliche Trockenheit, das »Angelsächsische« an ihrem Italienisch, kontrastiert in auffälliger Weise mit der Sprache von rechts, dem Mundvorrat an klassischer Kultur, ihren Gemeinplätzen aus einer literarischen Sprache, die in jeder Epoche schon von gestern ist, hoch und hohl, doch erhabener, ungenauer Herkunft, einer Bastard-Bildungssprache. Die Brutalität des Faschismus und seiner öffentlichen Sprache, soweit sie eine Sprache der Willensbekundungen ist, wird »durch die Aura der Geschichte, d.h. durch die Brei gewordene Vergangenheit veredelt«, wie Furio Jesi in seiner Studie *Kultur von rechts* formulierte. Das Luxurierende, ja Monströse der staatstragenden Ausdrucksformen operiert mit der immer gleichen Chimäre: mit einer Vergangenheit, die es *so* nicht gegeben hat.

Irene Brin hält sich von solcher mythologischer Betrachtungsweise fern. Im Mosaik ihrer Skizzen fehlt die Italien verordnete Kultur: 1937 – im gleichen Jahr wie *Omnibus* – wurde der Kunstpreis »Premio Cremona« begründet, der Versuch, einen Kanon der neuen Ästhetik zu bilden. Auf den prämierten Gemälden lagern sich breitschädlige Bauernfamilien zu verlogenen Pastoralen, Krieger bekämpfen sich in edlen Posen, Sportler deuten mit der komischen Würde von wiedererschaffenen Renaissancemenschen auf ihre geölten Muskeln. Eine Ramschkultur, die ihren Ausverkauf festlich begeht. Die geschönte, alte neue Ordnung ist das Thema, Anti-Intellektualismus und Populismus sind die Mittel zur Verwirklichung einer faschistischen Kunst in Italien. Wo die Prinzipien – Gehorchen – Kämpfen herrschen, soldatische, jesuitische Prinzipien, ist kein Platz für die Abenteuer intellektueller Entdekkungen oder für das Beharren auf avancierten ästhetischen Positionen. Verbannung, Gefängnis, Emigration heißen die Orte, an denen die Kämpfer gegen den Faschismus zu finden sind – und ein Plakat nennt neben zwei Bildern, die Ostjuden und Westjuden karikieren sollen, die Waffen: »Pessimismo e scetticismo – armi giudaiche« (Pessimismus und Skeptizismus – jüdische Waffen).

Wie lakonisch und genau gesehen ist ein Montagestück mit dem Titel *Visa*: »Große Wellen kalter und erbärmlicher Angst vertrieben geniale alte Herren und verschreckte Kinder aus ihren Häusern. Vor dem Eingang zum Musée de Cluny spielte eine Berliner Geigerin bei Regen im Regenmantel und hielt den zerstreuten Passanten eine baumwollbehandschuhte Hand hin: sie hatte kein *Visum*, wollte aber nach Indien fahren. Freud war sterbenskrank, aus Mitleid bewilligte man ihm ein *Visum* nach England. Zweig bekam kein *Visum* für Europa und beging in Südamerika Selbstmord. Mit blassen Lippen erzählten uns unsere Freunde: ›Ich bekomme vielleicht ein *Visum* für China oder Peru‹, und man stand Schlange vor den Konsulaten.«

Zweifellos, auf der Seite der Kämpfenden ist die elegante, witzige Irene Brin nicht zu finden, doch wovon sie spricht und was sie an herrschender Kultur übergeht, ist einer genaueren Betrachtung wert. Freud und Einstein gleich auf der ersten Seite des Buches, das liest sich rasch und leicht wie ein kulturelles *name dropping*. Ja, aber warum löst Freud ausgerechnet Einstein ab, ist das nicht ein beliebiger Griff in die Bücherkiste? Warum Freud, warum Einstein, was verbindet beide, daß sie so prononciert der Stimmung des Buches den Weg weisen? Beide sind Juden, beide sind Emigranten, es verbindet sie ihr berühmter antifaschistischer Aufruf, der Briefwechsel *Warum Krieg?* (1933).

Eine geregelte Welt. Sie besteht aus Zahlen, Titeln, Preisen, einer abgewogenen Ironie, Zirkeln des Vergnügens. Die Welt der Irene Brin ist so groß und so klein wie jedes Mosaik: Jedes Teilstück hat eine Bedeutung, aber es schwindelt einem, wenn man zu lange auf das einzelne wasserblaue oder kirschblütenfarbene Teilchen sieht. Die Notiz über die »Visa«, nach denen vor den Konsulaten nun Schlange gestanden wird, bekommt nicht viel mehr Platz als eine einzige Nachricht über die neuesten Launen der Gesellschaftstigerinnen. Und doch nimmt sie am Ende des ersten Kapitels allen vorangegangenen Capricci den fröhlichen Wind aus den Segeln. Mit dem Mangel an Butter und amerikanischen Zigaretten endet ein anderes Kapitel. Und ebenso abrupt bricht ein Text über Streiks ab, fast eine kleine Verbeugung vor der fröhlichen Unordnung. Was gibt es noch zu sagen, wenn die Streiks schließlich patriotische Manifestationen geworden sind?

Die Welt versteinert in einer neuen Ordnung, einer Schlachtordnung, täglich neu im Bunker entworfen. Die Bourgeoisie verliert den Kopf. Mussolini gibt seinem Imperium einen römischen Anstrich, unser Anstreicher borgt sich beim »Ahnenerbe« germanische Kostüme, in denen noch die Mottenkugeln der letzten Weihefestspiele stecken. Währenddessen werden Schädel vermessen, Gehirne gewogen, reichlich Mittel werden an die Hand gegeben, um Menschenexperimente durchzuführen, und das ist erst der Anfang. Die Farbe, in die die europäische Welt getaucht ist, nachdem der Faschismus zusammengebrochen ist, heißt Caput mortuum. Trümmer, Schutt, Schädel, wie Glas splitternde Gebeine. Kein Zeitalter wird mehr besichtigt, sondern Orte des Grauens.

Irene Brin: Usi e costumi. 1920–1940. Palermo 1981.
Irene Brin: Morbidezza. Kleine Geschichte des Snobismus zwischen den großen Kriegen. Aus dem Italienischen von Sigrid Vagt. Mit einem Nachwort von Ursula Krechel. Berlin 1986.

Walter Benjamin: Pariser Tagebuch. In: Gesammelte Schriften Bd. IV, 1. Kleine Prosa. Frankfurt am Main 1972.
Giuseppe Antonio Borgese: Golia. Marcia del Fascismo. Milano 1983.
Furio Jesi: Kultur von rechts. Basel/Frankfurt 1984.
Robert Michels: Italien von heute. Politische und wirtschaftliche Kulturgeschichte von 1860 bis 1930. Zürich/Leipzig 1930.
Georg Scheuer: Genosse Mussolini. Wurzeln und Wege des Ur-Fascismus. Wien 1985.
Klaus-Jürgen Sembach: Stil 1930. Tübingen 1971.
Edward R. Tannenbaum: The Fascist Experience. Italian Society and Culture, 1922–1945. New York/London 1972.
Lietta Tornabuoni: Nota. In: Irene Brin. Usi e costumi 1920–1940. Palermo 1981.

Die Zerstörung der kalten Ordnung: IRMGARD KEUN

Die Mädchenfiguren der Keun haben eine unerfahrene Begehrlichkeit, die nichts mehr ersehnt, als sich aus der Unerfahrenheit herauszuschälen wie aus einem zu eng gewordenen Mantel. Ihre natürliche Neugier prädestiniert sie zu Opfern und Anstrengungen, die sie freudig auf sich nehmen, als müsse es so sein. Da ihnen niemand einen roten Teppich aus Erfahrung vor die Füße breitet, ist das ihr einziger Zugang zu der ersehnten Welt, die sich freilich auf den zweiten Blick häufig als Halbwelt entpuppt; nicht nur in den Romanen der Keun, sondern in einer ganzen Reihe von Büchern am Ende der Weimarer Republik. In Irmgard Keuns erstem Roman *Gilgi, eine von uns* wird diese Notwendigkeit zur Veränderung am deutlichsten, aber sie wird, anders als in ihren späteren Büchern, moralisch begründet, nicht immanent aus der Realität des Romans. Deshalb sind auch in diesem frühen Roman die trivialen Elemente am stärksten ausgeprägt. Die Mädchenfiguren der Keun erleben ihre Jugend, ihre glatte Körperlichkeit als das wichtigste Kapital, das sie für ihren Eintritt in die Welt mitbringen und das sie eine Zeitlang alle anderen Güter vergessen läßt. Sie sind Meisterinnen in der Kunst, nicht unbedingt im Austausch gegen den eigenen Körper, aber immer im Versprechen, Wünsche und Bedürfnisse zu realisieren, von denen sie ihrem Status nach ausgeschlossen wären. Immer wieder blitzt auch die Angst auf, »an Fremdes gelehnt, an Fremdes gelehnt« zu sein, wie die Keun es der Ich-Erzählerin Gilgi in den Mund legt. Der Körper ist das Medium ihrer Erfahrung. Wo die Körpererfahrung fehlt, müssen Dinge, muß die Empfindlichkeit für die veräußerlichte Dingwelt an ihre Stelle treten. Doris im Roman *Das kunstseidene Mädchen* beschenkt ihre Freundin Therese zu Weihnachten und wünscht ihr, »daß die einsame Tapete von ihrem Zimmer viele Münder kriegt, die ihr lebendige Küsse geben«.

In Ermangelung anderer Erfahrungsmöglichkeiten als der materiellen treten die jungen Frauen als weibliche Körper in Konkurrenz zu anderen weiblichen Körpern, die ebenso wie sie ausgeschlossen sind von anderen als den materiellen Erfahrungen, denn die immateriellen Werte der Mädchen Gilgi, Doris und Sanna, der Hauptfigur in *Nach Mitternacht*, werden von Männern erst auf den zweiten Blick wahrgenommen, wenn überhaupt. Die Mädchen akzeptieren ihre Verdinglichung und inszenieren sie. So tritt an die Stelle der sicheren Selbstgewißheit in Ermangelung einer festgeschriebenen weiblichen Identität die männliche Fremdsicht auf die zu kapitalisierende, leicht verderbliche Ware Körper. »Wunderschön sieht die Gerti aus, wenn sie so dasitzt mit ihrem blauen Busen. Natürlich ist der Busen nicht blau, nur das Kleid darüber. Immer sieht die Gerti aus, als hätte sie nichts an. Das wirkt aber nicht unanständig bei ihr, weil sie so frech ist mit ihrem Körper und mit ihren Worten und gar nicht geheimnisvoll. Ihre Locken leuchten dick und blond, ihre Augen leuchten knallblau, ihr Gesicht leuchtet wie eine rosa Wolke. Ich leuchte gar nicht. Darum hat die Gerti mich wohl auch so gern. Obwohl sie sagt, ich könnte sehr niedlich aussehen und verstünde nur nicht, was aus mir zu machen.«

Da der Körper einziges Kapital ist, muß sein Wert multipliziert werden, indem seine Äußerlichkeit noch einmal nach außen gekehrt und veräußert wird; er wird ein Ding unter schönen Dingen. Dementsprechend wird ein gut Teil der Energien auf Puder, Schuhe, Hütchen, attraktive Hemden verwandt. In *Nach Mitternacht* wird die Veräußerlichung so weit getrieben, daß sie auch spielerisch auf die angewandt wird, deren Objekte die Frauen sonst resignierend werden: »Die Gerti sollte es lassen, einen SA-Mann zu reizen, indem sie sagt: die Reichswehrleute hätten schönere Uniformen und sähen auch sonst schöner aus – und wenn es schon einer von militärischer Rasse sein müßte, dann hätte sie lieber einen von der Reichswehr.« Leitmotiv der Verdinglichung des Körpers ist in *Das kunstseidene Mädchen* ein kostbarer Fehpelz, den Doris klaut, um vor dem Freund, der sie wegen einer Professorentochter verlassen hat, besser dazustehen: »– so süßer weicher Pelz. So zart und grau und schüchtern, ich hätte das Fell küssen können, so eine Liebe hatte ich dazu. Er sah nach Trost aus und Allerheiligen und nach hoher Sicherheit wie ein Himmel.« Die emotionale Sicherheit, die die Beziehung zu Männern nicht geben kann, muß durch den Diebstahl »erkauft« werden. Aber der Freund, dem inzwischen seine Felle bei der besseren Tochter weggeschwommen sind, kann aus dem Symbol Feh nur schließen, daß Doris aufgestiegen ist, daß sie für ihn nicht mehr »handhabbar« ist. Doris flüchtet, stürzt ins Auf und Ab einer unsicheren Existenz, immer in Angst, wegen des gestohlenen Pelzes von der Polizei belangt zu werden. Doch bei all ihren wechselnden Beziehungen bleibt der Pelz ihr einziger treuer Begleiter, er verhilft ihr zu Wert, sie füllt ihn mit ihrer Körperlichkeit, ihrer Mädchenwärme; sie verdienen sich beide.

Der Eintritt der jungen Heldin in den Raum, den ein Roman umspannt, ist ein anderer als der des jungen männlichen Helden. Der männliche Held interagiert, während viele weibliche Figuren – nicht nur bei Irmgard Keun – ständig reagieren, zum Reagieren gezwungen sind, weil ihr Aktionsradius historisch enger ist als der männliche. So sind Gilgi,

Doris, Sanna ständig in Bewegung, flüchten, taumeln von einer Reaktion in die andere, oder sie setzen sich reaktionsbereit in Pose. Dabei ist diese erhöhte Erlebnisbereitschaft nicht Selbstzweck, sondern wird, vielfach gespiegelt, zurückgeworfen und löst neue Bewegungen aus. So sagt Doris von ihrer Freundin Therese: »Sie ist ein gutes altes Haus, und weil sie kein Schicksal mehr hat wegen ihrem Verheirateten, lebt sie sich fest an meinem Schicksal. Es macht mir furchtbar Spaß, ihr zu erzählen, weil sie eine unerhörte Art hat, sich zu verwundern – und eigentlich ist doch immer alles dasselbe –, aber wenn ich ihr nicht erzählen könnte, hätte ich nicht so große Lust, fabelhafte Erlebnisse zu haben.«

Die Bewegung der Mädchenfiguren im männlichen Kosmos reicht bei Gilgi vom properen Jungmädchenzimmer bis in die weltläufige Bohème, bei Doris von der Provinzmuffigkeit in die Weltstadt Berlin, bei Sanna in *Nach Mitternacht* vom kleinbürgerlichen Mief über den Frankfurter Intellektuellenzirkel bis in ein ungewisses Exil. In einem Text aus dem Jahr 1957 gibt Irmgard Keun eine witzige, aber angemessene Erklärung für diese Bewegungsabläufe, die ihre frühen Romane kennzeichnen: »In einer Erzählung müssen die Leute sich bewegen, und wenn es verliebte Leute sind, sitzen sie nicht jahrzehntelang Hand in Hand. Sie tun's nun mal nicht.« Die Ich-Erzählerin Doris wählt sich die Bewegungsform, aus der ihre Identifikationsmuster entlehnt sind: »Und ich denke, es ist gut, wenn ich alles beschreibe, weil ich ein ungewöhnlicher Mensch bin. Ich denke nicht an Tagebuch – das ist lächerlich für ein Mädchen von achtzehn und auch sonst auf der Höhe. Aber ich will schreiben wie Film, denn so ist mein Leben und wird noch mehr so sein [...]. Und wenn ich später lese, ist alles wie Kino.«

Sehnlichster Wunsch ist es, die Identifikationsmuster einzuholen, die Bewegung des Films mit der eigenen Bewegung in Deckungsgleichheit zu bringen. Sehnsüchtig wird die eigene Bewegung beschleunigt zu laufenden Bildern, eine energische Dynamik treibt Doris weiter, treibt sie zu immer neuen Begegnungen, die – wenn es die Dramaturgie ihres Lebensgefühls erfordert – abgeschnitten, weggeblendet werden können. Wie im Film zu leben, heißt: im Bewußtsein eines Kamera-Auges zu leben, das jede Bewegung einfängt und (hoffentlich schmeichelnd) zurückwirft. Doris idealisiert aber gleichzeitig das Medium Film. Sie will Heldin sein, nicht fremdbestimmt den bekannten Drehbüchern hinterherlaufen; sie will eine Dramaturgie des eigenen Lebens entwerfen und sie gleichzeitig wie eine Zuschauerin im Kino genießen, selbst eine Rolle spielen, die sich nicht weit von den Mustern entfernt, selbst ein »Glanz« sein, Fiktion und den eher kläglichen Ausgangspunkt ihres Aufbruchs in einer schönen Aufblende verschmelzen. Volker Klotz schreibt in einer frühen Studie zu dieser programmatischen Passage: »Damit trifft die Autorin Keun das zeitgerechte, wohl mächtigste und einflußreichste Stimulans. Der Film als Massenmedium und Wirtschaftsfaktor, der immer stärker in den zwanziger Jahren sich durchsetzt, spielt gerade bei den kleinbürgerlichen und proletarischen Gesellschaftsklassen der Zeit eine entscheidende Rolle. Als ein faszinierendes Orientierungsmuster für Wünsche und Kompensationen.«

In den liebenswürdigsten und formal gelungensten Passagen des Romans, in denen Doris für einen Blinden »Sehen« sammelt – »und dann merke ich mir mein Sehen und bringe es ihm mit« –, wird das Prinzip des Films, die Reihung, Verknüpfung von Bildern zu einem Ganzen aus Teilen, in dem eine Vielzahl der Puzzlestücke sich gegeneinanderschiebt, das Prinzip des harten Schnitts nachempfunden. Sie flimmern, kaum angetippt, und verschwinden schon wieder. Die Mädchen aus den Romanen von Irmgard Keun bewegen sich in einer Ordnung, deren Oberfläche bröckelt angesichts des Arbeitslosenelends, des heraufziehenden Faschismus. »Und ich fühle, wie sich große Dinge für mich vorbereiten. Aber jetzt sitze ich noch mit 80 Mark und ohne neue Existenz und frage mich nur, wo ist nun ein Mann für meine Notlage. Die Zeiten sind furchtbar, keiner hat Geld, und es herrscht ein unsittliches Fluidum – denkt man bei einem, den kannst du anpumpen – pumpt er einen im Augenblick schon selber an.«

Sie sind hart im Nehmen, aber weich im Geben, unsentimentale Geschöpfe, heiterere, rheinische Cousinen der Gestalten der Marieluise Fleißer, sachlicher, knapper, beredter. Familienähnlich ist die auflehnende Gebärde der Bestimmung Mann gegenüber, der tastende Versuch, in dieser Ordnung einen selbstbestimmten Platz zu finden, möglichst nicht ganz unten, ehe er der Frau von einem Mann zugewiesen wird. Der knappe, kühle bis »eiskalte« Zugriff entspricht dem Lebensgefühl der jungen Generation Mitte der zwanziger Jahre, der Neuen Sachlichkeit. Das ist eine etwas euphemistische Bezeichnung für einen Stil, der aus den unsachlichsten ideologischen Auseinandersetzungen der späten Weimarer Republik hervorging. Der französische Germanist Félix Bertaux wählte früh den Terminus *l'ordre froid* – die kalte Ordnung – für das Stilgefühl der literarischen Jugend um 1930. Joseph Roth kommentierte bissig: »eine sehr schmeichelhafte Übersetzung, nur für jene Werke anzuwenden, die irrtümlich unter der Marke ›Neue Sachlichkeit‹ erschienen sind.«

Etwas ist eingefroren in dieser Zeit. Die Angestelltenkultur hat eine unsentimentale, unpathetische Haltung befördert, einen Wer-wird-denn-weinen-Stil, den auch die Figuren in den Romanen von Irmgard Keun glänzend beherrschen. Das reiche, sonnige, filmisch moderne Leben hat längst seine schäbige Rückseite gezeigt. Gegen die Gleichzeitigkeit, mit der die ideologischen Güter und Vorstellungen des Kleinbürgertums von links und rechts angegriffen und verwandelt werden, wird eine registrierende und dabei distanzierende Attitüde gesetzt. Obwohl die kalte Ordnung, die sachliche Distanz prinzipiell den konsumierbaren Wunschproduktionen des Kinos widerspricht, tritt der Oberflächenreiz, die Struktur der Wünsche – vielleicht am deutlichsten im industriellen Design – in der kühlen, bewußten Setzung, in dem entschiedenen Formwillen wie im Scheinwerferlicht zutage.

Der Begriff Neue Sachlichkeit ist auch deswegen für Irmgard Keun zu eng, denn »sachlich« sind die Romane der Keun keineswegs; sie sind überbordend, haben Fülle, Reichtum, Spannung, Witz. Kurt Tucholsky, der die Keun »entdeckte«, schrieb von den frühen Arbeiten ausgehend über die Autorin: »Sie hat Humor wie ein dicker Mann, Grazie wie eine Frau, Herz, Verstand und Gefühl«, sie ist, »was es noch nie gegeben hat, eine deutsche Humoristin.« Die Bezeichnung »Humoristin« klebte wie Pech an ihr. Und sie war leicht und mühelos von jemandem verliehen worden, der den Bereich Humor, Satire in seiner Gänze ganz und gar unangefochten abdeckte. Tucholsky baute neben sich ein Podest auf, sicherlich in freundlichster Absicht, aber ein Nebenpodest, das seinem solid gezimmerten Podest nicht zu nahe kam. Die Humoristin. Die erste Frau, die den Mount Everest bezwang. Die Marathonläuferin. »Was es noch nie gegeben hat.« Ein bestaunenswertes Etwas. Eine Frau dringt in eine Domäne von Männern ein. Da wird sie beäugt, vermessen, auf die Waage gestellt. Nicht gleich nach Erscheinen, erst als der Erfolg des Romans *Das kunstseidene Mädchen*, wie schon der von *Gilgi, eine von uns*, auch materiell ungewöhnliche Dimensionen annahm, wurde der Vorwurf laut, der Roman *Das kunstseidene Mädchen* sei in Wirklichkeit ein Plagiat des Romans *Karriere* von Robert Neumann, der, wie auch Tucholsky zugibt, weniger gelungen sei als der Roman der Keun. Da will auch Tucholsky sein Lob ungeschehen machen, redet der Autorin wie einem Schulmädchen ins Gewissen, und da sie bei einem literarischen Duell mit Neumann nicht satisfaktionsfähig ist, muß er sich auch der Schiedsrichterrolle enthalten, fordert die Keun aber zu einer Strafarbeit, einem Entschuldigungsbrief an Neumann auf, den sie hoffentlich niemals geschrieben hat.

Was immer eine Frau jenseits des Bereichs ihrer vorausgesetzten Minderwertigkeit tat, sie drang in ein von Männern befriedetes und sorgfältig bewachtes Gebiet ein, wurde dafür gescholten, in jedem Fall geschlechtsspezifisch wahrgenommen, oder ihr wird mit Rücksicht auf ihre Grazie, auf ihre unbefleckte weiße Tanzstundenbluse, deren erotische Dimension ohnehin leicht den Blick trübt, ein Nebenpodest errichtet. Überhaupt wäre es an der Zeit, nicht nur das Vergessen in seiner Methodik, sondern die Wahrnehmung der Frauen selbst im Kulturbetrieb, vermittelt durch die Tageskritik, zu untersuchen. Für die bildende Kunst sind solche Beobachtungen ansatzweise schon gemacht worden.

Tucholsky ist zugute zu halten, daß er zu diesem frühen Zeitpunkt nicht ahnen konnte, welche unheilvollen Folgen seine Etikettierung haben sollte. Höchst fahrlässig ging dagegen Hermann Kesten, der es als Lektor von Irmgard Keun hätte besser wissen müssen, mit der Etikettierung »Humoristin« um: »Sie zeigt: Man muß die Leute nur reden lassen, wie sie reden und die Leute werden komisch. Sie beweist: Man muß die Leute nur handeln lassen, wie sie handeln und sie erscheinen grotesk, wie sie in Wahrheit sind. Aber sie benutzt nicht die Methode der Naturalisten. Sie imitiert nicht. Sie parodiert. Sie sieht scharf und hört genau. Aber sie wiederholt nicht, sondern entlarvt. Sie ist ein Humorist.« Über seine erste Begegnung mit Irmgard Keun berichtet er in seinen Erinnerungen: »In der Halle des Hotels Métropole fand ich ein hübsches junges Mädchen, blond und blauäugig, in einer weißen Bluse, das lieb lächelte und wie ein Fräulein aussah, mit dem man gleich tanzen gehen möchte. [...] Ihre weiße seidene Bluse und ihre blonden Haare flatterten wie in einem wilden Wind, ihre Augen und ihre Hände schienen mitzusprechen, und es sprachen ihr Verstand und ihr Herz. Sie war naiv und brillant, witzig und verzweifelt, volkstümlich und feurig und kein Fräulein mehr, mit dem man tanzen gehen wollte, sondern eine Tochter, die sich ihrer Väter und Brüder schämt, eine Prophetin, die anklagt, ein Prediger, der schilt, ein politischer Mensch, der eine ganze Zivilisation verschlämmen sah. Alles an ihr sprach und lachte und höhnte und trauerte. Sie war ganz Schmerz, ganz Empörung, ganz Leidenschaft, ganz Humor.« Auffällig bei dieser Passage ist, daß bei Kesten das feminine Beiwerk und auch die femininen Endungen plötzlich stocken, wenn er die Keun als Person, als Schriftstellerin ernst nimmt.

Ich kann in den verzweifelten Bewegungen der um ihre Existenz gebrachten Romanfigur Doris und den anderen Mädchengestalten beim besten Willen keine Parodie auf den deklassierten Teil des weiblichen Kleinbürgertums erkennen. Eine Parodie wäre die Moritat vom gefallenen Mädchen, das zu hoch hinauswollte. Die hat die Keun nicht geliefert. Glücklicherweise. Kesten redet in seiner Würdigung der Keun von ihren Figuren als »verliebten kleinen Mädchen« und suggeriert so, man müsse sie nicht ganz ernst nehmen. Und ist es nicht ebenso zynisch, Sannas Versuch, den Widerschein der Politik in ihren kleinen Verhältnissen zu begreifen, als Parodie auszugeben? Wer angesichts der Bemühungen der verunsicherten Bohemiens in *Nach Mitternacht*, sich mit dem Faschismus auseinanderzusetzen (Heini) oder sich in ihm häuslich einzurichten (Algin), von Humor und Satire spricht, hat wohl die Augen beim Lesen fest zugemacht. Irmgard Keun läßt Heini seinem Freund Algin die zornigen Sätze entgegenschleudern: »Das mit dem Umbringen ist eine gute Idee von dir, du solltest es wirklich tun. Du hattest mal Talent, du hattest mal Erfolg. Jetzt ist dein Leben arm geworden, schmutzig auch. Deiner Frau zuliebe, deiner albernen Wohnung zuliebe, deinen Möbeln zuliebe hast du ein paar lächerliche Konzessionen gemacht, bist zusammengesessen mit Leuten, die dir minderwertig schienen. Hast gegen dein Gefühl, gegen dein Gewissen geschrieben. Ein armer Literat bist du. Einen historischen Roman willst du jetzt schreiben? Als Eunuch wirst du diesen Roman schreiben. Ein Schriftsteller hat sich weder vor den eigenen Sätzen noch vor Gott und der Welt zu fürchten, wenn er schreibt. Ein Schriftsteller, der Angst hat, ist kein Schriftsteller. Aber abgesehen davon: du bist überflüssig. Durch die Diktatur ist Deutschland jetzt ein vollkommenes Land geworden. Ein vollkommenes Land braucht keine Schriftsteller. Im Paradies gibt es keine Literatur. Ohne Unvollkommenheiten gibt es keine Schriftsteller und keine Dichter. Der reinste Lyriker bedarf der Sehnsucht nach Vollkommenheit. Wo Vollkommenheit ist, hört die Dichtung auf. Wo keine Kritik mehr möglich ist, hast du zu schweigen. Was willst du im Paradies über Gott schreiben? Was willst du über die Flügel der Engel schreiben? Daß sie zu kurz geschnitten sind oder zu lang? Sie sind weder das eine noch das andere. Das Vollkommene macht jedes Wort überflüssig. Man schreibt und spricht, um sich verständlich zu machen. Die vollkommene Einigkeit unter den Menschen ist das Schweigen.«

Hat Kesten diese Passage nicht gelesen, hat er sie vergessen, um Irmgard Keun in ihren – zugegeben – häufig ausgefuchsten Lustigkeiten zu verewigen, in denen sie mit keinem ihrer männlichen Kollegen konkurriert? So läßt sich in diesem Fall der Prozeß des Vergessens rekonstruieren. Man kann eine Schriftstellerin unter einem Epitaph begraben, das sie fahrlässig fälschlich einer niederen Gattung zuordnet: Eine in Köln oder um Köln herum ansässige Humoristin, das ist eine Formulierung für Lokalnachrichten. Dabei vergeht die Lust, genau hinzusehen.

Eben nicht wegen ihres Humors, wegen der parodistischen Elemente, sondern wegen ihrer Parteinahme für die Entwurzelten und weil ihren Ich-Erzählerinnen eine unsichere, vogelfreie Promiskuität allemal verlockender erscheint als das tradierte Bild der Frau und Mutter, das der Faschismus festschrieb, wurden Irmgard Keuns Romane *Gilgi, eine von uns* und *Das kunstseidene Mädchen* schon im Frühjahr 1933 auf die Vorläufer der Schwarzen Listen gesetzt. Die gesamten Bestände ihrer Bücher wurden durch die Gestapo in den Lagerräumen des Universitas Verlages beschlagnahmt. Buchhandlungen und Leihbibliotheken in der Provinz wurden nach ihren Büchern durchforstet. Damit war ihre ökonomische Existenz vernichtet. Die Gestapo blieb Irmgard Keun weiter auf den Fersen. Sie mußte sich einem Verhör unterziehen.

Diese letzten Erfahrungen in Deutschland gingen in den Roman *Nach Mitternacht* ein, in dem sie den täglichen Faschismus, das opportunistische Denunziantentum der gutbürgerlichen Kölner Kreise beschrieb. Sanna, die Fremde, nicht Angepaßte, wird zum Opfer dieses Klüngels, aber sie weiß, daß es noch andere Opfer gibt, denen es schlimmer ergeht als ihr: »In einem Auto mußt ich dann mit ihnen zum Präsidium fahren und mich oben in das Zimmer der Gestapo setzen, stundenlang. Ich wußt nicht, was mit mir los war, immerzu kamen Leute, Protokolle wurden aufgenommen. Kölsche Männer erzählten von anderen kölschen Männern, daß die Rot Front gerufen hätten. Eine uralte Frau kam und erzählte stundenlang von ihrem Untermieter, der keine Miete zahlte und Kommunist wäre. Er hätte die Hakenkreuzfähnchen, mit denen sie den Balkon geschmückt hätte, abgerissen. Nein, gesehen hätte sie es nicht, aber die Hakenkreuzfähnchen wären abgerissen gewesen. [...] Drei Schreibmaschinen klappern im Zimmer – unaufhaltsam, unentwegt. Unaufhörlich kommen Leute, die jemanden anzuzeigen haben. Man meint, dies schäbige graue Gestapo-Zimmer hier wär der Sammelplatz für ganz Köln geworden. [...] ›Wo ist mein Mann?‹ Mitten zwischen den Schreibmaschinen steht plötzlich eine Frau, ihr Gesicht ist fahl, ihr Haar strähnig. Hochschwanger ist sie. Ich springe auf, alle die Angezeigten, die in Abständen voneinander an den Wänden sitzen, springen auf, damit sie sich setzen soll. Man sieht, daß in jedem Augenblick die Wehen anfangen können. ›Wo ist mein Mann? Gestern abend um neun ist er plötzlich abgeholt worden, das Stempelbuch und das Stempelgeld hatte er in der Tasche, ich hab kein Geld, ich steh vor der Entbindung, wo ist mein Mann?‹ Die Schreibmaschinen klappern, klappern. ›Gebt Eure Adresse, Frau‹, sagt der Beamte, ›es wird sich alles finden, beruhigt Euch.‹ Die Frau ist auch ganz ruhig und hart. ›Wo ist mein Mann?‹ Und immer mehr Menschen strömen herbei, das Gestapo-Zimmer scheint die reinste Wallfahrtsstätte. Mütter zeigen ihre Schwiegertöchter an, Töchter ihre Schwiegerväter, Brüder ihre Schwestern, Schwestern ihre Brüder, Freunde ihre Freunde, Stammtischgenossen ihre Stammtischgenossen, Nachbarn ihre Nachbarn. Und die Schreibmaschinen klappern, klappern, klappern, alles wird zu Protokoll genommen, alle Anzeigenden werden gut und freundlich behandelt. Zwischendurch kommen Mütter, deren Söhne verschwunden sind, Frauen, deren Männer verschwunden sind, Schwestern, deren Brüder verschwunden sind, Kinder, deren Eltern verschwunden sind, Freunde, deren Freunde verschwunden sind. Diese Fragenden werden nicht so gut und freundlich behandelt wie die Anzeigenden.«

Nach einem Hilfsangebot des niederländischen Verlags Allert de Lange entschließt sich Irmgard Keun zur Emigration. Ihr Ehemann, der Schriftsteller Johannes Tralow, zieht es vor, in Deutschland zu bleiben und sich mit den Nazis zu arrangieren. In Ostende läßt Irmgard Keun sich vorläufig nieder, dort lernt sie im Sommer 1936 Joseph Roth kennen: »Egon Erwin Kisch und seine Frau Gisela führten mich ins Café Flore in Ostende. Wenig später kam Stefan Zweig mit einem Herrn herein, der vor Trunkenheit schwankte und dessen Rock mit Zigarettenasche bedeckt war. Kisch sagte belustigt, mit einem Blick auf den Rock, ›Was? Ohne Krone! Ohne Hermelin!‹ und stellte mir Joseph Roth vor.«

Roth ist aus Paris in das belgische Seebad gekommen, er hat sich gerade von seiner langjährigen Gefährtin Andrea Manga Bell getrennt und schreibt seiner französischen Übersetzerin Blanche Gidon am 15. Juli 1936 die ehernen Sätze, die viel von seiner Vorstellung über eine Beziehung zu einer Frau verraten: »Frau Manga Bell hat sich konstant geweigert, nach den Gesetzen meines Lebens zu leben. Ihre Kinder waren und sind ihr viel wichtiger als ich.«

Joseph Roth möchte zurück zu Andrea Manga Bell, als es ihm schlecht geht, da will sie nicht mehr, daß er zurückkommt. In dieser Verfassung trifft ihn Irmgard Keun.

Schnell werden die beiden ungleichen Schriftsteller ein Paar: die lebensvolle junge Frau und der müde, nicht mehr junge Mann, der schon immer heimatlos gewesen ist, schon vor der Emigration. Sie schreiben, sie reisen, sie stützen einander. Am 4. Juni 1937 schreibt Friderike Zweig nach einem Besuch des Paares in Salzburg an ihren Mann: »Er ist in denkbar bester Form und oft ungemein heiter. Keun ist überhaupt ein sehr heiterer Mensch mit den besten Charaktereigenschaften, die man sich vorstellen kann und sie hält vorläufig noch allen Anfechtungen, die von ihm ausgehen stand. Für ihn ist sie ein Glück.« Im Gespräch mit dem Roth-Biographen David Bronsen spricht Irmgard Keun in der ihr eigenen Detailfreudigkeit von ihrer Angst, in der Emigration allein zu sein; sie nennt Roth den einzigen Mann, dessen Worte in ihrer Seele Wurzeln geschlagen haben, der sie »gefesselt« habe – in des Wortes doppelter Bedeutung. Hat Irmgard Keun nach den Gesetzen seines Lebens gelebt? Das Paar lebt von der Hand in den Mund: »Immer mußten wir uns Sorgen machen, wovon wir die Hotelrechnung bezahlen sollten, ob das vorhandene Geld reichen würde, bis das Buch, an dem gerade gearbeitet wurde, fertig war. Unsere Sachen haben wir ein paar Mal verpfändet und einmal, als unsere Visa abgelaufen waren und wir in ein anderes Land reisen mußten, fuhren wir im teureren Waggon Lit, weil man so am ehesten um die Paßkontrolle herumkam. Aber irgendwie kam immer Geld, gerade wenn es am schlimmsten aussah. [...] Roth hatte ein starkes Mitteilungsbedürfnis. Wie Heine war er ein Gemisch aus Ironie und Wehleidigkeit. Er erwartete Mitgefühl von mir, hätte es aber nie über sich gebracht, das zu bekennen. Er kehrte den Spieß um – führte sich als meinen Herrn und Beschützer auf, was mir manchmal auf die Nerven ging. Wenn ich ihm Gelegenheit dazu gab, stand er mir sofort mit Rat und Trost zur Seite.

So belehrte mich Roth darüber, auf welche Weise ich meinen in Deutschland verbliebenen Mann, der nicht in eine Scheidung einwilligen wollte, loswerden konnte. Ich folgte Roths Rat und schrieb, daß ich mit Juden und Negern schlafe, was auch sofort zum erwünschten Resultat führte. [...] Er machte einen so starken Eindruck auf mich, daß ich es nicht nötig fand, seine Bücher zu lesen. [...] Wir haben am selben Tisch unsere Bücher geschrieben, aber über Literatur hat er mit mir nicht gesprochen – das tat er lieber mit Hermann Kesten. Statt dessen unterbrach er sich hin und wieder beim Schreiben und sagte: ›Kaninchen, ich hab a' scheene Erfindung.‹ Er lächelte und gleich war er mitten drin. Manchmal ging es auf eine winzige Begebenheit zurück, die sich in unserer Gegenwart abgespielt hatte, aber seine sekundenschnell reagierende Phantasie hatte sie in etwas anderes verwandelt.«

Von Zeit zu Zeit fahren die beiden nach Bredene, wo Kisch lebt. Bei ihm treffen sich vorwiegend Mitglieder der Kommunistischen Partei, darunter der Verleger Willi Münzenberg. Irmgard Keun sympathisiert mit diesem Kreis, der die Ereignisse in Spanien heftig diskutiert – der Bürgerkrieg war gerade ausgebrochen –, »während Roth mit seiner Ansicht zurückhielt und nur an der Gesellschaft von Kisch interessiert war«, wie Arthur Koestler als Zeuge berichtet.

Im Spätherbst ist die Idylle von Ostende vorbei, die Emigranten brechen in alle Richtungen auf. Keun und Roth reisen nach Paris, nach Nizza, nach Warschau, nach Lemberg, in seine galizische Heimat; Roth hat einige Einladungen in der Tasche. In kleinen Orten hält er Vorträge – jeden zweiten Abend im Smoking. In Galizien beendet Irmgard Keun ihr Buch *Nach Mitternacht*; es erscheint im Querido Verlag. Zwischen Querido und Allert de Lange wechseln die Emigranten-Autoren häufig hin und her. Keuns Roman *Das Mädchen, mit dem die Kinder nicht verkehren durften*, Beschreibungen aus einer wilden, immer wieder eingefangenen Kindheit in Köln, war 1936 bei der deutschsprachigen Abteilung von Allert de Lange erschienen. Offenbar waren wie bei einigen anderen Autoren die Vorschüsse des Verlags immer schon aufgebraucht, ehe ein neues Manuskript vorlag. Der jeweils unbelastete Verlag war jedoch bereit, einen Vorschuß auf das neue Manuskript zu geben. Nach Beendigung des Romans erlebt Irmgard Keun eine tiefe Krise, über die sie 1947 in *Bilder und Gedichte aus der Emigration* Auskunft gibt: »Deutschland und seine Menschen wurden mir immer ferner und blasser. [...] Was ich über das nationalsozialistische Deutschland, wie ich es kannte, zu schreiben hatte, hatte ich geschrieben. Noch einen Roman konnte ich nicht darüber schreiben. Von nun an kannte ich es ja auch nicht mehr aus eigenem Erleben. [...] Die Emigranten hatten kein Land, das ihnen gehörte, und sie lebten eine mehr oder weniger provisorische Existenz. Deutschland kannten sie nicht mehr und konnten auch nicht mehr darüber schreiben, zumindest keinen gesellschaftskritischen Roman, dessen Personen Blut haben und die man mit der Hand anfassen zu können glaubt. [...] Und konnte man etwa schildern, wie man sich falsche Pässe und Visa verschaffte, um sich in irgendein Land hineinzuschwindeln? Wie und wo man bestehen konnte? Wie man heimlich und verboten arbeitete, als sei es ein Diebstahl? Es gab da so Vieles, das man nicht hätte schildern können, da man es nicht verraten durfte. [...] Alle diese Erwägungen wurden so beklemmend, daß ich fürchtete, nie in meinem Leben mehr ein Buch schreiben zu können.«

Später sind Roth und die Keun in Wien. Kisch kündigt sie in einem Brief an seinen Bruder so an: »Übrigens sind jetzt zwei meiner Freunde in Wien: Joseph Roth ... und Frau

Irmgard Keun … Wenn du sie kennenlernst, werde ich mich sehr freuen, aber besauf dich nicht dabei, die beiden trinken wie die Löcher.« Beide? In Wien schreitet Roths körperlicher Verfall rapide fort, obwohl die Freunde, allen voran Stefan Zweig, versuchen, ihn hochzupäppeln. Die Last, die Irmgard Keun sich aufgeladen hat, wird zu schwer für sie. Roth spürt, daß ihm das letzte Zugehörigkeitsgefühl zum »alten« Österreich davonschwimmt, ahnt wohl die Angliederung an das nationalsozialistische Deutschland voraus. Er läßt die Keun keinen Augenblick mehr aus den Augen. Seine deliranten Zustände erschrecken die junge Frau: »Nachts im Hotelzimmer schaute er mich einmal mit schweifendem Blick und in einem Zustand furchtbarer Beängstigung an und fragte dringend: ›Wo ist die Frau Keun?‹ Ich brüllte ihn an: ›Frau Keun ist unten im Restaurant, und Sie sollen schlafen gehen!‹ Am nächsten Tag schien er sich des Vorfalls nicht zu erinnern, und ich habe auch nichts davon erwähnt.«

Über Brüssel, Ostende, Amsterdam führt der gemeinsame Leidensweg nach Paris. Im Interview mit David Bronsen gibt Irmgard Keun Rechenschaft über die letzten gemeinsamen Monate: »Roth […] wollte über Menschen gebieten, seine hypnotischen Kräfte an ihnen erproben. Hatte er dann sein Ziel erreicht, verlor er das Interesse an ihnen. Aus mir wollte er etwas machen, was ich nicht war. Oft sagte er mir: ›Eine Frau benimmt sich nicht so.‹ ›Eine Dame tut sowas nicht.‹ Mit dem Taxichauffeur durfte ich anstandshalber nicht sprechen. Ein Paket zu tragen, war mir nicht erlaubt. Er wollte aus mir eine ergebene Magd machen, mich zur ›Zartheit‹ erziehen. Er drängte mich in die Rolle eines bemitleideten Wesens hinein, bis ich selber daran glaubte, er zermürbte mich so, daß ich weinen mußte. Roth war in jeder Hinsicht eifersüchtig und machte auch mich so […]. Durch den Alkohol verstärkte sich diese Tendenz noch bei ihm, so daß er mich zum Schluß nicht mehr aus den Fingern ließ. Nicht einmal austreten konnte ich, ohne daß er unruhig wurde. Schlief ich ein, so hatte er seine Finger in meine Haare eingewühlt, auch noch, wenn ich aufwachte. Abschiede waren ihm unerträglich geworden, so daß ich ihm schwören mußte, ich würde ihn nie verlassen. Durch seine wahnsinnige Eifersucht fühlte ich mich immer mehr in die Enge getrieben, bis ich es nicht mehr aushielt, bis ich unbedingt ausbrechen mußte. In Paris verließ ich ihn mit einem tiefen Seufzer der Erleichterung und ging mit einem französischen Marineoffizier nach Nizza. Ich hatte das Gefühl, einer unerträglichen Belastung entronnen zu sein.«

Hier brechen die verbürgten Nachrichten über Irmgard Keun vorerst ab, auch die Mitteilungen von Roth werden spärlich. 16 Monate nach diesem Abschied hat er seinen schleichenden Selbstmord zu Ende gebracht, er stirbt in einem Pariser Hospital. Hat Irmgard Keun, die »gute Keun«, wie Stefan Zweig sie in einem Brief an Roth apostrophiert, nach den Gesetzen seines Lebens gelebt, wie er es von Andrea Manga Bell so selbstverständlich gefordert hat? Vielleicht eine Zeitlang.

Ich habe mich so tief in diese kurze Etappe von Irmgard Keuns Leben eingelassen, obwohl ich mir der Gefahr bewußt bin, aus Vorliebe für einen literarischen Gegenstand die Grenze der Intimität zu überschreiten. Ich habe mich so tief in die Beziehung zwischen der Keun und Roth eingelassen, weil ich hier Antworten auf die Frage nach dem systematischen Vergessen weiblicher Kulturleistungen vermute. Irmgard Keun hat sich dem selbstvergessenen Prozeß, an der Seite eines »großen« Mannes zu leben, ausgeliefert. Gewiß hat sie davon profitiert, aber diese Symbiose zwischen der »guten« Frau und dem »großen« Mann läßt Eigenheit nicht mehr zu. Oder das Wehren gegen die stärkere Identität wird zur zweiten Haut, zum Schutz – wie Irmgard Keun ihr Schreiben schützte, indem sie sich weigerte, Roths Bücher zu lesen. Eine kleine, aber überdeutliche Geste, in der aber auch Destruktion und Aggression verborgen sind. Jedoch, auch diese Frage ist trostlos, und es gibt keine Antwort darauf, wie viel weniger verbürgte Nachrichten über die Schriftstellerin Irmgard Keun auf uns gekommen wären, wäre sie nicht die Freundin eines berühmten Mannes, eine seiner Kronzeuginnen geworden. Ohne den mythenbildenden männlichen Beistand sind und bleiben die Nachrichten dünn.

Unter dem Datum des 25. November 1938 schrieb der Schriftsteller Ernst Weiss an Willi Bredel nach der Klage über die elende eigene Situation eine winzige Bemerkung über die Keun: sie sei »durch Ratlosigkeit, Geldmangel und Verzweiflung in eine schwierige Lage gekommen«. Sie ging nach Amsterdam zurück, wurde dort im Mai 1940 vom Überfall der deutschen Truppen auf die Niederlande überrascht. Es ist ihr offenbar nicht gelungen, im letzten Augenblick ein Visum für ein anderes Exilland zu bekommen. Ihr Freund Roth ist tot, ihr Mentor Tucholsky ist seit Dezember 1935 tot, ihr Lektor bei Allert de Lange, Hermann Kesten, reist 1940 in die USA und bleibt dort, Kisch ist in Mexiko. Ernst Weiss, von dem diese letzte Nachricht stammt, nimmt sich 1940 beim Einmarsch der deutschen Truppen in Frankreich das Leben. Ernst Toller, der den Sommer 1936 wie Irmgard Keun in Ostende verbrachte, wird 1939 tot in seinem New Yorker Hotelzimmer aufgefunden. Er hat sich erhängt.

Die zweite Flucht beginnt für Irmgard Keun, verzweifelter noch als die erste. Mit falschen Papieren reist sie nach

Deutschland zurück. Erleichtert wird ihre Flucht dadurch, daß sie irrtümlich für tot erklärt wird – wie ihre Freunde. Fünf Jahre bis zum Kriegsende, die produktiven mittleren Jahre, lebt sie illegal. Ich schreibe diesen Satz nieder wie einen richtigen deutschen Satz, an dem kein Fehl ist. Er füllt sich für mich nicht mit Leben, sondern mit Angst, Neugier, er steckt voller Fragen: Wie war das? Das Gefährliche solcher Sätze ist, daß man mit ihnen etwas zu erkennen glaubt, dabei versperren sie nur den Zugang zu den Tatsachen.

Irmgard Keun mangelte es kurz nach dem Krieg nicht an Eintrittsbilletts in die literarische Gesellschaft. 1946 erschien ihr Roman aus der Emigration *D-Zug dritter Klasse* in Deutschland, 1947 *Bilder und Gedichte aus der Emigration*, 1949 wurde *Das Mädchen mit dem die Kinder nicht verkehren durften* wieder aufgelegt, 1950 folgte der Roman *Ferdinand, der Mann mit dem freundlichen Herzen*. Es ist der erste und letzte Roman der Irmgard Keun, in dem sie die Perspektive des kindlichen Staunens einer männlichen Hauptfigur vorbehält. Stellte die Autorin fest, daß die Zeit zum Staunen vorbei war, daß vielmehr schleunigst eine Sicherheit in den Sätzen da sein mußte, die über die ideologischen Unsicherheiten hinwegsehen lassen sollte? War die Perspektive des kindlichen Staunens den Erfahrungen nicht mehr adäquat? Und welche Welten hätten sich aufgetan, wäre plötzlich über der Verdinglichung aller Beziehungen der liebevoll drapierte Schleier weggerissen worden? Manchmal, blitzartig, scheinen in *Ferdinand* solche entkleidenden Sätze auf: »Sie bekommt keinen Mann und ich bekomme kein Auto«, läßt Irmgard Keun den Mann mit dem guten Herzen denken. Und: »Armut ist nicht nur eine Schande, sondern auch die einzige Schande. [...] Seit ich denken kann, sind überall auf der Welt Menschen damit beschäftigt, mich zu vernichten.«

In solchen Sätzen hat das Staunen ein Ende. Es muß ein Ende haben, aber es hat bei Irmgard Keun ein freundliches, beiläufiges Ende, das sich nicht auf dem Marktplatz ausstellt, sondern in schützende Nischen schmiegt.

Ich rufe Hermann Kesten in Rom an. Er weiß nichts, hat seit fünf Jahren keinen Kontakt zu Irmgard Keun. Er habe noch einige Briefe an sie geschrieben, aber nie eine Antwort erhalten, das müsse nichts bedeuten. Ich frage weiter: Geht es Irmgard Keun sehr schlecht? Oder ist es ihr vor fünf Jahren sehr schlecht gegangen? Wissen Sie, sagte Kesten mit zitternder Greisenstimme, sie ist eine alte Schriftstellerin, allen alten Schriftstellern geht es schlecht. Sie vertelefonieren viel Geld für nichts. Vielleicht weiß Böll etwas. Hermann Kesten, dessen Reaktion mich irritierte, ist dann doch tätig geworden. Er überwies Irmgard Keun von seinem Privatkonto 100 DM und mobilisierte den PEN-Club, dessen Präsident er von 1972–1976 war. Hugo Ernst Käufer wandte sich an Irmgard Keun im Auftrage des PEN-Clubs und schickte ihr einen Verrechnungsscheck. Auch ihre frühere Mitgliedschaft im deutschen PEN wurde wieder aktiviert. Ein Unterstützungsantrag bei der Deutschen Künstlerhilfe wurde für Irmgard Keun gestellt.

In den fünfziger Jahren schreibt Irmgard Keun Tagesfeuilletons, windleichte Betrachtungen, besonders für die Düsseldorfer Zeitung *Der Mittag*. Seifenblasengleiche, verplauderte Miniaturen, die unschuldig einen Markt bedienen wollen, der auf sie nicht gewartet hat. Also eine weibliche Robert-Walser-Tragödie? Die kleinen Glanzstücke, die nichts bedeuten wollen, sich leicht machen, brauchen einen Rahmen, der sie zum Glänzen bringt. Die Tradition des klassischen Feuilletons der Weimarer Republik ist weggerutscht, ins Abseits gerutscht, auch die Zeitkritik der fünfziger Jahre kommt gravitätischer, ja, auch biederer, weniger koboldhaft daher. Die mager und puritanisch gewordenen Zeitungen der Provinz schreiben gegen keine Weltstadt-Konkurrenz mehr an. Das Feuilleton braucht aber die Folie des Reichtums, es muß aus dem vollen schöpfen können, jetzt herrschte der Mangel oder die krampfhafte Anstrengung, durch Euphorie den Mangel zu übertölpeln. Das Kleinbürgertum regiert, das hat Irmgard Keun schon einmal beschrieben. Jetzt schweigt sie.

Irmgard Keun: Gilgi, eine von uns. Roman. Berlin 1931.

Irmgard Keun: Das kunstseidene Mädchen. Roman. Berlin 1932.

Irmgard Keun: Das Mädchen, mit dem die Kinder nicht verkehren durften. Amsterdam 1936.

Irmgard Keun: Nach Mitternacht. Roman. Amsterdam 1937.

Irmgard Keun: D-Zug dritter Klasse. Roman. Amsterdam 1938.

Irmgard Keun: Kind aller Länder. Roman. Amsterdam 1938.

Irmgard Keun: Bilder und Gedichte aus der Emigration. Köln 1947.

Irmgard Keun: Ferdinand, der Mann mit dem freundlichen Herzen. Roman. Düsseldorf 1950.

Irmgard Keun: Wenn wir alle gut wären. Kleine Begebenheiten. Erinnerungen und Geschichten. Berlin 1957.

Irmgard Keun. Zeitzeugen, Bilder und Dokumente erzählen. Hrsg. von Heike Beutel und Anna Barbara Hagin. Köln 1995.

David Bronsen: Joseph Roth. Eine Biographie. Köln 1974. Interview I. K. Köln 1974.

Horst Denkler: Sache und Stil. Wirkendes Wort, 18. Jg. 1968.

»Jede Freundschaft ist mir verderblich«. Joseph Roth und Stefan Zweig. Briefwechsel 1927–1938. Hrsg. von Madeleine Rietra und Rainer Joachim Siegel. Göttingen 2011.

Hermann Kesten: Meine Freunde die Poeten. München 1959.

Volker Klotz: Forcierte Prosa. Stilbeobachtungen an Bildern und Romanen der »Neuen Sachlichkeit«. In: Dialog. Festgabe für Joseph Kunz. Hrsg. von Rainer Schönhaar. Berlin 1973.

Robert Neumann: Karriere. Roman. Stuttgart 1931.

Joseph Roth: Schluß mit der »Neuen Sachlichkeit«. In: Die Literarische Welt. 1931/3.

Joseph Roth: Briefe 1911–1939. Hrsg. und eingel. von Hermann Kesten. Köln/Berlin 1970.

Inge Schumacher: Sie haben uns annektiert. Gespräch mit Gislind Nabakowski. In: Künstlerinnen international 1877–1977. Ausstellungskatalog Neue Gesellschaft für Bildende Kunst, Berlin 1977.

Kurt Tucholsky: Ausgewählte Briefe 1913–1935. Hrsg. von Mary Gerold-Tucholsky und Fritz J. Raddatz. Reinbek 1962. S. 219.

Hans-Albert Walter: Asylpraxis und Lebensbedingungen in Europa. Deutsche Exil-Literatur 1933–1950. Band 2. Darmstadt/Neuwied 1972.

III

BALLMER

Ortlosigkeit, Stucktröstung:
INGEBORG BACHMANN

»So sollten Sie sich hüten, jemals zufällig Zeuge von den wirklichen Verhältnissen zu sein.«
Ingeborg Bachmann: Aus den Entwürfen zur Figur Malina

Es war die Zeit, in der einer mir in den Ohren lag: Schreib doch Geschichten! Man muß sich die Ohren verstopfen vor der Forderung, Geschichten zu schreiben. Geschichten sind immer schon da, unerfundene Geschichten sind auffindbar. Anhäufungen, Berge voller Verstörungen, Brillen, Gebirge aus Schuhen, von denen jeder einzelne eine unerhörte Geschichte hat. Wo Geschichten schon da sind, muß ich gehen, muß ich gegangen sein, Platz machen. Geschichten führen in den Tod. Aber die Flügeltüren der großen Berliner Wohnung stehen offen, bilden einen weiten Rahmen. Das Leben soll im Rahmen bleiben, die Personen sollen nicht ausufern, nicht mit halber Schwerkraft aus dem Fenster hängen, nicht an der Flasche hängen (wo sind wir?), Subjekte von Geschichte. Die Personen schlagen über die Stränge. Anderntags sind sie streng miteinander, leugnen jeglichen Zusammenhang untereinander, als wären sie durch dichten Nebel getappt, wollen sich schlagen, knallen die ihnen nicht gehörende Reiseschreibmaschine auf den Boden. Seifenstücke mit starkem Mandelgeruch fliegen durch die Luft und gleiten aus auf den Fliesen. Plötzlich sind die weißen Fliesen rotglühend vor Zorn. Von Menschenwürde ist die Rede in einem Appell, der auffliegt in die menschengewittrige Luft. Es gibt keine Entschuldigung für nichts, noch stehen die Flügeltüren offen,

Reparaturen, Blessuren, überhitzte Temperaturen. Dann werden sie geschlossen, Kalter Krieg in den Zimmern. Am Ende der Kampfhandlungen werden die Flügeltüren wieder geöffnet. Handschlag unter dem Türsturz, Handkantenschläge angeblich vergessen. Friede, Friede. Ich will wieder lieb sein, du willst wieder lieb sein, er sie es will wieder lieb sein. Am Abend rennt ein Kind aus dem Fernseher geradewegs in das Berliner Zimmer, auf seinem Rücken die Flammenwolke aus Napalm. Das Kind läuft durch uns hindurch, wir können es nicht aufhalten, wir können nichts für es tun.

Einmal und nie wieder die Flügeltüren offenhalten. Die mit schwarzen Rätselzeichen geritzten Papiere türmen sich nicht mehr auf, liegen uns zu Füßen, danken uns kniefällig, daß sie von uns beschrieben worden sind. Doch ich fürchte mich, fürchte mich unbändig, die Papiere sind treulos, während die Menschen Treue (zu sich selbst) vorspiegeln. Eines Abends gehe ich aus dem Haus, die Papiere liegen offen auf dem Tisch. Wenn ich spät in der Nacht zurückkomme, treulos, sind sie weggeflogen, einer hat sie aus dem Fenster geworfen, treulos, jemand hat das Schreibzimmer betreten, nicht spurenlos, meine Papiere, mit Füßen getreten, haften nicht. Alles geschieht in geheimer Mission, unter ständiger Observation, Rätselzeichen auf den Kalenderblättern, Sklavensprache, Angstsprache, Lustsprache: beim dauernden Verrat entdeckt zu werden. Schreib doch Geschichten! Die Geschichtslosigkeit schwankt, ist selbst Verrat. Einer verläßt mein Schreibzimmer auf leisen Sohlen. Später sagt einer: Ich habe in deinem Tagebuch gelesen. Du schreibst ja bloß über mich. Politik kommt gar nicht vor.

Es ist die Zeit, in der 37 deutschsprachige, schriftstellerisch und verlegerisch tätige Menschen sich den fünftausend amerikanischen Professoren und Dozenten anschließen und für die sofortige Beendigung des Krieges in Vietnam eintreten. Unter ihnen ist Ingeborg Bachmann. Es ist die Zeit des Solidarisierens, Appellierens, Protestierens. In dieser Zeit ist Bachmann mit einem Stipendium der Ford-Foundation in Berlin unter lebhaft tätigen Menschen. Berlin, diese Aussichtskanzel der freien Welt, thront über den Beschädigungen, weist seine Wunden wie Trophäen vor. Es ist die Zeit, in der die Stimmen von Schriftstellern Gewicht zu haben scheinen, auch wenn sie heiser sind oder sich verhaspeln, auch wenn das Gewicht der Stimme den ganzen Menschen niederdrückt, auch wenn sich die Last der aufgebürdeten Verantwortlichkeit wie Mehltau auf die noch unbeschriebenen Seiten legt. Schon 1958 hat Ingeborg Bachmann zusammen mit deutschen Schriftstellern den Aufruf gegen die Aufrüstung der Bundeswehr mit modernsten Waffen, das heißt: mit Atomwaffen, unterzeichnet. Die Gruppe 47, an deren Tagungen sie regelmäßig seit 1952 die ganzen fünfziger Jahre hindurch teilnimmt, gewinnt in dieser Zeit stetig an medialer Bedeutung, die die literarische überlagert, schärft sich zum Instrument in der politischen Auseinandersetzung. Eine fein geölte Maschinerie, die dem politischen Wandel in der Bundesrepublik vorarbeitet. Es ist die gleiche Zeit, in der Kultur eine gemästete Feiertagsgans zu sein scheint. Einige fürchten, sie könne an ihrer Fettleber zugrunde gehen. Eine Gesellschaft delegiert ihr Gewissen an eine Handvoll Schriftsteller, und die Zuhörer in den berstend vollen Sälen geben ihres an der Garderobe ab.

Wie sich die Bilder ähneln, der gleiche Photograph, Stefan Moses, die gleiche Gewißheit der Repräsentation. Geliehene Repräsentanz. Doch wer und was werden repräsentiert? Das erste Bild: Premierenfeier für Friedrich Dürrenmatts Stück *Herkules und der Stall des Augias* in der Kronenhalle Zürich im März 1963. Die Rückenansicht der Dichterin mit voluminösem Nerzcape und glattem, verwehtem Haar. Verschwommen im Hintergrund drei dunkel gewandete Herren, mittig und massig Dürrenmatt, an der schweren Brille, am hell aufflammenden Streichholz für die Zigarre zu erkennen. Und das zweite Bild: Empfang in der Bayreuther Stadthalle nach einer SPD-Wahlveranstaltung. Gruppenbild mit acht dunkel gewandeten Herren und zwei hell gekleideten, schmükkenden Damen links und rechts der Bildachse. Kragenlose, knappe, kniekurze Kleidchen bei beiden, mit strahlendem Photographierlächeln Ingeborg Bachmann, Rut Brandt zurückhaltender, aufmerksam lauschend. In der Bildachse Günter Grass und Karl Schiller, der spätere Finanzminister, daneben etwas zurückgelehnt, mit skeptischem Blick: Willy Brandt. Kein einziger Blick trifft die Kamera. Die Gesellschaft beschäftigt sich mit sich selbst. Aber wofür steht die sich zusammenschmiedende Gesellschaft? Was ist das Interesse einer österreichischen – zwischen Zürich, Rom und Berlin reisenden – Schriftstellerin an einem bundesdeutschen Wahlkampf? Das gemeinsame Erbe des Faschismus, die informelle Gemeinschaft zwischen Intellektuellen und einer Handvoll Politikern, die einen historischen Augenblick lang aufblitzte? Oder der starke Sog, den Macht und der Vorgriff auf Macht samt der weiblichen Teilhabe auslöst?

Es ist die Zeit, in der ein irrtümlicher Federstrich aus einem Stipendium von 300 Dollar DM 3000 macht. Man muß ganz still sein in den Lücken zwischen dem Solidarisieren, Appellieren, Protestieren, um mit solchen Federstrichen leben und schreiben zu können. »Konsequenz, das Konsequente ist, wie Sie wissen, meine Damen und Herren, in fast allen Fällen etwas Furchtbares, und das Erleichternde, das Lösen, Lebbare, das kommt inkonsequent einher.« So beginnt Ingeborg Bachmann, den Büchnerschen *Lenz* variierend, ihre Büchner-Preisrede 1964. Ohnmächtig sind die Worte, aber sie geben sich den Anschein, furchtlos zu sein. War Ingeborg Bachmanns Insistieren auf einer neuen Sprache von Beginn an gegen die Verhöhnungen und Klitterungen der Sprache durch den Nationalsozialismus gerichtet, im selbst-bewußten Vertretungsanspruch für die mundtot gemachten Opfer, so veränderte sich spätestens in Berlin Ingeborg Bachmanns Sprachbewußtsein. Es wird weniger fordernd (sich selbst herausfordernd), ist nicht mehr so generalistisch, mehr aufs Detail, aufs Hinhören, Sezieren versessen. »Teilung: das ist ein anderes, ein fleißiges Wort, es nimmt vieles ab, das Denken nicht zuletzt. Es hört sich an nach: Operation, postoperative Schmerzen nicht ausgeschlossen, letaler Ausgang selten.« Diese höchst individuelle Assoziation zum Wort »Teilung« deutet auf einen Bruch hin. Anderen Probanden, denen es überlassen würde, fiele möglicherweise zu demselben Begriff zuerst niedere Mathematik, Brotbrechen oder Polen ein. Das Schmerzensbild an der Stelle einer schmerzhaften historischen Situation bricht unter der Last, sich der Mystifizierung zu entziehen, zusammen: »Was sie [die Beschädigung von Berlin] erzwingt, ist jedoch eine Einstellung auf Krankheit, auf eine Konsequenz von variablen Krankheitsbildern, die Krankheit hervorruft.« Der Katastrophenort stülpt sich nach außen in die reine Sensualität.

Ingeborg Bachmann hört den Gegenständen zu. Das Hin- und Hergezerre zwischen den Teilen: eine hoffnungslose Perspektivenverschiebung. Alle politischen Implikationen werden strikt vermieden. Doch den verwundeten, auseinanderdividierten Stadtkern als eine zu diagnostizierende Krankheit zu betrachten, als ein gravierendes Ostwestschwindelsyndrom, hieße: das Material symbolisch aufladen. Eben das tut Ingeborg Bachmann nicht. Der Zustand der Stadt wird in diesem Text nur von den Kranken wahrgenommen. Der Zustand ist so selbstverständlich: Die Stadt hat sich mit und in der Krankheit eingerichtet, als gäbe es diese nicht. Eben das ist die befremdliche Diagnose, die die Ärzte nicht zu stellen imstande sind, die die Kranken aber spüren. In der späteren Prosa, am radikalsten im *Franza*-Komplex und in *Gier*, wird das Krankmachende der Gesellschaft in die (weiblichen) Figuren zurückverlagert. Das Krankmachende wird psychologisch zu motivieren versucht und narrativ aufgelöst, was mir ästhetisch gegenüber *Ein Ort für Zufälle* ein Rückschritt zu sein scheint.

Aus der Suche nach den aufbrechenden Wörtern ist in *Ein Ort für Zufälle* eine Ohrenqual geworden: »Die letzten Gäste schreien sich die Seele aus dem Leib, sie wissen nicht mehr, was sie reden: Kann ich, kann ich, hab ich, hab ich, mach ich, mach ich!« Das ist nicht die Sprache, aus der die Krankheit spricht, ein aufgesetzter Voluntarismus. Es ist eine Verleugnung jeglichen Zweifels, wie auch »Scharnhorst, Versicherungen, Zigarren, Schokoladen, Leiser, Feuersozietät, Commerzbank, Bolle«. Eine Sprache, um sich daran festzukrallen und um sich gleich wieder abzustoßen, der Fundus von Preußentum und Reklamegewißheit protzt und prunkt. Die Partikel der alten Sprache sind demonstrativ verkleidet für die künstliche Glitzerwelt, in der alles gleichrangig ist. Hoffnung und Nichthoffnung, Krankheit und die Bekämpfung des Krankheitsherdes lassen den Text *Ein Ort für Zufälle* changieren wie kaum einen sonst, den Ingeborg Bachmann geschrieben hat. Es ist ein Text, der ohne Subjekt auskommt. Vielleicht ist dies nur möglich gewesen, weil sie konzipierend das veritable Autoren-Ich am Darmstädter Rednerpult mitdenken konnte. Aus der Berufung auf Büchners *Lenz* wird die Absolution für dieses formale Verfahren geholt, aus der Berufung auf das

Recht des abweichenden Verhaltens. »Es war die Kluft unrettbaren Wahnsinns, erfahren wir.«

Die Wahrheit, die für Ingeborg Bachmann voller Emphase in der vielzitierten Rede zum Hörspiel-Preis der Kriegsblinden 1959 »dem Menschen zumutbar« war, ist etwas geworden, das sich nur wenige zumuten mögen – mit unwägbaren Folgen für die innere Konsistenz. Oder anders formuliert: Erst die Verdrängung, Verleugnung von Wahrheit garantiert die vermeintliche psychische Gesundheit, die Robustheit der vielen. Doch wahr sind auch die zum Verwechseln ähnlichen Bilder. Die Vorbereitung des politischen Wandels in der Bundesrepublik ist eine Premierenfeier. Die Wählerinitiative der Sozialdemokraten wählt den mythisch besetzten Theaterort Bayreuth, um sich selbst darzustellen. Eine Premierenfeier ist in einer auf Selbst-Repräsentation des ungewissen Selbst versessenen Gesellschaft ein Politikum.

Als Ingeborg Bachmann auf dem Krank-Machenden der Gesellschaft bestand, war sie allein. Drei Jahre nach ihrer Büchner-Preisrede über die deutsche Normalität an einem exemplarischen Ort prägen Alexander und Margarete Mitscherlich den berühmten Titel *Die Unfähigkeit zu trauern*. Sie überführen die Bachmannsche Empfindung in eine schlüssige Interpretation: »Die Konfrontation mit der Einsicht, daß die gewaltigen Kriegsanstrengungen wie die ungeheuerlichen Verbrechen einer wahnhaften Inflation des Selbstgefühls, einem ins Groteske gesteigerten Narzißmus gedient hatten, hätte zur völligen Deflation des Selbstwertes führen, Melancholie auslösen müssen, wenn diese Gefahr nicht durch Verleugnungsarbeit schon in statu nascendi abgefangen worden wäre.« Trauern wird hier vor allem als der psychische Prozeß verstanden, in dem das Individuum einen Verlust verarbeitet.

Noch einer weiteren Veränderung unterliegt das Bachmannsche Verständnis von der zumutbaren Wahrheit, und zwar wieder in einer Rede. Es ist die Rede zur Verleihung des Anton-Wildgans-Preises 1971, die Ingeborg Bachmann am 2. Mai 1972 in Wien gehalten hat, in einem gänzlich anderen Umfeld als bei den beiden vorher zitierten, in Deutschland gehaltenen Reden. Der Anton-Wildgans-Preis wird von der Vereinigung österreichischer Industrieller vergeben. In dieser Rede will sie davon absehen, »daß es wirklich zu viel Furchtbares, Schandbares gibt, denn das zu bereden, und in einer Feierstunde dazu, das hieße, es sich einfach machen. Ich bin auch nicht da, um Sie darüber zu belehren, zu dozieren, Sie zu schockieren, denn das Entsetzen ist in Ihnen, und wäre es nicht, dann könnte niemand Ihnen helfen«. Das Entsetzen wird kühn oder selbstgewiß vorausgesetzt; es ist nicht vermittelbar, muß im Menschen selbst entstehen. Der Mensch muß nach Bachmanns Auffassung auch für seine Entsetzenslosigkeit einstehen. Ein gutes Viertel der Rede wird eingenommen von einer Klage über die vielfachen Ablenkungen des Schreibens und die unangemessenen Anforderungen an den gegenwärtigen Schriftsteller, Stellung zu beziehen zu aktuellen Fragen: »[…] und zu den Aktualitäten habe ich nur zu sagen, daß man sie hinwegschreiben muß, man muß die Aktualitäten seiner Zeit korrumpieren, man darf sich nicht von den Phrasen, mit denen diese Aktualitäten einem aufgedrängt werden, korrumpieren lassen.« Nun sind es gewiß nicht die österreichischen Industriellen, die einer Schriftstellerin politische Bekenntnisse abverlangen, eben die diskrete Bekenntnislosigkeit und der unantastbare Raum der ewigen Werte von Kunst und Literatur sind ihnen vermutlich genehm. Die Rede ist disloziert, in einen anderen Raum gesprochen, anders verortet, in einen gerade erst verlassenen Raum, in dem kein Zufall zufällig ist. Das Bestehen auf der »Ohnmacht der Rede« mag diesem Auditorium angemessener sein »als das idiotische Gerede von [der] Rolle des Schriftstellers gestern, heute und morgen«. Diese irritierend plötzliche polemische Schärfe – Ingeborg Bachmann nennt es das »Kryptokristallinische dieser Worte« – macht hellhörig. Auf die Ohnmacht der Rede hinzuweisen, verdeckt selbstredend die Teilhabe an einem öffentlichen Autorenbild, Teilhabe an Glanz, Einfluß, Geselligkeit, bedrängender Aktualität. Es ist die Zeit, in der in Berlin Intellektuelle Schreibmaschinen für Vietnam sammeln, die Zeit, in der die schüchterne und gleichzeitig ironische Frage einer Neubürgerin in dieser Kolonie des Geistes, ob Schreibmaschinen mit lateinischen Typen im allgemeinen und mit deutschen Umlauten im besonderen wirklich angemessene Gaben deutscher Schriftsteller an ein geschundenes Volk seien, vom Versammlungstisch gewischt wird.

In einer anderen Zeit öffnete ich die Tür des Schreibzimmers nur einen Spalt, ich wollte ins Bad gehen und wurde gehört, gesehen, erwischt, gestellt. Ich hörte den Hausmeister schimpfen: Die Frau randaliert. In einer anderen Zeit hing in meinem Schreibzimmer ein Kronleuchter. Ingeborg Bachmann hatte ihn zurückgelassen, als sie von Berlin weg nach Rom zog. Wie alle Flüchtenden, wie alle, die ein Lied von den Liedern auf der Flucht singen können, hatte sie sich leicht gemacht, furchtlos Geschenke verteilt, Pfänder. Ich komme wieder, ich komme nicht mehr wieder. Nur die Biedermeiermöbel hatte sie mitgenommen, berichtet eine Kundige, Inge von Weidenbaum. Auch Toni Kienlechner spricht von einem »wienerischen Kanapee« in Ingeborg Bachmanns Wohnung in Rom. Behalte mich in Erinnerung, behalte den Kronleuchter, halte ihn in Ehren. Den Kronleuchter erbte ich. Ein Ding aus einer anderen Zeit, von der ich nichts verstand, nur vom

Hörensagen wußte, wenn das ein Wissen genannt werden kann. Aus einem mittleren Rundstab krochen fünf Arme der hohen Decke zu, streckten sich starr, Kerzenleuchterträger, Tropfenhalter, Träger vieler Kristallklunker, die beim Lüften gegeneinanderstießen mit hellem Klirren. Ich hatte das Zimmer in Besitz genommen, ich hatte den Tisch ans Fenster gerückt, ich hatte den Kronleuchter in Kauf genommen, als ich seine Herkunft noch nicht kannte. Ich sah den Kronleuchter voller Mißtrauen an, nie hätte ich mich im Leben freiwillig unter einen Kronleuchter gesetzt, Kronleuchter mittenmang in einer pastellfarben ausgemalten Stuckrosette. Was kommt nicht von oben wie eine kalte Dusche, von oben, warum nicht einen Kronleuchter über mir, eine hohe Frau, die ihn zurückgelassen hatte, warum nicht Gedichtanfänge, die zwischen den Armen des Kronleuchters steckten. Kronleuchterarme, die die Nacht umarmten, wenn das Licht am Tisch nicht mehr zum Schreiben ausreichte. An die Erblasserin, an die Weggezogene dachte ich in dieser Zeit selten, las sie wie eine, deren zukünftiger Nachlaß mir fern war. Doch der Kronleuchter mit seinen starren Augen, seinem kalten Licht war längst in den Text gedrungen: »an dem hohen Plafond die Stucktröstung«, wie es in der Rede *Ein Ort für Zufälle* heißt.

Später, ich weigerte mich immer noch, Geschichten zu erzählen (wer bürgte für sie, wenn ich es nicht tat?), kursierten Geschichten: die arglos freundlichen Menschen, die die verstörte Schriftstellerin aufzuheitern versuchten, die Radlertruppe im Grunewald, bestehend aus Uwe Johnson und Hans Werner Richter, in die sie sich mühelos einfädelte, die langen Berliner Nächte, die immer morgenrotverdächtig waren. Der Ort für Zufälle, die so zufällig nicht sein konnten. Es gibt Zeiten, da fliegen einem die Dinge zu: offene Scherenblätter, Blätter vom Baum, Blätter vom Papierstapel, ein erdachtes

Stadtwäldchen, geträumter Kindskopf. Ein Urteil wird mit der Post zugestellt.

»Ich sammle nur die Geschichten, die nicht bekannt werden, und nur Geschichten mit letalem Ausgang. Mit der Zeit kommt man allerdings drauf, daß das alle geheimen Geschichten haben, sonst wären sie nicht so geheim, und in der Literatur gibt es nun nicht allzuviele von diesen oder jedenfalls keine schönen, aber trotzdem gibt es Literatur und Verbrechen, und da uns die fremden Geschichten nie so liegen und in ihren Nuancen nie zu begreifen sind, nur in der Analogie, so brauchen sie ja nicht so weit zu gehen, nicht bis nach Deutschland, sondern wir haben davon zuhause auch eine, und Sie sind an ihr blindlings vorübergerannt, an einer, die man die allertraurigste Geschichte nennen könnte.« Diese etwas rätselhafte Programmatik weist in eine Schreibzukunft, die dann in eine dauernde Selbstüberforderung mündete.

Ein Mann, der Ingeborg Bachmann gut kannte, der aber nie in Wien gewesen, überhaupt des Reisens nicht mächtig war, es sei denn, man lud ihn ein, reiste in dieser Zeit (oder einer zukünftig vergangenen) nach Wien. Als er zurückkehrte, erzählte er, überall in Wien habe er Kronleuchter gesehen, in allen Kaffeehäusern, in allen Wohnzimmern, in allen Wartezimmern, in allen Damensalons, überall das Geklinker und Geklunker, jeder Wiener lebe unter einem Kronleuchter. Wie Schuppen sei es ihm von den Augen gefallen, wie Kristalltropfen. Ingeborg Bachmann habe einen ausgelösten Teil Wiens mit nach Berlin gebracht, ein Kronleuchterwien, ein Staubfängerwien, ein geschliffenes altes Stück. Die Kronländer ließen grüßen. Der Kronleuchter mit der aufgesteckten Lichterpracht, die aber im blendenden Licht von Rom nicht mehr passend war, blieb. So ließ sie das Heimatliche zurück, wo Heimat nicht mehr denkbar war, das war nicht konsequent, aber verständlich, wie viele unerzählbare Geschichten. Ein Licht soll aufgehen, ein Bild soll entstehen, ein Licht wird ausgeknipst, eine Geschichte ist zu Ende. Zu Ende ist nichts.

Im Obergeschoß donnerte es. Die Klunker des Kronleuchters gerieten in Aufregung, zitterten und klirrten. Die großen Hunde im Obergeschoß jagten über das Parkett, die großen Hunde, die wiederum die fruchtbaren Tage großer Hündinnen suchen, große Hundefreunde führen kleine Hundefreunde an der Hand, wickeln die Leine zweifach um den Handrücken, damit die großen Hunde sich nicht losreißen im großen Tiergarten, große Hundehaufen mitten auf dem Trottoir, bestaunt von kleinen Hundefreunden, die aus Erfahrungshunger einen kleinen neugierigen Finger hineinstippen wollen. Die Hunde sprangen durch die obere Wohnung, das ganze Berliner Zimmer eine Parketterregung, weite Jagdgründe durch alle Flügeltüren, Gebell, Rufe der Hundefreunde, Imperative über drei Türschwellen hinweg, Krallen auf dem Holz, vibrierende Decken, der Kronleuchter schwankte, die Zeilen am Tisch schwankten.

Warum war Ingeborg Bachmann aus Berlin nach Rom gezogen? Ihre Berliner Freunde sagten, sie sei aufgelöst nach der Trennung von Max Frisch nach Berlin gekommen und sei aufgelöst weggegangen. Berlin war keine gute Zeit, das fiebrige, ausgehaltene, nach dem Mauerbau verarmte und gleichzeitig gehätschelte Berlin, die Halbstadt, die halbherzig anzog und gleichzeitig die vollmundige Identifizierung ihrer Neubürger und Gäste erwartete; ein amerikanischer Präsident hatte es vorgemacht, alle sollten es nachmachen mit Sonnenschein im Herzen und über dem Brandenburger Tor. Rom ist von Berlin unendlich weit weg. Jede Insel ist näher, auf der Ingeborg Bachmann ihr poetisches Sprechen durch ein eher mimetisches ersetzte. Während im Band *Simultan*, dem letzten zu Lebzeiten, die Frauengestalten der Binnengeschichten symbolische Katastrophen erleiden – der Hundewahn der alten Frau Jordan, die Zerstörung der Maquillage bei Beatrix, Mirandas fremd-verschwommener Blick auf eine mit gesunden Augen unerträgliche Welt –, versuchen die Protagonistinnen der ersten und der letzten Erzählung, aktiv ihre Welt zu gestalten. Sie treten in einen Raum der Einsamkeit, treten die Flucht nach vorn an. Elisabeth entschließt sich, als Kriegsberichterstatterin nach Saigon zu fliegen. Sie leistet ein Opfer in der männlichen Welt, den Verzicht auf Bindungen, Sicherheiten, und wird gerade deshalb denunziert. »Dieser Hanswurst ist völlig verrückt, wie kann man nur eine Frau dahin schicken, er wird doch noch ein paar Männer in der Reserve haben, diese Canaille.« Nicht der autonome Entschluß der Frau wird in der patriarchal strukturierten Welt gesehen, sondern ihr passives Geschicktwerden, ihre Lükkenbüßerfunktion. Durch vielfältige inhaltliche Überschneidungen sind die *Simultan*-Erzählungen mit dem *Todesarten*-Zyklus verknüpft. Beide zeigen, daß den Frauenfiguren ein Ort zum Leben verweigert wird. Franza flüchtet mit einem falschen Paß, der ihren verlorenen Mädchennamen trägt, in die Wüste. Das Lamm Elisabeth aus *Gier* lebt in einem waffenstarrenden Haus und wird vom Ehemann erschossen.

Mimetisch ist das Redegeröll, das Geschwätz von Freunden, Familienmitgliedern, Liebhabern, die inneren Monologe, die Pseudo-Öffentlichkeit der unzähligen Telephongespräche quer durch Wien in *Malina*, mimetisch ist die Rollenprosa der Beatrix in der Erzählung *Probleme Probleme*. Die Mimesis der Pseudo-Normalität einer gebildeten städtischen Gesellschaft mit ihrer Tyrannei der Intimität, angesiedelt in Wien, mildert, polstert die Tragödien, lügt sie weg. Der Impetus des Schreibens liegt in der Aufdeckung der Kontinuität einer psychischen Disposition, die zu den Verbrechen des Nationalsozialismus geführt hat: »Es ist nicht wahr, daß wir in einer Zeit ohne Dramen leben«, heißt es in der Vorrede zum Roman *Der Fall Franza*. Verbrechen gleich Drama, die Akteure in der späten Prosa werden als Opfer und Täter definiert. Elisabeth in *Gier*, Franza und Fanny Goldmann im *Todesarten*-Komplex sind Opfer ihrer Emotionalität, ihrer Liebesbereitschaft, ihrer Wehrlosigkeit. Ihre Liebe verlangt Opfer, sie tauschen ihr Zugrundegehen gegen ihre Liebe ein, ihre Liebe macht sie zum Opfer. Die In-Eins-Setzung der nationalsozialistischen Täter mit den Nutznießern der weiblichen Unterwerfungsliebe ist erzählerisch am konsequentesten im *Fall Franza* fortgetrieben. Die in der Liebe von ihrem Ehemann Professor Jordan verwundete Frau sucht in Kairo den versteckt lebenden Euthanasie-Arzt Dr. Körner auf, damit er ihr die gleiche tödliche Dosis verabreiche, die er in Menschenexperimenten erprobt hat. Franza weiß davon aus der psychiatrischen Forschung ihres Mannes, an der sie namenlos mitgearbeitet hat. Eine solche erzählerische Konstruktion, die eine Figur in den Strudel der extremen Identifikation mit Opfern nationalsozialistischer Verbrechen und ihrer Traumatisierung treibt, erscheint unethisch und in sich selbst gewaltsam – gewaltsam im ausgeschriebenen Masochismus. Die Dichotomie Ausbeuter – Ausgebeutete, wie die vom Täter und Opfer in der Geschlechtsdifferenz, aus dem politischen Diskurs der sechziger Jahre abgeleitet, wurde in den achtziger Jahren durch differenzierte Analysen der Mittäterschaft, Komplizenschaft von Frauen im patriarchalischen System ersetzt. Einer Mittäterschaft, die nicht die individuelle Maßgabe oder Schuld sucht, sondern das Geflecht von emotionalen, sozialen und ökonomischen Abhängigkeiten analysiert. Die Opfer-Täter-Diskussion wurde verschoben auf ein spezifisches Terrain, das der sexuellen Vergehen an Kindern. Als müßten die Frauen in einem voluntaristischen Akt das Opfersein an eine schwächere, von ihnen wiederum weitgehend abhängige Gruppe delegieren.

Rom ist der Ort, der von der hochsymbolischen Schreibordnung Wiens weit genug entfernt ist. Dem Ungargassenland, regiert von heimlichen Mördern. Es ist keine topographische Erfindung. Rom bietet genügend Distanz zu diesem mörderisch intimen Wien, in dem die Dramen angesiedelt sind. »Das schwer Erklärliche ist aber, daß ich zwar in Rom lebe, aber ein Doppelleben führe, denn in dem Augenblick, in dem ich in mein Arbeitszimmer gehe, bin ich in Wien und nicht in Rom. Das ist natürlich eine etwas anstrengende oder schizophrene Art zu leben. Aber ich bin besser in Wien, weil ich in Rom bin, denn ohne diese Distanz könnte ich es mir nicht für die Arbeit vorstellen«, bekennt sie in einem Gespräch.

Den Kronleuchter erbte ich. Halbwegs jedenfalls. Oder ich annektierte ihn als losen Besitz in einer inneren Mangelkultur. Da er für Jahre in meinem Zimmer gehangen hatte, sollte er auch, als ich umzog, in meinem späteren Zimmer bei mir sein. Unbedingt wollte ich ihn diesmal tief in eine Ecke hängen zwischen das Kopfende des Bettes und die Fensterlaibung, als wollte ich alles tiefer hängen, die Ansprüche, die Lieblosigkeiten, die Verzweiflungen, die Wiederauferstehungen. Ich stellte mir vor, daß die Kerzen des Kronleuchters stumm und kalt meinen Schlaf bewachten, der nur in einem schmalen Bett zur Ruhe kam. Aber die Männer, die das Praktische in der Wohnung übernommen hatten, das Aufbauen der Schränke, den Einbau von Regalen, das Abklemmen der

Leitungen, die Lüsterklemmen, die Männer sagten nein. Nein heißt die geschlechtsspezifische Arbeitsteilung, wenn die Frau unbedingt ja gesagt hat. Ein Kronleuchter ist die Krone eines Zimmers, sagten sie, hoch hinauf muß man den Kronleuchter hängen. Jemand muß am Kronleuchter baumeln können, in Moskau jedenfalls, also fest in der Zimmerdecke verankert, hoch hinauf muß man zu ihm aufsehen, respektvollst, nicht mit der Nase an ihn stoßen, wie du das willst. Als wäre er dein Kumpan, als hättest du mit seinen geschliffenen Klunkern schon im Sand gespielt. Sie sprachen sehr sicher, fachmännisch, sie standen vor mir mit verschränkten Armen. Zange, Schraubenzieher und Bohrmaschine lagen auf dem Boden. Ich widerspreche. Ich widerspreche leiser, man hält mich seit meinem ersten Widersprechen für eine lautstarke Närrin, noch einmal, man versteht meine Sprache nicht, meine Sprache voll von Argumenten, noch einmal. Ein Machtwort wird gesprochen. Der Kronleuchter hängt oben, wo er immer war. Später verließ ich das Zimmer, verließ den Kronleuchter, den Kronleuchterwächter. Nichts strahlte, kein Plafond hoch oben.

In Berlin blieben Spuren, Mythen, Partikel von Geschichten in einem klebrigen Bodensatz. Fragmente eines städtischen Redegerölls, scharf beißender Klatsch, Ikonennachrichten. Nein, das war keine gute Zeit, etwas war zu Ende und lebte zuckend weiter. Die Texte hatten die Subjekte zertrümmert, aufgespalten in männliche und weibliche Versionen, wie in *Malina*, Orte und Zeit durcheinandergewirbelt nach der Erinnerungsspur des Körpers, dem erhitzten Magma wie in *Der Fall Franza*. Die Sprengung der patriarchalischen Sprache, die Aufhebung gewohnter Ordnungen entsprach nicht der Gewißheit der selbstbewußt in Zirkeln zusammen gluckenden Schriftsteller, deren Schreiben zielgerichtet in Absichten erstickte. Ingeborg Bachmann mochte die jungen Leute, die Hilfsarbeiten für die politischen Helfer der Wählerinitiative machten. Die jungen Leute waren nur eine halbe Generation entfernt, aber sehr viel jünger, sie waren radikal, sehr deutsch, sehr ernsthaft. Später in einer anderen Zeit waren ihre Gesichter auf Fahndungsplakaten abgebildet, da waren die Gesichter nicht mehr Gesichter von jungen Leuten, sie waren gezeichnet, ausgeschrieben, entpersönlicht. Chiffren im Krieg der Gesellschaft. Oder wurde nur Krieg gespielt in einer Fiktion von Gesellschaft – und alle spielten mit? Ingeborg Bachmann ging mit den jungen Leuten tanzen, da war sie bald vierzig, sagte einer, aber es gefiel ihr, lenkte sie ab. Sie fürchtete, daß die Destruktionen, die sie in ihren Texten inszenierte, nicht verstanden würden, als wären es Anschläge, deren Richtung (noch) nicht auszumachen sei. Zweimal regiert das Wort »fürchten« einen einzigen Satz in der Vorrede zu *Der Fall Franza*. Doch was wird verstanden, wenn die Geschichten sterblich sind?

Im Schatten eines der Flügel der großen Tür stand der Kleiderschrank. Er sollte keine tragende Rolle spielen, jedenfalls nicht in diesem Text. Ingeborg Bachmann hatte ihn wie den Kronleuchter zurückgelassen, das Leben und die Literatur bestehen aus Hinterlassenschaften, Fragmenten, Nachlässen. (Über die Aufbrüche ein anderes Mal.) Es war ein simpler, zweitüriger Kleiderschrank, ein Kaufhaus-Kleiderschrank, Sperrholz mit Limbaholz furniert, eine Anschaffung für kein Leben, niemandes Leben. Vielleicht war er ein Fundstück oder schon ein Stück aus zweiter Hand. Ingeborg Bachmann hatte ihn feuerrot gestrichen, das war in Ordnung so. Gudrun Ensslin strich ihn nach ihr himmelbabyblau, das war in Ordnung, jedenfalls in der Zeit, in der sie den Pinsel in die Hand nahm. Ich war nie fürs Pinseln – ich fürchtete die Tropfnasen, die die nasse Farbe verursacht, und das Wort »streichen« –, längst hatte ich einen Bleistift in der Hand und strich und strich, Wörter ohne Nasen. Ich erbte auch den ehemals feuerroten, dann himmelbabyblauen Kleiderschrank und hängte meine Sachen hinein, das stand mir zu. Ich ließ einen Maler kommen. Jetzt wurde der Kleiderschrank weiß, das tat ihm keinen Abbruch, das tat seiner Geschichte keinen Abbruch, und wenn ein wenig Farbe abblätterte an den Kanten, meldete sich die vormalige Benutzerin, Erbin zurück, trumpfte auf mit ihrer durchdringenden Farbe, mit ihrer Erinnerungsarchäologie. Doch das macht nichts, alle sind ordnungsgemäß von diesem Schrank geschieden, und jeder Rock, jede Bluse, die jetzt darin hängen, hat eine eigene Geschichte.

Ingeborg Bachmann: Aus den Entwürfen zu der Figur Malina. In: I. B.: Werke. Bd. 3. Hrsg. von Christine Koschel, Inge von Weidenbaum und Clemens Münster. München/Zürich 1978.
Ingeborg Bachmann: Der Fall Franza. Unvollendeter Roman. In: I. B.: Werke. Bd. 3. a. a. O.
Ingeborg Bachmann: Drei Wege zum See. In: I. B.: Werke. Bd. 2. a. a. O.
Ingeborg Bachmann: Ein Ort für Zufälle. Rede zur Verleihung des Georg-Büchner-Preises. In: I. B.: Werke. Bd. 4. a. a. O.
Ingeborg Bachmann: Die Wahrheit ist dem Menschen zumutbar. Rede zur Verleihung des Hörspielpreises der Kriegsblinden. In: I. B.: Werke. Bd. 4. a. a. O.
Ingeborg Bachmann: Rede zur Verleihung des Anton-Wildgans-Preises. In: I. B.: Werke. Bd. 4. a. a. O.
Ingeborg Bachmann: »Todesarten«-Projekt. Bd. 2. Kritische Ausgabe unter der Leitung von Robert Pichl. Hrsg. von Monika Albrecht und Dirk Göttsche. München/Zürich 1995.
Ingeborg Bachmann: Simultan. Erzählungen. München 1972.
Ingeborg Bachmann: Wir müssen wahre Sätze finden. Gespräche und Interviews. Hrsg. von Christine Koschel und Inge von Weidenbaum. München 1983.

Toni Kienlechner: Wörter und Worte. In: Du. Die Zeitschrift für Kultur. Ingeborg Bachmann. Das Lächeln der Sphinx. 1994. H. 9.
Ursula Krechel. Nachlaß. In: U. K.: Vom Feuer lernen. Gedichte. Darmstadt/ Neuwied 1985. Und: U. K.: Die da. Ausgewählte Gedichte. Salzburg 2013.
Inge von Weidenbaum: Tage und Nächte. In: Du. Die Zeitschrift für Kultur. a. a. O.
Alexander und Margarete Mitscherlich: Die Unfähigkeit zu trauern. Grundlagen kollektiven Verhaltens. München 1967.

Als der Kalte Krieg sich beinahe erhitzte: ELISABETH BORCHERS

Als Elisabeth Borchers am 20. Juli 1960 ihr erstes Gedicht in der *Frankfurter Allgemeinen Zeitung* veröffentlichte, entbrannte ein Skandal. Ein Skandal, der heute wie ein Sturm im Wasserglas wirkt, ein Sommergewitter zur publizistischen Sauregurkenzeit. Doch dieser Sturm wühlte etwas auf, das tief an das Selbstbewußtsein der jungen Bundesrepublik rührte. Es ging nur vordergründig um ein Gedicht, in Wirklichkeit ging es um Traditionen der Wahrnehmung, um Ästhetik und ihren gesellschaftlichen Bezug. Eine Debatte entstand, in der viele Leser, die sich dazu äußerten, nackt und bloß dastanden, als wäre die Zeit der Kunstbetrachtung, die Zeit der Kunstlenkung noch nicht vorbei, als hätten 15 Jahre, in denen Lesen und Schreiben in das Beliebige des einzelnen gestellt waren, überhaupt keine Wirkung gehabt: Das ist das Erschreckende dieses Sommers 1960. Regnete es, war es heiß? – man muß den Wetterdienst in Offenbach dazu befragen.

eia wasser regnet schlaf

I

eia wasser regnet schlaf
eia abend schwimmt ins gras
wer zum wasser geht wird schlaf
wer zum abend kommt wird gras
weißes wasser grüner schlaf
großer abend kleines gras
es kommt es kommt
ein fremder

II

was sollen wir mit dem ertrunkenen matrosen tun?
wir ziehen ihm die stiefel aus
wir ziehen ihm die weste aus
und legen ihn ins gras

mein kind im fluß ist's dunkel
mein kind im fluß ist's naß

was sollen wir mit dem ertrunkenen matrosen tun?
wir ziehen ihm das wasser an
wir ziehen ihm den abend an
und tragen ihn zurück

mein kind du mußt nicht weinen
mein kind das ist nur schlaf

was sollen wir mit dem ertrunkenen matrosen tun?
wir singen ihm das wasserlied
wir sprechen ihm das grasgebet
dann will er gern zurück

III

es geht es geht
ein fremder
ins große gras den kleinen abend
im weißen schlaf das grüne naß
und geht zum gras und wird ein abend
und kommt zum schlaf und wird ein naß
eia schwimmt ins gras der abend
eia regnet's wasserschlaf

In ihrer zweiten Frankfurter Poetikvorlesung im Jahr 2003 legte Elisabeth Borchers die Elemente offen, aus denen dieses Gedicht gemacht ist, und daß es sorgsam gemacht ist, der Autorin nicht einfach zugeflogen ist, daran besteht kein Zweifel. Sie hatte als junge Frau an der Bonner Universität noch einmal Englisch-Unterricht genommen, um für einen Amerika-Aufenthalt mehr als ein besseres Schulenglisch zu können, und in einer der Unterrichtsstunden wurde sie mit einem Shanty konfrontiert:

What shall we do with the drunken sailor
What shall we do with the drunken sailor
What shall we do with the drunken sailor
Early in the morning?

Sie erwähnte in ihrer Vorlesung die Sprachunsicherheit, auch die Unlust, noch einmal in die Sprache des Schulunterrichts zu tauchen. Und gleich in der ersten Übung ein Schnitzer, wie das Partizip »drunken« zu übersetzen sei. Betrunken? Oder: Ertrunken? Aus Widerwillen gegen Betrunkenheit wählte sie die falsche zweite Lösung. Kinderverse kamen ihr in den Sinn; es ist die Zeit, in der Hans Magnus Enzensberger an seiner Anthologie versunkener Kinderverse *Allerleirauh* arbeitete, er legte sie 1961 vor. Das musikalische und sprachliche Material der Moderne war offenbar, stand zur Verfügung für jeden, der es gebrauchen wollte.

Ein Gedicht mußte keine Stimmung erzeugen, es hatte seine eigene Wirklichkeit, bildete keine Wirklichkeit ab, es konnte mit sich und mit seinen Elementen sprechen, war Sprache an sich, ohne sich pädagogisch, belehrend oder bedeutungsreich an seine Leser zu wenden. Die Leser der *Frankfurter Allgemeinen* dankten es der Autorin und dem verantwortlichen Redakteur Hans Schwab-Felisch schlecht: Hundert Leserbriefe überschwemmten die Redaktion, erbitterte Abweisungen, viel Empörung über das Gedicht, aber auch viele Verteidigungen. Tapfer mußte sich die Autorin gegen »Volltrunkenheit« wehren, von »Verdummung« war die Rede, von Störung der Totenruhe, auch von »entarteter Kunst« oder von »schizophrenem Gestammel«, dem dasselbe Schicksal blühen sollte wie im Dritten Reich, ein Autodafé für unerwünschte Literatur, Euthanasie für ein unbegreifliches und deshalb unerwünschtes Gedicht. Der Surrealismus, seine Methoden der Wahrnehmung und seine Suggestion der Worterfindung, das Driften mit der Sprache waren den meisten Leserbriefschreibern vollkommen unbekannt. Und das Fremde schien sie zu beleidigen.

»Wer den Vorgang damals verfolgt hat«, schrieb Jürgen Becker im Nachwort einer Gedichtauswahl zu Elisabeth Borchers' 50. Geburtstag 1976 – dieses Mal wurde der Titel *Gedichte* im Gegensatz zu ihrem ersten Band 1961 konventionell groß geschrieben –, »wird sich erinnern, wie sich über Wochen der Krieg der Leser-Briefe hinzog, wie sich Wut und Bewunderung zu einer Reaktion vermischten, deren Ausmaß niemand erwarten konnte, der professionellen Umgang mit Gedichten hatte, und das heißt, der mit der Wirkungslosigkeit des Gedichte-Schreibens vertraut war. Dieses Gedicht, dieser sanft surrealistische Kinder-Sing-Sang, schien dagegen zu beweisen, daß mit einigen ungewöhnlichen Bildern und mit unkonventionellem Satzbau durchaus die Erwartungshaltung und Stummheit von Lesern zu unterbrechen sei. Elisabeth Borchers entzog sich der Auseinandersetzung nicht; in ihrer berühmt gewordenen Replik kündigte sie freilich zugleich an, sie werde sich jetzt wieder zurückziehen. Und eine Zeitlang sah es ja auch so aus.«

»Ich bitte um Vergebung und ziehe mich zurück«, so endet die Autorin ihre Antwort auf die Debatte. Wen um Himmels willen hat sie um Vergebung zu bitten? Zur Ironie neigt sie nicht. Jemand, der dichtet, kann, darf Anstoß erregen, er muß es nicht, aber ein Anstoß (im weitesten Sinne) ist besser als die pure Gefälligkeit. Karl Krolow sprach von »kostbaren Abbreviaturen« in Elisabeth Borchers' Gedichten. Man könnte in dieser Debatte auch von einer massiven Einflußnahme des wieder aktivierten gesunden Volksempfindens sprechen, als wären 27 Jahre nach der Säuberung der Museen, nach den Bücherverbrennungen, nach der Vertreibung und der Exekution des Unerwünschten die verordnete kollektive Gefühlsaufwallung, die zu den Exzessen gegen die moderne Kunst geführt hat, nur einen Tag her gewesen. Ebenso bedenklich, staunenerregender eigentlich noch als die wütenden Leserbriefe, war der gutgemeinte, aber in seiner salomonischen Pseudo-Gerechtigkeit bedenkliche Abschlußbericht der FAZ am 18. August 1960. »Die Redaktion hält es für nützlich, Gegnern und Anhängern und nicht zuletzt der Autorin durch eine prozentual repräsentative Auswahl der zahlreichen Zuschriften [...] Kenntnis voneinander zu geben. Die Veröffentlichung soll unter anderem bewirken, daß die Anhänger erfahren, wer und wie die Gegner sind, und daß die Gegner darüber ins Bild gesetzt werden, daß sie nicht allein das Monopol auf den gesunden Menschenverstand beanspruchen.« Das häßliche Bild vom »Gedicht im Handgemenge« war noch nicht erfunden. Das demokratische Austarieren von Für und Wider, Anhänger und Gegner, die sich nicht gleich die Köpfe einschlagen und gesittet andere Meinungen gelten lassen, ist der eindeutige politische Gewinn der halbwüchsig gewordenen Bundesrepublik. Daß über ästhetische Fragen nicht prozentual repräsentativ zu urteilen ist und niemals sein wird, sondern nur auf dem fortgeschrittenen Stand einer ästhetischen Debatte, diese Zumutung ersparte die Zeitung ihren Lesern.

Im gleichen Jahr 1960 hatte Helmut Heißenbüttel sein erstes *Textbuch* herausgebracht. Reduzierung, Skelettierung des zu Schreibenden und strenges Nachdenken über Methoden der literarischen Erfassung von Wirklichkeiten waren angesagt. Nahezu nichts ging mehr von selbst, das Verlassen auf den inneren Druck, der zum Schreiben führt, die Begierde nach Innovationen, die Energien, die dem Eintritt in das literarische Leben vorausgehen, zählten nicht mehr. »Konzept«, »Experiment«, »Komponenten«, »Konfigurationen«, »Topographien«, »Permutationen«, »Artikulation« hießen die intellektuellen Modewörter der Zeit; sie wurden vorzugsweise klein geschrieben. Und es erschien die exemplarische Anthologie *movens*, ein fast quadratisches Buch, eine Broschur, flexibel im Einband, strikt in der ästhetischen Haltung. Eine Zusammenschau der avanciertesten Möglichkeiten, eine Zusammenschau aller Künste, eine Systematik der Formenstrenge und des Reichtums in der Strenge, ein selbstgewisses Buch auf höchstem Reflexionsniveau mit Texten und Abbildungen von John Cage, Gertrude Stein, Ghérasim Luca, Louise Nevelson, Kurt Schwitters, Heinz Mack, Eugen Gomringer, Carlfriedrich Claus, Robert Creeley, Hans Arp. Darin gibt es so weitreichende Projekte wie den *Entwurf zu einer Theorie der Architektur* von Franz Mon und Günter Bock, Überlegungen zur elektronischen Musik und einen Vorabdruck einer Prosa von Peter Weiss, die ein wenig später *Der Schatten des Körpers des Kutschers* heißen wird. Das Kapitel »Perspektive und Synopse« ist auf brandrotem Papier gedruckt.

Aber aus der Politik dringt ein gänzlich anders schallendes

Echo: »Keine Experimente!« Nicht die Oppositionsparteien, sondern der Zukunftsforscher Robert Jungk fand darauf eine bündige und über das Ökonomische hinausweisende Antwort: »In der verhängnisvollen Maxime ›Keine Experimente‹ ist die eigentliche Wurzel bundesdeutscher Zukunftsblindheit zu suchen. In einer Zeit wie der heutigen genügt es nicht mehr, sich auf das Alte, Bewährte, von Autoritäten als erlaubt und richtig Bezeichnete zu verlassen. Nur wenn der Deutsche sich von den Vätern, Großvätern, Urahnen löst, um statt dessen an seine Kinder, Enkel und noch fernere Nachkommen zu denken, wird er die Zukunft meistern und gestalten können, statt ihr Opfer zu werden.«

1961, da hatte Ingeborg Bachmann, gleich alt oder gleich jung wie Elisabeth Borchers, das Gedichteschreiben schon wieder aufgegeben. Verstreut publizierte Gedichte folgten noch, kein geschlossener Band. Es sei ihr zu leicht geworden. Aber das Prosaschreiben war dann deutlich zu schwer, sie hat es sich schwergemacht, wenn »leicht« oder »schwer« überhaupt Kategorien sind, die der dauernden Schreibanstrengung standhalten. Leichtgefallen ist auch Elisabeth Borchers das Gedichteschreiben nicht, aus ganz anderen Gründen als denen, über die die Bachmann so bereitwillig camouflierend Auskunft gab. Enzensberger hatte 1960 den großen Fundus *Museum der modernen Poesie* ausgeschüttet. Alles war da, alles war verfügbar – wir befinden uns auf dem Höhepunkt des Wirtschaftswunders –, das Material der poetischen Erfindung, die Möglichkeiten des Schreibens in der Moderne lagen zum allgemeinen Gebrauch auf dem Tisch. Die Gruppe 47 hielt Heerschau und blätterte jedes Jahr einen Musterkatalog auf.

Endlich ist die Moderne dort wieder angekommen, wo sie ausgelöscht, verbrannt, verbannt worden ist. Es gibt kaum einen Anknüpfungspunkt, die Gruppe 47 hat – bei all ihrem politischen Bewußtsein – den Emigranten den Rücken zugekehrt; sie hat sich als geschlossene Generation verstanden, nicht als Konstitution eines »anderen« literarischen Deutschland, sie will nicht integrieren, sondern nur im weitesten Sinne ähnliche oder sympathisierende Schreibweisen miteinander vertraut machen. Die Gruppe sei »ein Freundeskreis, der sich mit lebendiger Literatur beschäftigt«. So vage hat es Hans Werner Richter gewollt, so hat ihn Klaus Wagenbach in einem Tagungsbericht zitiert. Also muß – nicht einmal besonders hartherzig – insinuiert werden: Wer fern dieser Lebendigkeit damit beschäftigt war, die Toten zu begraben, das eigene Trauma zu bearbeiten und die Wunde zugleich offenzuhalten, gehörte nicht so richtig zur lebendigen Literatur. In der Fiktion der westdeutschen Lebendigkeit gehörten nur solche Autoren dazu, die die gleichen bunten Getränke tranken, die die gleichen Freie-Fahrt-Erlebnisse hatten, damit Europa auf märchenhafte Weise zusammenwuchs – vorwiegend im Westen und Süden, dort, wo die Horizonte besonders schön waren. Der Tourismus erlebte einen ersten Höhepunkt, und die D-Mark war eine starke Währung, die ihn beförderte und den Immobilienbesitz im Ausland ebenso. Am Rand standen die, die geduckt, getreten, angstvoll die Grenzen überschritten hatten, die sich fürchteten, in dieses so dynamische Land voller Autos, voller großartig aufgetürmter Stahl- und Glaskonstruktionen, voller zweifelsfrei unschuldiger junger Intellektueller zu kommen, an deren Händen kein Blut klebte – diese Gewißheit strahlten sie aus –, nur blaue Pelikantinte. Diese unschuldig freundlichen Menschen, psychisch zum Fürchten gesund, zum Fürchten anmaßend, selbstsicher, wer hätte sie besser beschreiben können als diejenigen, die aus spezifischen Gründen zu ihnen nicht gehörten und nicht gehören wollten. Witold Gombrowicz hat es in seinem Berliner Tagebuch unnachahmlich und mit dem notwendigen Gran Polemik getan. Der Begriff von der Gnade der späten Geburt war noch nicht erfunden.

Doch gleichzeitig steht jedes Individuum, das auf dieser verbrannten Erde Worte sät und erntet, allein da, mit dem Rücken gegen eine Wand aus Jüngstvergangenheit. Es schärft seine Aggression, »mein Gedicht ist mein Messer«, und es hat gleichzeitig das Empfinden, defensiv in Schlamm und Modder, in eine braune, selbstgewisse Verfilzung hineinzustechen. Es verteidigt sich nach allen Seiten gegen die anrückende Mitte, gegen den Proporz, beißwütig, verteidigt ingrimmig Wölfe. Dem heiteren Flattern der Windhühner, deren Vorzügen ein junger Autor 1956 gehuldigt hatte, sah kein Schwein zu. (Oh nein, das ist ein Ausdruck, der richtig und dennoch gänzlich unzeitgemäß war. Und überhaupt: Eine Dame nahm das Wort »Schwein« nicht in den Mund. Allenfalls das Abgebeinte, am besten in Form eines Filets, garniert mit einer Scheibe Ananas und einer Cocktailkirsche obenauf.)

In diesem Sommer bleibt der Honig aus. Von nun an kommen härtere Tage. Vieles ist gesagt worden und hat keine Hörer gefunden, dabei ist die Gesellschaft kulturbeflissen, mit dem Drang nach höheren Werten beseelt, die materiellen werden vorausgesetzt oder leichter als heute erworben. Die Schreibenden wenden die Werte um und um. Sägen sie schon an dem Ast, auf dem sie sitzen? Der Himmel ist noch nicht geteilt. Man schaut nicht gerne gegen Osten, der Osten ist kalt und rot zugleich, der Kalte Krieg ein Ding, das in der westdeutschen Literatur dieses Jahres kaum eine Rolle spielt. Der Kalte Krieg ist etwas, an dem man sich leicht die Finger verbrennt. Besser: Man sieht hochnäsig und großmütig darüber hinweg. 1960 erscheint endlich, nachdem das Manuskript acht Jahre lang von Schreibtisch zu Schreibtisch geschoben worden ist, bei Suhrkamp Peter Weiss' epochaler Text *Der Schatten des Körpers des Kutschers* (in der ängstlichen Auflage eines »Tausenddrucks«).

Doch zurück zur Gruppe 47: Helmut Heißenbüttel spricht in seinem Tagungsbericht aus dem Rathaus Aschaffenburg von einer »Haltung, die ganz allgemein eintritt für die Freiheit der literarischen Äußerung gegen jede Bevormundung, von welcher Seite sie auch immer komme«. Das »Politikum der Gruppe«, so fährt er fort, »besteht darin, daß sie einen Ort bildet, an dem die literarische Unabhängigkeit demonstriert werden kann.« Das ist nicht gerade glanzvoll und mutig formuliert, doch hinreichend deutlich: Demonstriert wurde – wenn man kein beharrlicher Ostermarschierer war – vorwiegend das Demonstrative. Mit anderen Worten: Das Verb »demonstrieren« verlangte dringlich den Akkusativ, literarische Unabhängigkeit sollte demonstriert werden, ein Fensterblick in den freien Westen. Erst gegen Ende der sechziger Jahre hatte das Verb »demonstrieren« die Präpositionen »für« oder »gegen« im Schlepptau.

Wer lesen und zuhören konnte – und nicht abgelenkt werden wollte –, dem hatte sich in diesem Jahr 1960 eindeutig »ein gewisses Unbehagen« mitgeteilt, ein »Nicht Zufriedenstellen«, ein Ungenügen an der routiniert gelungenen »schulmäßigen Analyse«. Diese Begriffe verwendet Heißenbüttel in seinem Tagungsbericht. Etwas gerät ins Trudeln, aber noch unsichtbar, gerade weil es so hoch und selbstbewußt fliegt. Das Unternehmen »literarische Unabhängigkeit«, das Raumschiff »literarische Öffentlichkeit« hat seinen Kurs genommen, die Passagiere winken fröhlich zur Erde hinab, sie haben vergessen, daß man sie nicht mehr sieht. Heldenhafte Sputnik-Zeit.

1960, bei der Tagung der Gruppe 47 in Aschaffenburg, war Elisabeth Borchers schon dabei, aber da stand die Lyrik im Hintergrund. Es war das Jahr von Uwe Johnson, doch kein Preis der Gruppe wurde vergeben. Über die Gründe ist nur zu mutmaßen. Die Gruppe hatte wieder einmal ihre Vorreiterfunktion für die literarische Gesellschaft erfüllt, der *mainstream* floß und rauschte. Der Gruppenkonsens des einen Jahres war der Trend des nächsten. Die Gegenwart lebte, bebte, es gab eine anerkannte Priorität des Geistigen, nachdem der Bauch gefüllt, die Häuser gebaut waren, paradiesische Zeiten also, so scheint es uns heute. Und so schien es gestern auch. Alles war da, aber den jungen Autoren schwand etwas aus dem Gesichtsfeld, oder sie wollten bestimmte Gesichter, in denen sich nie ein Gedanke ans Weggehen gespiegelt hatte, nicht mehr sehen, so scheint es uns heute. Es ist, als würde der Begriff »Emigration« lebensgeschichtlich auf Probe nachvollzogen, natürlich mit den entsprechenden Absicherungen an Auftragsarbeiten, Verträgen, Verbindungen, welche die wirklichen Emigranten verloren hatten. Ingeborg Bachmann war nach Italien gegangen, Enzensberger zog nach Norwegen, 1958 hatte sich Alfred Andersch ins Tessin verabschiedet. Sein Nachfolger als Redakteur im Süddeutschen Rundfunk wurde Helmut Heißenbüttel. Elisabeth Borchers war zu Frankreich- und USA-Aufenthalten aufgebrochen.

»expeditionen«, »konzept«, »experiment«, »komponenten«, »konfigurationen«, der Kalte Krieg ist eine Konfiguration, in der es eine deutliche Ordnung gibt, ein Magnetfeld, nach dem sich die intellektuellen Späne ausrichten. »Wörterverzeichnisse ließen sich anlegen, die bestimmte Entwicklungsphasen der Poesie spiegelten; und an den Wörtern, die Elisabeth Borchers zum Beispiel in den sechziger Jahren verwendete, ließe sich erkennen, daß es einen Trend zum Fliehen gab, zur Flucht in Spiel- und Märchenräume, ins Versteck der Bilder und Träume«, schreibt Jürgen Becker hellsichtig und relativiert diesen Befund doch wieder: »Ein sehr bewußter Trend war das; keine Mystifikationen, sondern kühl kalkulierte, experimentelle Schritte bestimmten den Weg, den Aufenthalt im Paradies der Metaphern.«

1961 war ein gänzlich anderes Jahr. Es erschien der beglükkend innovative Roman *Das dritte Buch über Achim.* Wo war das erste Buch, wo war das zweite Buch? Das Beginnen eine kühle, strenge Kalkulation, eine Verleger-Entscheidung, die aufging und der sich der junge Autor schmiegsam beugte. *Ingrid Babendererde* war geopfert worden, kein Bauernopfer, eher ein Jungfrauenopfer, wie es die archaischen Kulturen kennen. Dem Verleger war das Buch noch nicht ausgereift genug; er erwartete mehr von diesem Autor. Nun war der Erfolg groß und verdient. Es war das Jahr des Mauerbaus. Uwe Johnson ist der erste dissidentische Autor der Deutschen Demokratischen Republik, der im Westen wahrgenommen wird, auch das ist ein Ereignis. Aber er wollte nicht Flüchtling sein, nicht Dissident, er behauptete lakonisch, er sei umgezogen. Kalkulationen, Konfigurationen, ein Konzept, das sich der politischen Indienstnahme entzieht.

Als wären die Kubakrise, der Mauerbau ein Erdbeben gewesen. Risse im Plafond, der Gips abgestürzt, die Gehirne durchgepustet. Pathos versus Empathie. Seht auf diese Stadt! Die Tagung der Gruppe 47 fand zehn Wochen nach dem Mauerbau in der Lüneburger Heide statt. Launig beginnt Fritz J. Raddatz seinen Stimmungsbericht: »›Zurück zur Natur‹ war das Motto, unter dem sich dieses Jahr die Gruppe 47 in der Lüneburger Heide, im Jagdschloß Göhrde traf. Die Porsche-, Lancia- und Mercedes-200-Automobile, die Deutschlands ›heimatlose Linke‹ in die Natur katapultierten, surrten wie verirrt umher. Eigene Handtücher hatte man nicht mit; und wen der Herbergsvater nicht lieb hatte wie Ingeborg Bachmann, die im Fürstenzimmer schlief, der mußte sich mit dem Kopfkissenbezug trocknen. Im Gemeinschaftswaschraum. So wurden Kritiker und Schriftsteller gegenseitig in die intimsten Geheimnisse – nicht des Schreibens, aber der Körperpflege – eingeweiht, wenn sie morgens, vor blinden Spiegeln aufgereiht, Whisky und Rauch aus Mund und Augen spülten. Eine Woche der Brüderlichkeit.«

Die neue Wirklichkeit blieb anwesend, ohne ausdrücklich benannt zu werden. Die vitale Belustigung, die Derbheit des Landlebens, der komische Effekt der in der Ländlichkeit steckengebliebenen Nobelkarossen, der gleichwohl von der Benennung lebte: das war genau die Lücke des zwinkernden Einverständnisses. Ein weltläufiges Ressentiment wurde in die Heide versetzt. Der Einbruch der Wirklichkeit blieb außen vor. Dem Teilnehmer Wolfdietrich Schnurre fiel dies unangenehm auf – und er beschloß seinen Tagungsbericht: »Zum Glück ist einmal während dieser Tagung auch die Wirklichkeit selber in Erscheinung getreten. Das war, als für ein paar Minuten die Umbruchbögen des Buches *Die Mauer oder Der 13. August 1961* auftauchten, das Mitte November, von Hans Werner Richter ediert, bei Rowohlt erscheint.« Da scheint es passend, zu erwähnen: Helmut Niemeyer teilt in einem Aufsatz, der *Gute Nacht* heißt und eigentlich vom deutschen Lied handelt, mit, daß im Herbst 1961 ein bekannter Hörfunk-Korrespondent seine Berichte stets rauhstimmig mit »Gute Nacht aus Moskau« beendet habe. Und man habe nie gewußt, ob er dabei seinen Hörern im Westen einen ruhigen Schlaf wünschte oder das Gegenteil für unvermeidlich hielt.

Elisabeth Borchers' zweiter Gedichtband erschien erst

sechs Jahre später; sie hatte sich entschieden. Die offenen, in ihren Bezügen mehrdeutigen Zeichen haben sich ein Stück weit formiert, formatiert: Es scheint, als hätten sie die heftigen, auch bösartigen Reaktionen zu einer Ordnung gerufen, die nicht die der Tradition ist, die aber mit Traditionen spielt, sie verwirft, neu erfindet. Lakonik, Sparsamkeit der Mittel, Reduktionen zeichnen diese Gedichte aus. Sie blieb eine leise Autorin.

Und sie war Lektorin geworden, zunächst im Luchterhand Verlag, dann im Suhrkamp Verlag. Sie war diejenige, die die undankbaren diplomatischen Wege zwischen Siegfried Unseld und Marcel Reich-Ranicki erkundete. Die Wege der Herren sind unerforschlich, instinktgeleitet, taktisch. Sie lernte, sich zu mäßigen, maßvoll zu sein mit einem riesigen Arbeitspensum zwischen fremden Manuskripten, Anforderungen, Anmaßungen. »Wie ist es doch entsetzlich, was ich jetzt tue, Stücke lesen, die auf einem Niveau stehen, das von jeder Art Wert wer weiß wie weit entfernt ist. Reklame machen für Blödheit, die sich auf Geschäftswucher etabliert. [...] Fast alle Arbeit ist hier Knechtsarbeit. [...] Gefühl der Demütigung, fortlaufend ganz dumme schlechte leere, teilweise nur aus merkantilen Gründen geschriebene Romane lesen zu müssen und damit die schöne Zeit zu verlieren.« Diese Stoßseufzer aus dem Lektorat hat der Lyriker Oskar Loerke 1931 in seinem Tagebuch notiert. Er arbeitete 25 Jahre lang im S. Fischer Verlag. Und es gibt die wunderbare Geschichte von dem Lektor, der an einem schönen Sonnentag das Fenster seines Zimmers öffnete, Licht stürzte hinein, er taumelte. Dann warf er in hohem Bogen die Manuskripte hinaus, ein archaischer Befreiungsschlag, weg mit dem Zeug, frische Luft, ein leerer Schreibtisch. Tabula rasa. (Alle erzählten Geschichten sind auf ihre eigene Weise wahr.) Bezeugt ist auch, wie die

Wiese vor dem offenen Lektorenfenster aussah, auf die plötzlich viele, viele rechteckige Fladen Schnee gefallen waren, ein DIN-A4-formatiges Naturschauspiel im Sommer, Flecken und Häufchen, dem Wind preisgegeben. Bei diesem Anblick sollen sich auch die anderen Verlagsfenster geöffnet haben. Staunend standen die arbeitsamen Verlagsmenschen an den Fenstern. Wie aschfahl, wie schneefarben die Stirn des Lektors danach war, als man ihn wieder vom Fenster zu seinem leeren Schreibtisch führte, ist nicht bezeugt. Diese Geschichte ist die umgekehrte Spiegelung der weitverbreiteten Erzählung vom Autor, der sein Manuskript verliert und seiner Unauffindbarkeit trauernd nachreist. Die Tragödie des Autors ist die Komödie des Lektors.

In einem Essay für die Mainzer Akademie der Wissenschaften und der Literatur hat Elisabeth Borchers, vielleicht um nicht von sich selbst sprechen zu müssen, geschrieben: »Der Lektor ist als Leser zumindest zweigeteilt. Er liest im Bewußtsein eigener Lese- und Lebenserfahrungen – von eigenen Lesebedürfnissen soll hier nicht die Rede sein. Und er liest im Auftrag einer Institution. Der Verlag gibt ihm Kriterien an die Hand, ohne die sein Lesen für ihn unbrauchbar wäre. Der Verlag weist auf seine Autoren und Literaturen, die ihn bestimmen und Maßstäbe setzen. Durch sie zeigt der Verlag Anspruch und Absicht an.« Die Heutigen wollen einen Verlag nicht mehr als Institution ansehen, sondern als ein von bestimmten Temperamenten gemachtes, weiterentwickeltes, in einen bestimmten Kontext verwickeltes Unternehmen. »Institution«, das klingt für Menschen, die den Marsch durch die Institutionen verweigert haben, bis zum Existenzminimum verweigert haben, ein bißchen seltsam, sakral, während andere an den Nippeln des Staates, der ihnen nicht gefiel und außer als nährende Alma Mater auch heute nicht gefällt, laumeiern. Über Frauen und Macht ist erst eine Generation später gestritten worden. Jede nahm sich, was sie haben wollte (oder was für sie abfiel), andere nahmen nichts, beobachteten aber das Nehmen und Genommenwerden und zogen daraus Schlüsse.

Unendlich viele Anthologien hat Elisabeth Borchers herausgegeben. Einmal trug sie mir diese Arbeit an, wollte das Geschirr loswerden, unter dem sie ging, die Herausgeberschaften an die Jüngere weitergeben. Ich sagte nein; und ich hatte keinen Zweifel, daß sie mir dies übelnahm. So viel Arbeit, die die eigene an den Rand drängte, wollte ich nicht tun. Dieser Essay ist eine kleine Abbitte.

Stillstand

Ich stehe still und horche,
ob ich weitergehe und
weitergehend finde, was
sich wünschen ließe.
Und sei's ein Wort.
Zum Bespiel eines,
das den Zauber riefe
als wär's verbrieft. Als sei
aus Gold auf Stein ein Grab
verschrieben, das Beide
nun verriete. Wo Beide
tun, als ob sie schliefen,
die doch vor langer Zeit
den Ort verließen, der
möchte, daß sie sich
entschließen,
still zu stehn.

Ist Schreiben Stillstand, kann Schreiben Stillstand sein, stillt es eine blutende Wunde? Erschreibt es ein Grab? Stehen zwei oder »Beide«, die Autorin wählt die Großschreibung, stiller als still? Das Gedicht, 1986 veröffentlicht, verrät es nicht.

Elisabeth Borchers: gedichte. Neuwied 1961.

Elisabeth Borchers: Gedichte. Ausgew. von Jürgen Becker. Frankfurt am Main 1976.

Elisabeth Borchers: Wer lebt. Gedichte. Frankfurt am Main 1986.

Elisabeth Borchers: Lichtwelten. Abgedunkelte Räume. Frankfurter Poetikvorlesungen. Frankfurt am Main 2003.

Allerleirauh. Viele schöne Kinderreime. Versammelt von Hans Magnus Enzensberger. Frankfurt am Main 1961.

Jörg Drews: 1960 und die Folgen. Erinnerungen an Helmut Heißenbüttel. In: Die Horen. 51. Jg. Nr. 224. 4. Quartal 2006. S. 69–75.

Hans Magnus Enzensberger: verteidigung der wölfe. Frankfurt am Main 1957.

Witold Gombrowicz: Berliner Notizen. Pfullingen 1965.

Günter Grass: Die Vorzüge der Windhühner. Berlin-Frohnau/Neuwied 1956.

Mein Gedicht ist mein Messer. Lyriker zu ihren Gedichten. Hrsg. von Hans Bender. München 1961.

Museum der modernen Poesie. Eingerichtet von Hans Magnus Enzensberger. Frankfurt am Main 1960.

Die Gruppe 47. Bericht Kritik Polemik. Ein Handbuch. Hrsg. von Reinhard Lettau. Neuwied/Berlin 1967.

Helmut Heißenbüttel. Textbuch. Olten 1960.

Helmut Heißenbüttel: Und es kam Uwe Johnson. Deutsche Zeitung Köln 10. 11. 1960. Abgedruckt in: Die Gruppe 47. a. a. O. S. 156–158.

Robert Jungk: Unbewältigte Zukunft. In: Bestandsaufnahme. Eine deutsche Bilanz. Sechsunddreißig Beiträge deutscher Wissenschaftler, Schriftsteller, Publizisten. Hrsg. von Hans Werner Richter. München 1962.
Oskar Loerke: Tagebücher 1903–1939. Hrsg. von Hermann Kasack. Heidelberg/Darmstadt 1955.
movens. Dokumente und Analysen zur Dichtung, bildenden Kunst, Musik und Architektur. Hrsg. von Franz Mon in Zusammenarbeit mit Walter Höllerer und Manfred de la Motte. Wiesbaden 1960.
Helmut Niemeyer: Gute Nacht. In: Romantik heute. Hrsg. von Michael Buselmeier. Heidelberg 2006. S. 206–210.
Fritz J. Raddatz: Eine Woche der Brüderlichkeit. In: die Kultur. November 1961. Abgedruckt in: Die Gruppe 47. a. a. O. S. 163–166.
Wolfdietrich Schnurre: Seismographen waren sie nicht. In: Die Welt. 3./4. 11. 1961. In: Die Gruppe 47. a. a. O. S. 159–163.
Die Mauer oder Der 13. August 1961. Sechsunddreißig Beiträge deutscher Wissenschaftler, Schriftsteller und Publizisten. Hrsg. von Hans Werner Richter. Reinbek 1962.
Jürgen Theobaldy: Das Gedicht im Handgemenge. In: Literaturmagazin 4. Die Literatur nach dem Tod der Literatur. Reinbek 1975.
Klaus Wagenbach: Gruppen-Analyse. In: Frankfurter Hefte. Dezember 1959. Abgedruckt in: Die Gruppe 47. a. a. O. S. 150–155.

So viel Ironie war nie: CHRISTA REINIG

Meine Erinnerungen an Christa Reinig gehen zurück in die siebziger Jahre, Jahre, in denen pausenlos Arbeitskreise und Arbeitsgruppen tagen. So habe ich es jedenfalls im Gedächtnis behalten. Frauen trafen sich in Wohnungen, jedes Bett, jeder Küchentisch eine Arbeitsgruppe, Papiere wurden ausgebreitet, Protokolle erstellt, und irgendwann fragte immer wieder jemand: Darf ich mir ein Brot schmieren? Also war auch der private Kühlschrank, der Brotkasten ein Angebot, ein soziales Wesen, ein freiwillig vergesellschafteter Gegenstand, der immer etwas Brauchbares enthielt, jeder sozialen Kontrolle standhielt. Und irgendwann trat ein Mann auf, der Freund oder Liebhaber der Frau, in deren Zimmer abendlich und nächtlich getagt wurde, warf einen kritischen Blick auf das Bett, auf dem die Papiere ausgebreitet waren – es war noch nicht für den Geliebten bereitet –, und es war unklar, ob es sich nach der damaligen Ethik ziemte, die fremden Frauen mitsamt der eigenen Geliebten durch sexuelle Lust am Arbeiten zu hindern oder ob es andererseits eher peinlich war, das Liebespaar durch Festhalten an den Arbeitsunterlagen von seinem natürlichen Tun abzuhalten. Die Frau, in deren Zimmer wir tagten, trug den Konflikt mit sich selbst aus. Ich will nicht erzählerisch behaupten, daß sie die Augen senkte, aber sowohl die Arbeitsgruppe als auch das Paar waren aus ihrer Bahn geworfen, geniert. Sie bewegten sich an einer neuen Tabugrenze, die noch nicht abgesichert war. Räumt die Arbeit der Liebe das Feld? Überwindet die Liebe alles? Ist aus selbstbestimmter Arbeit (mit anderen) nicht längst etwas Eigenes geworden, das der Liebe im Weg steht? Fragen, die niemand beantworten kann und möchte. Grollte der Mann? Grollten die Frauen? Gab es danach eine Szene? Eine Diskussion gab es allemal. Es wurde ja über jeden Blumentopf und über jeden geblümten Eierbecher diskutiert: Woher kam die Energie zu solchem Tun, zum immerwährenden Tun (und nicht zum Lassen)? Eine rätselhafte, nie versiegende Energie.

Im Jahre 1976 fand in München der erste Frauenliteraturkongreß statt, ein Aufgebot an jungen Frauen, schreibwilligen, schreibwütigen, eine Ekstase des Beginnens. Ich kann mich an Frauen erinnern, die ihre Texte auf Tortenspitzenpapier geschrieben hatten, auf Kartons, in denen Obst geliefert wurde. Diejenigen, die die Literatur zu ihrem Beruf gemacht hatten, wirkten dagegen spröde, introvertiert. Das Schreiben schien eine Magie zu haben, die in eine andere Welt führte. Der zweite Frauenliteraturkongreß fand ein Jahr später statt; das war schon ein riesiger Auflauf. Nun waren auch Journalistinnen von großen Zeitungen und Illustrierten anwesend, und eine Freundin sagte mir später: Sie erinnere sich, daß sie sich damals zum ersten und zum einzigen Mal als Subjekt der Geschichte gefühlt habe. Wo alle diese erregten, in Aufruhr versetzten Frauen geblieben sind, dieses Kollektiv in Bewegung, wir wissen es nicht. Unter ihnen saß, ruhig und entschieden gelassener, schon vom Morbus Bechterew gezeichnet, Christa Reinig. Sie gehörte einer anderen Welt an, einer Welt, in der Literatur tägliche Arbeit am Wort war, keine Epiphanie, keine Utopie des anderen Lebens, etwas Lebensnotwendiges war die Literatur, die sie schrieb. Und doch war sie ein lebendiges Zentrum, ein Kraftzentrum dieser Bewegung, obwohl die bewegten Frauen auf ihre Texte nicht unmittelbar reagierten, so weit ich mich erinnere. Nach Differenzen, auch Differenzierungen wurde nicht gefragt, was ein großer Fehler war. Und wenn sie auftraten, wurden sie mit Beharrlichkeit »ausdiskutiert«. Alles war leuchtende Gegenwart.

Als Christa Reinig im Jahr 1964 den Bremer Literaturpreis erhielt, sagte sie in ihrer Dankrede: »Zwölf Jahre habe ich gestanden wie mit dem Gesicht zur Wand, wenn ich die Augen schloß, konnte ich sie richtig vor mir sehn. Es schien eine rote Ziegelmauer zu sein.« Und sie sagte weiter: »Ich mußte mir mit unendlicher Geduld, mit Feilen und Fingernägeln eine Fuge herauskratzen, dann gibt es einen lockeren Stein, dann breche ich den Stein heraus, und wenn ich das geschafft hab, dann ist das Loch bald so groß, daß ich durchkann.« Das klang nach grenzenlosen Einsamkeit, einem Eingesperrtsein, aber auch nach der Findigkeit eines still revoltierenden Häftlings. Nachdem sie diese Rede gehalten hatte, reiste sie nicht mehr nach Ostberlin zurück, blieb mit einer Handtasche, einem Koffer und ein paar Manuskripten und Büchern. Horst Bienek berichtete, auf dem aufgeräumten Schreibtisch im Märkischen Museum, in dem Christa Reinig als Kustodin gearbeitet hatte, habe sie das Röntgenbild ihrer Wirbelsäule zurückgelassen. Der aufrechte Gang, den die Physis ihr später unmöglich machte: Er wurde in den Texten sichtbar, nicht als eine Utopie, sondern als Gewißheit. Sie beharrte auf dem Individuellen in einer Gesellschaft der gelenkten Konformität. Die Texte der Reinig verzichten auf Metaphern, sind ganz gegenständlich. Die Gedichte sind häufig Handlungsgedichte, doch keine Handlungsanweisungen. Der Text selbst ist ein Probehandeln. Sie schreibt Reime in einer Zeit, in der kaum jemand (mehr) Reime schreiben will (oder kann), Reime von holzschnitthafter Härte, der Schreibstift ist ein Meißel, keiner überflüssigen Silbe wird Pardon gegeben.

DIE PRÜFUNG DES LÄCHLERS

für meine mutter,
die dem lächler das haupt gehalten hat.

als ihm die luft wegblieb, hat er gelächelt
da hat sein feind ihm kühlung zugefächelt
er lächelte, als er zu eis gefror
der feind rückt ihm die bank ans ofenrohr
er lächelte auch, als man ihn bespuckte
und als er brei aus kuhmist schluckte
er lächelte, als man ihn fester schnürte
und er am hals die klinge spürte

doch als man ihm nach einem wuchtigen tritt
die lippen rundum von den zähnen schnitt
sah man ihn an, erst ratlos, dann erstarrt
wie er im lächeln unentwegt verharrt

Es gibt im literarischen Leben und im Leben derer, die Literatur produzieren, Sprünge, qualitative Sprünge, ästhetische Kapriolen, die sich allen pseudomaterialistischen Erklärungsversuchen verweigern, sich aber ebenso gegen die schmierigen anbiedernden Einfühlungsbeschreibungen sperren. Daß sie sich sperren, daß sie nicht gleich dic Grundlagen liefern, auf denen sich solche wackligen Erklärungsgebäude aufrecken, spricht für die, die sie produzieren, ohne links und rechts zu schauen. Von Christa Reinig gibt es einen poetologischen Text mit dem Titel *Lyrik als Arbeit*, der höchst prosaisch, ja eigentlich mit einem Klatschen von Ohrfeigen beginnt: »Mein bestimmendes Motiv war, aus meinem Leben etwas zu machen, nicht ruhmlos unterzugehen, nicht mein kostbares Leben zu vergeuden, indem ich anderen Leuten, und seien es die liebsten der Welt, den Dreck wegräume.« Sie schrieb zunächst auf die Rückseiten von Behördenformularen, und darin ist schon der Kern ihrer subversiven ästhetischen Operationen enthalten. »Daß Brecht mich gekannt, meine Gedichte geschätzt und mich zum Weiterdichten ermuntert habe, ist eine Legende.« Ja, Christa Reinig ist eine Mythenzertrümmerin. Aber sie liebt, was sie zertrümmert, wie der Elefant liebend gerne in den Porzellanladen tritt.

1976 ist Christa Reinigs Roman *Entmannung – Die Geschichte Ottos und seiner vier Frauen* erschienen. Was für ein Titel! Was diese Frau sich traut. Es war ein Buch, das wie ein monolithischer Block in der Literaturlandschaft stand. Und ebenso unverbunden stand es im literarischen Werk Christa Reinigs: ein eindeutig feministischer Roman, der aber so krude, so wild und phantastisch ist, daß er die kleinteiligen Elendsbeschreibungen aus dieser Zeit über die Schmerzensverhältnisse zwischen Männern und Frauen weit hinter sich ließ.

Wie kommt eine Frau, die pünktlich zum Erscheinen ihres Buches fünfzig Jahre alt, die ein Jahr zuvor mit dem Deutschen Kritikerpreis geehrt wurde, wie kommt jemand zu einer ganz unverhofften Veränderung, wie kommt jemand zu sich selbst in anderer Gestalt? Fünfzig Jahre alt zu sein, das war für uns junge Frauen damals ein wirkliches Debakel, und daß jemand dieses Alters es unverwüstlich und vergleichsweise unbeschädigt in die Nähe von uns Dreißigjährigen geschafft hatte, schien ein Kompliment für die ältere und für uns jüngere gleichzeitig zu sein. Ja, wir haben uns auf Anhieb verstanden. (Vermutlich war es eine Anmaßung, daß wir glaubten, uns »auf Anhieb« zu verstehen und dann vielleicht mißverstanden.)

Christa Reinig eignete sich nicht als Projektionsfigur. Die Aufhebung der Unterdrückung der Frau, das war ein Jahrhundertthema. Und die jüngeren Frauen erahnten, was es ausmachte, daß eine Schriftstellerin wie Christa Reinig mit Beharrlichkeit ihren Weg ging. Größe, Mut, etwas zu tun, was es noch gar nicht gibt, die produktive Starrköpfigkeit, etwas Eigenes zu machen und nur dies, gedeihen vorwiegend dort, wo diese Eigenschaften nicht systematisch totgetrampelt werden. Und die jüngeren Leserinnen staunten, rieben sich die Augen, wie diese Autorin sich selbst erfand, jenseits aller Rollenerwartungen. In ihrem Text *Lyrik als Arbeit* schrieb sie: »ich muß alles, was ich tue, aus einem ungeheuren Willen tun, und ein starker Wille äußert sich als Wucht, auch wenn es die Wucht einer geschleuderten Quarkschachtel ist.« Da ist schon die Komik, die ihrem Zorn Flügel verleiht. Die Unvereinbarkeit der beiden Begriffe schafft einen Bedeutungsraum, der ungewohnt und gleichzeitig nahezu ungehörig ist. Wie kommt eine Quarkschachtel in einen poetologischen Text? Witz, Ironie und Sarkasmus sind seit ihren ersten Gedichten in der satirischen DDR-Zeitschrift *Ulenspiegel* ihre Helfershelfer. Im Roman *Entmannung* weicht Otto Kyra, ein befähigter Professor der Chirurgie, sich selbst in der Badewanne auf und räsoniert über seine mögliche Weibwerdung. Das ist lächerlich und polemisch zugleich.

Die Erfahrungen von Frauen in einer männlich definierten Welt riefen bei Christa Reinig Grotesken hervor, unbändigen Witz, ein Lachen, das im Halse stecken bleibt. Sie widmete ihr Buch »Fräulein Martha Schicke Marie Curies Schülerin Christa Reinigs Lehrerin Frauenrechtskämpferin«. *Entmannung* ist der Roman einer fortschreitenden Verwirrung, die gleichzeitig auch eine große Klärung ist. Verwirrt werden die Denkschemata, kein Zweifel wird dabei über die langwierigen Wege gelassen, die Männer und Frauen noch gehen müssen. Holzwege und Irrwege sowie abbruchreife Brücken miteingeschlossen. Otto Kyra, seine karrieresüchtige Assistentin Dr. Doris Dankwart, die Patientin Klytemnestra van der Leyden, genannt Menni, von einer latenten Unzufriedenheit befallen, die Prostituierte Thea Gutsmann – ein Prototyp der gespaltenen Frau, einerseits käuflich, andererseits autonom (sie dichtet!) – und die junge Arbeiterin Xenia Gersting, die ihre Arbeitsstelle verläßt und sich als Dienstmädchen in die ihr fremde Bürgerlichkeit begibt, flippen aus, verlassen ihr früheres Leben, bevölkern lebhaft Ottos Villa, die zu einer Wohngemeinschaft umfunktioniert wird, halten Gelage, debattieren über die Zukunft der Geschlechter, machen Ausflüge, betrinken sich, lieben einander, streiten sich, sprechen die klugen Sottisen ihrer Autorin und gehen jede für sich einem privaten Weltuntergang entgegen. Durch die Kapitel huschen Freud und Hitchcock, auch Valerie Solanas. (Das ist die Frau, die Andy Warhol angeschossen hat in einer Art selbstherrlicher Umnachtung.) Sie reden nicht weniger merkwürdig als die Hauptfiguren. All das sind kühne, auf die Spitze getriebene Montagen voller Zynismus, die sich aus Allerweltsmaterial und einer beispiellosen Phantastik entzünden. Ein Karneval der Sprechhaltungen, der konkurrierenden Argumentationsfiguren, wie sie später mit größerer Wucht Elfriede Jelinek entwickelt.

Christa Reinig verweigert jede positive Lösung, ja, sie ist eher an der Verwirrung interessiert und weit weg von der freundlichen Harmonie besitzfreier Beziehungen, den geduldigen und mühsamen Wegen der Geschlechter zueinander. Es dampft der Geschlechterkampf, da fliegen auch die Fetzen zwischen den rivalisierenden Frauen, die in diesem Roman vorwiegend Weiber heißen. Schauriges Lachen. Bittere Ironie. Anmaßung. Rettende Bemächtigung. In einem letzten Kapitel diktiert der Diktator Gründgens dem Romanpersonal klassische Opernrollen zu: eine höhnische Karikatur auf die Anstrengung, den alten Rollenzwängen zu entkommen. Noch einmal in der Erzählung *Mädchen ohne Uniform* versenkt sich Christa Reinig in einen weiblichen Kosmos, in die Liebe einer Schülerin zu ihrer Lehrerin, die Ausgrenzung, die Randständigkeit, den Spott, die Gewalttätigkeit einer Schulklasse gegen die Außenseiterin. Die Kraft, das Außenseitertum zu ertragen und stolz zu tragen, ist im Zentrum der Gesellschaft angekommen. Das Außen ist *inner circle* geworden, residiert im Paradox.

Christa Reinig: Das große Bechterew-Tantra: Prosa. Stierstadt/Taunus 1970.
Christa Reinig: Entmannung. Die Geschichte Ottos und seiner vier Frauen. Düsseldorf 1976.
Christa Reinig: Die Prüfung des Lächlers. Drei Gedichtsammlungen. München 1980.
Christa Reinig: Mit dem Gesicht zur Wand. In: »Bewundert viel und viel gescholten…« Der Bremer Literaturpreis 1954–1987. Eine Dokumentation. Reden der Preisträger und andere Texte. Hrsg. von Wolfgang Emmerich. Bremerhaven 1988. S. 115f.
Christa Reinig: Sämtliche Gedichte. Düsseldorf 1984.
Christa Reinig: Gesammelte Gedichte 1960–1979. Mit einem Vorwort von Horst Bienek. Darmstadt und Neuwied 1985.

Vom Gießen und Fließen: FRIEDERIKE MAYRÖCKER

trinken
das Wehen der Luft/ noch/ sich sagen ich lebe/ noch
und jetzt und hier aber endlich
oder durch die blendende Bläue segelt die endliche
Schwalbe

Friederike Mayröcker: für E. J.

Die Jahreszeit hat es mit sich gebracht, mit sich geschwemmt. Schmelzwasser und Augenflüssigkeit, in die Stengel treibende Säfte, ins Kraut schießendes Grün, Drosselschlag und heimlicher Nestbau. Fliederfarben leuchten die Wolken am Abend, überall ist Westen, wenn man aus den Fenstern blickt, Glyzinienvorhänge ranken um die Fensterlaibung, Lindenblätter werden hier und dort aufgelegt, wo die Verwundbarkeit allzu deutlich ist. Plötzlich beginnen auch die Linden zu blühen, und vom Kastanienbaum wehen die federleichten Blütenblättchen ins Haar, wäßrige Farben in der Natur, Weiden baden die Wurzeln und überhängenden Zweige im Wasser. Ich bin an der Donau gewesen, wo sie mächtig dahinschwimmt, mit leichtem, noch nicht gefährlichem Wasser, das Hochwasser zu nennen übertrieben wäre. Es war Hochsommer, und es war schön, beinah wäre alles ins Fließen gekommen. Das Wasser rauschte, das Wasser schwoll, es erinnerte mich daran: Ich bin ein Kind einer nassen Tallage, verliebt in mein vergleichsweise winziges Flüßchen. Und so zog es mich in diesem Jahr zum Fluß, zum Fluß, es zog so mächtig, es konnte nur der Rhein sein, zu dem es mich zog mit diesem mächtigen Begehren. Das zierliche, eher mädchenhafte Geschlängel, an dem ich aufgewachsen war, hätte jetzt nach Nebel gerochen, nach Feuchtigkeit. Doch am Rhein, nahe am Drachenfels und der entsprechenden Dramatik, zwischen den großen weißen Rheindampfern und dem Reinemachen einer jungen, kräftigen Türkin, die leis kam und ging, neben der ich ein Blatt im Winde war, dehnte sich die Zeit. Hülle und Fülle, dehnte sich zur Zeitlosigkeit im Monat Mai.

Auf der linken Wange während eines langen Nachmittags
als abgelöste Wimper schwarze Träne.

Die riesigen Palmen im Salon und in der Diele (Diele? Dehnungsraum bis zum Dachgeschoß offen, offen für Höheres, für luftige Gedanken, wegstrebend schon fast ins himmelwärts Luftige), die Palmen hatten den Winter überlebt. Es gab Ausstellungskataloge und Bücher in dieser Rheinvilla in großer Fülle, Widmungsexemplare, Erstausgaben von Tristan Tzara, von Hans Arp, von Raymond Queneau, Claude Simon, Marguerite Duras, die hätten Friederike Mayröcker gefallen. Es gab eine blendend weiße Ordnung, die meine Anwesenheit nur ein wenig verstörte. Es gab Bilder an den Wänden von Max Ernst, von Hans Richter, épreuve d'artiste, textile Arbeiten von Sophie Taeuber im Schlafzimmer des Hausherrn, das ich auf leisen Sohlen betrat, Hüsteln, Räuspern vor der Tür, eine Serie von Francis Picabia, es gab – davon will ich nicht weiter sprechen. Der Hausherr war im vorigen Jahr gestorben. Es gab vor den Fenstern den großen Fluß mit seiner immerwährenden Gewißheit des Fließens stromabwärts. Ich sprach mit den Bildern, den Büchern, dem toten Hausherrn, die Bilder sprachen zu mir, der klare, strenge Konstruktivismus der Taeuber gegen Arps organische Formen, blühende

Gegenwart in die Kunstgeschichte getaucht, kein Staub auf den Büchern, kein Atem außer meinem in dem großen lichten Haus. Es war wie im Märchen, auch die Vögel draußen sprachen, ein Reh sprang im Garten, sprang über die Eisenbahngleise, die den Garten, der eher ein Park war, begrenzten. Auf der Fähre an der Uferstraße hatten nur Nonnen und ihre ausdrücklich angemeldeten Besucher Platz. Der Fährmann war sehr, sehr streng. Es gab andere Wasser mit anderen Fährleuten, die in die Tiefe der Mythologie führten. Dieser war gegenwärtig und vergangen zugleich. Ich hätte mich unter den Röcken der Nonnen verstecken müssen in einer annektierten Kindlichkeit. Ich dachte an den Text *Rosengarten* in Friederike Mayröckers *Magischen Blättern II*: »Auch bin ich im Grunde immer ratlos und abgelenkt und kann mir über nichts mehr Gewißheit verschaffen also orientierungslos, wie ein Kind wie als Kind, von geringschätziger Natur (Nasenflöte) das weibliche Kind, ganz unbeteiligt danebengestanden, danebenstehen wenn Erwachsene redeten, reden, so von einem Fuß auf den anderen, gelangweilt gepeinigt in die Länge gezogen, und wie folgsam sich meine Blicke im Zaum hielten [...].« Kein Reh sprang am Abend, am Morgen waren zwei Rehe da. Vorpfingstliche, christlich grundierte Zeit, abgelöst von jeder Eschatologie. Ich dachte an die Geistausgießung, das Fließen des Geistesstromes, die Gewißheit des Unsichtbaren, aber Glaub-Würdigen, Glaubens-Werten, ich dachte an Friederike Mayröckers Freude an diesem Geist, diesem flatterhaft Vater und Sohn umgurrenden Geist, heiliger Täuberich (warum kein Rabe bei so viel Rabeneltern rundherum?), aber die Taube war schon eine alte Bekannte, erster Auftritt im Lukas-Evangelium bei der Taufe Jesu. Luther übersetzt: »Vnd der heilige Geist fuhr ernidder / in leiblicher gestalt auff Jn / wie eine Taube« (Luk. 3,21). Buber und

Rosenzweig entschieden sich bei dem gleichen Begriff für das weniger abstrakte, vom Verb abgeleitete Wort »Gebraus«. Die Entscheidung für diese Variante machte aller vernebelten Spiritualität den Garaus, dem Bestehen auf dem Nichtkonkreten unter Zurücksetzung der materiellen Lebenserscheinungen, wie es die abendländische Religiosität gerne tut. Ich dachte an das Fließen und Gießen in Friederike Mayröckers Texten, den Schreibfluß, der viele Nebenflüsse hat, die ihn speisen, wie auch der mächtige Strom die Flüssigkeit, Fruchtbarkeit des Schreibens in den Nebentälern der Literatur anregt. Die Flüssigkeitsmetapher, um es in aller gebotenen unheiligen Nüchternheit beiläufig zu sagen. Ich erinnerte mich an die Äußerungen Friederike Mayröckers im Gespräch mit Siegfried J. Schmidt, an einem Pfingsttag im Jahr 1939 habe sie zu schreiben begonnen. »Damals habe ich mir ganz bewußt gesagt: Heute fange ich an zu schreiben.« Der jugendliche Voluntarismus paart sich mit dem Gedenkdatum an die Passivität des *Erleuchtetwerdens*, des Nichtwissens, wie einem geschieht. Über den Überfluß wäre zu sprechen, die molekulare Verbindung von allem mit allem im Text, die Struktur der magischen Anziehung, der sichtbar keine Abweisung folgt. Überfluß, der nicht eine Inflation des Mehr und Mehr ist, sondern eine Abstraktion des nichtökonomischen und gleichwohl die Produktivkräfte entfaltenden Mehrwerts.

Es gibt die Künstler und Schriftsteller, die bekanntermaßen aus dem Mangel heraus produzieren, die eine empfundene Leere füllen müssen – Sartre hat dies unnachahmlich für Flaubert beschrieben. Und es gibt die, die aus dem Überfluß, dem Überbordenden schaffen. Friederike Mayröcker gehört zweifellos zu dieser zweiten Kategorie. Und es gibt die Hebammen, Helfershelfer, Geburtshelfer für glückhafte ästhetische Ereignisse, die Fülle und Leere miteinander in Beziehung bringen, den Geist aussenden oder das Vögelchen fliegen lassen, je nachdem. Die Mittler von Natur aus, die zum richtigen Zeitpunkt am richtigen Ort sind. Mal wird auch einfach eine Taube oder ein Kaninchen aus dem Hut gezaubert. Wer's merkt, ist selber schuld.

Der gestorbene Besitzer der Rheinvilla, in der ich solche vorpfingstlichen Gedanken und die dazugehörenden Gedankenstriche produzierte, hatte sich die Berufsbezeichnung Impresario gegeben. Der inspirierende Vogel atmet nur, leichtfüßig hüpft er, er preßt nichts ab, verlangt kein Imprimatur. Vielleicht fällt dem Grimmschen Wörterbuch, das ich, jetzt immer noch im Luftigen, im warmen Windhauch schreibend, nicht zur Hand habe, etwas ganz anderes ein. Der Impresario befördert den Kunst-Eindruck, er lebt vom Ausdruck. Ich bin grad nicht flüssig, sagt der kleine schwankende, schnorrende Mann auf der Straße, der sich noch einen Flachmann kaufen will am Abend.

Wer gewohnt ist, mit dem Füllfederhalter zu schreiben, kennt die leise Furcht, die Feder werde heute nicht flüssig schreiben, die Tinte trockne ein. Zu aufwendig erscheint in diesem Schreib-Augenblick die Unterbrechung, um die Feder zu säubern. Morgen vielleicht bei feuchterem Wetter wird sie wieder flüssig schreiben. Doch die minimale Kraftanstrengung, die Feder zu spreizen, ohne den gewünschten Haarstrich auf dem Papier zu sehen, macht nervös. Kunst macht nervös, las ich kürzlich auf einer Wand in der Berliner Hochschule der Künste.

Der Geist ist gütig, aber unberechenbar. Die Geistausgießung entzieht sich dem Blick. Die kleinen imaginären Flämmchen über den Häuptern: eine Zeichensetzung des Imaginären. Bei diesem geistlichen Ereignis ist die Schriftlichkeit ein einziges Mal glücklicher als die Bild-Erfindung.

Das Fließen und Gießen des Geistes ist im Text zu imaginieren, die Text-Behauptung des Wunders ist eine Setzung, während die Visualität des Bildes das Unsichtbare nur schwer vermittelt durch eine zweite Bildebene zeigen kann. Spiritus sanctus rector. Brausekopf. Inspiration. Der Geist weht, wo er will. Er haucht Leben ein.

Die stürmische Ausgießung dieser Schriftstelle!, rufe ich.

Früher war ich mit *tausend Sehnen* an diesen Ort
gebunden:
die tropischen Pfauen schlugen ein Rad in den Bauerngärten, alles war stubengroß und schön.

Das einzelgängerische und kirchgängerische Kind, das zu sein ich gezwungen war, dem sich der Sinn einer Gemeinde nicht erschloß, konnte sich nicht genügend wundern, daß für die pfingstliche Gemeinde in der Apostelgeschichte 2,1–16 der Geist ein Sprachenvermehrer war. Mir war Sprache angetan worden im Formelhaften, im Gestanzten, in Prägungen, die semantisch an mir vorbeiflossen »ohne Sinn und Verstand«. Luther übersetzt das Pfingstereignis: »Vnd es geschach schnelle ein Brausen vom Himel/ als eines gewaltigen Windes/ vnd erfüllet das gantze Haus/ da sie sassen. Vnd man sahe an jnen die Zungen zerteilet/ als weren sie fewrig/ Vnd er satzte sich auff einen jglichen vnter jnen/ vnd wurden alle vol des heiligen Geists/ Vnd fiengen an zu predigen mit andern Zungen/ nachdem der Geist jnen gab aus zusprechen.« Die fremde, über die Gläubigen gekommene Sprache, mißtrauisch geprüft von den Kleingläubigen, ob sie nicht doch ein Resultat von Trunkenheit sei, ragt als ein fremdes Element (das Wunder) in den menschlichen Zusammenhang:

»Denn es höret ein jglicher/ das sie mit seiner Sprache redten.« Die pfingstliche Vermehrung der Sprache: eine Art von früher Poetisierung oder auch Romantisierung der Welt, es gibt keine Fremdsprache mehr, alles will durchlässig werden wie im Märchen, beinah hätte die (leibhaftige) Taube schon bei der Taufe Jesu gesprochen. Während sie niederschwebt, ertönt himmelhoch himmelsöffnend die Stimme: Du bist mein geliebter Sohn, an dir habe ich mein Wohlgefallen. Der *Shakespeare-Tag* beginnt leuchtend am frühen Morgen und hat schon einen Zipfel von brennendem Flammenrot, die Ekstase der Erkenntnis, das Geschlagenwerden mit der Ekstase öffnet den Blick, »das ungewohnte Licht macht mir Augenschmerzen. Nach und nach lernte ich sehen, und Dank sei meinem erkenntlichen Genius, ich fühle immer noch lebhaft, was ich gewonnen habe«, heißt es in der hymnischen Rede des jungen Goethe *Zum Schäkespears Tag*. Und: »Laßt mir Luft, daß ich reden kann!« Die Rede von der Natur, der Übermannung durch das Naturgenie braucht Raum, sprengt die Stubenenge, nach draußen geht der Blick, es lodert die Begeisterung. So fließt die Rede fort; sie *wallt vorbei* in einer großen Bewegung. Jetzt sind auch die *Athenäum-Fragmente* aufgeschlagen. Wie pfingstlich klingt dieses Fragment aus dem *Blütenstaub*: »Jetzt regt sich nur hier und da Geist: Wann wird der Geist: Wann wird der Geist sich im ganzen regen?« Die einzige Vorstellung von einer allumfassenden Weltsprache ist die der poetischen Sprache, eine Sprache der Inspirierten oder zumindest derer, die sich aspirieren lassen. Ein Hauch bläst sie nicht um. Alles scheint in glückhaft erleuchtetem Zustand verständlich. Was eben noch fremd erschien, wird zurückverwandelt in eine Sprachordnung, die subjektiv befriedigend erlebt wird: Jeder versteht *seine* Sprache, die babylonische Sprachenverwirrung ist aufgehoben. Die Übertretung, wie das Wunder mit einem Foucaultschen Begriff vielleicht gegenwärtiger zu nennen wäre, heißt: Die Sprache überschreitet das Gewohnte und gibt doch vertrauten Sinn, den Parthern, den Medern, den Elamitiern, den Judäern, den Wienern, den Mürzzuschlagern, den Bielefeldern und den Libyern. Eben das tut die poetische Sprache.

Das Wunder ist kollektiv erfahrbar, und es löst doch in jedem Mitglied der Gemeinde etwas höchst Individuelles aus, die eigene, vergrabene, ungeteilte, hier nicht mit-geteilte, aber erfahrbare Sprache wird hörbar: ein polyphones, polyglottes Kunstwerk. »geblendet das Aug vom rasenden Himmelslicht« beginnt ein Gedicht in *Notizen auf einem Kamel*. Ein anderes endet:

> LICHT SACHEN eigentlich LICHT ACHSEN fließend
> durch meine linken und rechten Nerven- und
> Wimpernbüschel …

Das ist die Haltung der Verzückung, der Aufgewühltheit, wie sie durch das religiöse Erlebnis (den Tod Gottes verneinend), den persönlichen Tod und den kleinen Tod in der Sexualität markiert wird. Der Himmel ist offen, aber auch eigentlich leer.

Eine Freundin erzählte mir kürzlich aufgewühlt, aber mit vollkommener Durchdachtheit vom Tod ihrer krebskranken Mutter, dem Aufwölben der Wirbelsäule, dem durstigen Öffnen des Mundes, dem Aufsperren aller Gesichtssinne in den letzten Lebenstagen, dem Luftschnappen, dem Einsaugen der wahrscheinlich letzten Erfahrungen, sofort waren wir – dem Tod ein Diagramm entlockend – bei anderen Aufwölbungen, den Beschreibungen der hysterischen Brücke, dem Bildnis der Heiligen Therese von Bernini. Wunder, die Erwartungen des Wunderbaren in jedem einzelnen Augenblick. Tiere sprechen und überqueren, ohne Schaden zu nehmen, die Bahngleise, und der eigene Verstand leidet unter extremen Bedingungen (Höhenluft, Aufheizung der toasterhaft glühenden inneren Menschendrähte) keinen sonderlich bemerkbaren Schaden. Die Pfingstlichkeit jubiliert, die Wörtlichkeit lebt, lux perpetua luceat eis, hopefully regiert ein ausgegossenes Sprachempfinden, während die Taube flattert, alles ist gleichzeitig, aufgelockert, poröses Empfinden, und wir müssen die Gleichzeitigkeit ertragen, wund oder nicht, sprachwund, sprachverwandt, wehrlos gegen die überbordende Sprache, gegen die nur Unkenntnis hilft, was aber in Wirklichkeit keine Maßnahme ist, eher ein Maßgenommenwerden mit vermessenem Verstand.

»LICHT SACHEN eigentlich LICHT ACHSEN« – das Aufbäumen, die Vertikalität der ästhetischen Erfahrung, die sich der Horizontalen der allgemeinen Nutzerkommunikation nicht mehr stellt, tritt vielfältig in Erscheinung – in innovativen Vorgängen wie in menschlichen Ausnahmezuständen: »Aber eine solche Erfahrung, in der der Tod hervorbricht, entdeckt, als sei es ihr Geheimnis und ihr Licht, ihre eigentliche Endlichkeit – das grenzenlose Reich der Grenze, die Leere dieser Überschreitung, wo sie dahinschwindet und schließlich nicht mehr da ist.« So Michel Foucault. Das ist die grenzenlose Grenzziehung, der permanente Ausnahmezustand der Verbundenheit mit allen möglichen Gegenständen (Sachen), in der die Überschreitung eine fortdauernde Mobilisierung oder pfingstlicher gesagt: eine Einstellung auf das Wunder ist. Ich habe mich schreibend darauf beschränkt, nur mit *landläufigen Wundern* Umgang zu haben. Wer sich inspirieren läßt, den pfingstlichen Funken zuläßt, auch den Zufall, gibt Verantwortung für den Text ab. Die Zungen (linguae) führen ein schlängelndes Eigenleben. Man könnte auch mit Fernando Pessoa von einer »Poetik der Abdankung« sprechen.

Was bei Pessoa durch die Benutzung der Heteronyme – bis in die vom Augenblick der Leidenschaft oder der Enttäuschung diktierten Briefe an die Braut – eine Folgerichtigkeit hat, ist die Schattenseite des Beharrens auf Eingebung. Preisgabe. Die Spaltung legt nahe, daß auch Verantwortung für eine Textgestalt, ja auch für eine Lebensgestaltung abgegeben werden kann. In den Briefen an die Braut spielt Pessoa bis an den Rand der Wahrnehmungsschärfe mit seiner Abdankung als *persona*: »Wenn das Kindchen am Fenster sein will, sieht es den Nininho vorbeigehen. Wenn es nicht will, sieht es ihn nicht. (Verfasser dieses letzten Satzes ist mein lieber Freund Alvaro de Campos.)« Wer sollte da nicht am eigenen und fremden Verstand verzweifeln? Die mystischen Strategien des Verbergens, des Aufflammens im Verborgensein ohne Bewußtsein der Abspaltung setzen Maßstäbe für alle späteren Funktions-Trennungen.

Die mittelalterlichen Mystikerinnen erlaubten sich unerhörte Freiheiten, sprengten den Formen-Kanon des weiblichen Diskurses (mündliche Traditionen, Brief, Bekenntnisschrift) durch das Beharren auf Inspiration. Das ekstatische Sprechen eröffnet einen imaginären Raum und schützt diesen Raum gleichzeitig, macht ihn unangreifbar durch die »göttliche Einströmung«, die »Einwohnung des Herrn«, wie Gertrud von Helfta das Ergebnis des Schreibflusses nennt.

»Ich wanderte dann umher und im Hinterhof eines Abbruchhauses sah ich einen kahlen Strauch der plötzlich zu brennen begonnen hatte, es war ein Pfingsttag. Ich wanderte dann umher und kauerte nieder und schrieb im Anblick des brennenden Busches mein erstes Gedicht.« Dies ist der

Schluß des Prosatextes *Ich saß da und starrte auf dieses Bild, die Erinnerung* in den *Magischen Blättern*, den ich aus dramaturgischen Gründen an das Ende meines Essays gerückt habe. Dieser Text ist aus fünf Teilen komponiert, keinen dramatischen Teilen, eher Aufschichtungen, Permutationen, strukturiert in einer starken Rhythmisierung. Der erste und der vierte Teil beginnen wie der Titel mit der Formel »Ich saß dann da«, der zweite und der fünfte schaffen Bewegungsräume des Erzählens durch die Formel »Ich wanderte dann umher«. Der Mittelteil hingegen vereint scharf geschnittene, im Dokumentarischen aufgehobene Erinnerungspartikel – an Namen von Mitschülern und Mitschülerinnen bei den Englischen Fräulein, an Vater und Mutter und die Großmutter, dazwischen wie ein Medaillon die Nachricht von der eigenen Geburt. Die Anspielung auf das numinose Erscheinen Gottes im brennenden Dornbusch und die pfingstliche Geistausgießung werden zusammengelesen, bilden die Architextualität für das zu schreibende Gedicht. Oder anders ausgedrückt: Die Stelle aus dem Buch Moses und die aus der Apostelgeschichte machen den Weg frei zu der Stelle, an der das Gedicht angesiedelt ist: Das Abbruchhaus, die Schichtung von Neuem und Altem ist dafür ein sinnlich erfahrbares Bild.

Das erste Gedicht ist Setzung, Behauptung. Doch spielt es für den Text der Erinnerung keine Rolle; er blendet ab. Man könnte mit Sigmund Freud im Sinne von *Eine Kindheitserinnerung aus »Dichtung und Wahrheit«* das Schreiben des ersten Gedichts als eine »magische Handlung« bezeichnen. Am Beginn der weiblichen Pubertät, der Empfängnisbereitschaft, steht der Akt, ein erstes Produkt von sich ablösen zu wollen. Die Aktivität des Dichtens (eine Deckerinnerung in der Freudschen Terminologie?) widersteht im Text in seltsamer Verschränkung der Passivität des Geführtwerdens durch den Vater: »Ich wanderte dann umher und mein Vater führte mich auf den Leopoldsberg. Von der Aussichtswarte aus wo es auch sommers stürmte, zeigte er auf die Stadt und den Fluß und erzählte mir Lehrreiches über das Land und die Landschaft aber ich wollte nicht hinhören.« Auf der inneren Wegstrecke des jungen Mädchens kann der Vater nicht die Führung übernehmen. Lehrreich wäre für die Vierzehneinhalbjährige an diesem Pfingsttag möglicherweise etwas anderes gewesen, wie zu leben ist mit dem erwachenden weiblichen Körper, dem Maientrieb, etwas, das der Vater ganz und gar nicht lehren kann, das er aber in seinem Bedürfnis zu lehren übersieht, überhört. Es ist ein fragiles Gleichgewicht der auseinanderstrebenden Kräfte, die in diesen wenigen Sätzen zusammengezwungen sind: der entmachtete, auf seiner Lehr-Befähigung beharrende Vater zwischen den Anspielungen auf die beiden numinosen Bibelstellen und der Initiation der jungen Schreibenden. In seiner Interpretation der *Kindheitserinnerung des Leonardo da Vinci* führt Freud beiläufig aus, »wie jugendliche Personen den religiösen Glauben verlieren, sobald die Autorität des Vaters bei ihnen zusammenbricht«. Mayröckers Text ist weit entfernt vom Bekenntnishaften, doch sind darin alle Elemente einer solchen jugendlichen Sinnkrise enthalten.

Die Textstelle über die pfingstliche Schreib-Initiation erhält eine besondere Bedeutung: Dreimal taucht sie in verschiedenen Veröffentlichungs-Zusammenhängen auf und wird noch einmal fast zwanghaft wiederholt in der mündlichen Form des Interviews. Der Text *Ich saß dann da und starrte auf dieses Bild, die Erinnerung* war (mit kleinen Varianten) bereits 1981 in der Zeitschrift *Emma* erschienen als Teil einer Serie über weibliche Kindheiten. Dann tauchte sie in dem Hörspiel

So ein Schatten ist der Mensch auf, das der RIAS Berlin 1982 sendete, der Hörspiel-Text wurde im gleichen Jahr in einem Sammelband gedruckt. Das Hörspiel wurde noch einmal in die *Magischen Blätter II* übernommen. Eine solche »Streuung« einer einzelnen Textstelle spricht für die Bedeutung, die sie für die Autorin hat.

In verschiedenen Kontexten verflüssigt, dynamisiert sich dieser Erzählkern, die Ränder verschwimmen. Überlappungen, Übermalungen. Obwohl die Texte von Friederike Mayröcker mit ihrer radikal vereinnahmenden Subjektivität keinen Raum lassen für psychoanalytische Erwägungen (der Leser, die Leserin erstickt schier an der geweckten Übertragungsliebe, wird gefangen in der Textur), scheint es mir doch sinnvoll, auf den Topos der Selbststilisierung als beginnender Künstler aufmerksam zu machen. *A Portrait of the Artist as a Young Man*, Sartres *Les Mots*. Der oder die Schreibende nimmt sich die Macht, das eigene Beginnen zu charakterisieren. Die Künstler-Biographie hat seit der Renaissance hagiographisch oder heroisch vorgearbeitet (Giorgio Vasari). Der autobiographische Künstler hat sich im 20. Jahrhundert nur an einer Stelle im Kosmos des Beginnens einzuordnen. Bestürzend ist – nicht nur für den mythenseligen Leser, sondern für den Künstler –, daß es ausschließlich einen Mythos des Beginnens gibt, keinen des arbeitsamen, zähen Weiterarbeitens und erst recht keinen vom Ende einer künstlerischen Arbeit. Unter der Last des Lorbeerkranzes muß geschwiegen werden (darf geschwiegen werden); der strenge Geruch der Ehrung spricht eine eigene mythische Sprache, gegen die eine individuell erarbeitete Kunstform mit ihren Privatmythen schwer ankommt. Sie wird vorausgesetzt, natürlich. Der oder die Erwählte ist zur Passivität gezwungen. Er oder sie wird geehrt.

Wenn es möglich ist, die Uhr noch einmal zurückzudrehen, den Zirkel zu schließen beim Vogelgezwitscher in einer langsamen Bewegung, wo ist mein Kind, wo ist mein Reh?, dann taucht hier noch einmal hinter den hellgrünen Blattspitzen, dem aufblitzenden Duft die Rheinvilla auf. »Berge von Büchern, Notizzettel, auf dem Boden verstreut, *oder meine Zettel, wirken und weben!*«

Die Zettel sind selbständig geworden, regieren die Verben, die vormals dem Geist zugeordnet waren: wirken und wehen. Eine Prosa ohne Ornament. Aber die Ornamentlosigkeit hat kein Ziel, ist kein Ziel. Sie muß sein, wie sie ist, empfindlich austariert, gefeilt, gestrichen, geschärft. Es müßte möglich sein, über nichts zu schreiben und gleichzeitig die schnurgerade Gerichtetheit aufzulösen in einem strengen, in sich geschlossenen Zustand. Das enge Rheintal ist zu verlassen, ich bin eingeschlafen, an Magdeburg vorbeigefahren, weiter hinten liegt Magdala, weiter weg und zielstrebig ins Unbekannte gefahren, immer weitergefahren ins Unbekannte, in einer anderen Jahreszeit fallen Blätter. Später kommen *i santi magi*, fallen auf die Knie vor dem Kind, später wird das Jahr vorübergegangen sein wie ein Kelch.

Friederike Mayröcker: Magische Blätter. Frankfurt am Main 1983.
Friederike Mayröcker: Magische Blätter II. Frankfurt am Main 1987.
Friederike Mayröcker: Reise durch die Nacht, lange Prosa. Frankfurt am Main 1984.
Friederike Mayröcker: Notizen auf einem Kamel. Gedichte. Frankfurt am Main 1996.

Martin Buber und Franz Rosenzweig: Die Schrift. Berlin 1934.
Die Grundwerke der drei großen Frauen von Helfta: Perlen deutscher Mystik. 3 Bde. Freiburg im Breisgau. 2001.
Michel Foucault: Schriften zur Literatur. München 1974.
Sigmund Freud: Studienausgabe. Band 10. Bildende Kunst und Literatur. Frankfurt am Main 1989.
Goethes Werke. Hamburger Ausgabe. Band 12. Hamburg 1963.
Martin Luther: Die gantze heilige Schrifft Deudsch. Wittenberg 1545. Hrsg. von Hans Volz und Mitarbeit von Heinz Blanke. Herrsching o.J.
Fernando Pessoa: Briefe an die Braut. Zürich 1995.
August Wilhelm und Friedrich Schlegel: Athenäum. Eine Zeitschrift. Nachdruck. Hrsg. von Gerda Heinrich. Leipzig 1984. 2. Auflage.
Siegfried J. Schmidt: Fußstapfen des Kopfes. Friederike Mayröckers Prosa aus konstruktivistischer Sicht. Münster 1989.
Was geschah, nachdem Nora ihren Mann verlassen hatte? Acht Hörspiele von Elfriede Jelinek, Ursula Krechel, Friederike Mayröcker, Inge Müller, Erica Pedretti, Ruth Rehmann und Gabriele Wohmann. Hrsg. von Helga Geyer-Ryan. München 1982.

Gespannter Bogen, gespannte Aufmerksamkeit: ELKE ERB

Die Lust

auf der Wiesenwölbung zu gehen
dort links überm Dorf, mit dem Besuch,
ist sanft, geduldig und nachsichtig,
erinnere ich mich,

als ginge ich über einen großen Bauch,
den gut bewohnt gewesenen, jetzt leeren, alten,
ledernarbigen auch, meiner Mutter, als gebe es

diesen Genuß, einmal noch,
und zwar beliebig wiederholbar und weiter
nichts.

für Birgit

Die männliche Phantasie, die mehrfach bezeugt worden ist, die des Schriftstellers, der als ein imaginiert lebenslänglicher (auch lebenslänglich in Haft genommener) Embryo in der Mutter kauert und auf die Wand der Gebärmutter seine poetisch gedachten, aber auch kryptischen Zeichen ritzt oder schreibt, sei vorausgesetzt. Roland Barthes hat ihm eine Definition gegeben, die ich, seit ich sie zum ersten Mal las, nie mehr aus dem Gedächtnis verloren habe. »Der Schriftsteller ist jemand, der mit dem Körper der Mutter spielt [...]: um ihn zu glorifizieren, zu verschönern oder um ihn zu zerstükkeln, ihn bis zur Grenze dessen zu bringen, was vom Körper erkannt werden kann. Noch in der *Entstellung* der Sprache werde ich genießen, und die öffentliche Meinung wird Entsetzensschreie ausstoßen, denn sie will nicht, daß man die ›Natur‹ entstellt.« Die Tochter einer Mutter (also: jede Frau) kann das nicht, es sei denn, sie verletzte sich selbst symbolisch – in die Zukunft gerichtet, als mögliche oder wirkliche Mutter. Ihre eigene Schwangerschaft beschädigte die symbolische Ordnung (durch krassen Naturalismus), also ist es keine biographische Banalität und kein Biographismus, daß Dichterinnen ein gewisser Keuschheitsgrad nachgesagt wird. (Sublimation?) Nein, Emily Dickinson mußte allein für sich bleiben, und ebenso Annette von Droste-Hülshoff in der zugigen Burg ohne Fensterscheiben, die ihrem Schwager gehörte. Und auch Sylvia Plath mußte die symbolische Ordnung der Autonomie einer verlassenen Mutter von zwei kleinen Kindern wiederherstellen, indem sie den Kopf in den Gasofen steckte. Der war in aller Perversion auch eine mütterlich umfangende, warme Höhle. Sie rettete damit ihre Dichtung, die vollendet war (und das wußte, spürte sie zweifellos), ließ aber die Kinder zurück in einer traumatisierenden Situation. Es gibt keine Forschung über die Traumatisierung durch halbfertige, unzurechenbare Gedichte, die ein Dichter, eine Dichterin nicht vollbracht hat – wie das eigene Leben –, und parallel dazu über die Traumatisierung Schutzbefohlener, Kinder. Die Verlassenheit ist in beiden Fällen katastrophal. Ob diese Überlegungen im Zeitalter, das die Leihmutterschaft entdeckt hat, in dem globalisierte Samen- und Eispenden wie Touristen die Kontinente wechseln, Bestand haben, wird sich weisen. Ebenso, ob die Management-Strategien gewitzter Selbstvermarktung auf dem Reißbrett geplanter Dichter- und Dichterinnenkarrieren Bestand haben.

Elke Erb schreitet über solche exemplarischen Erfahrungen traumtänzerisch sicher hinweg, als gäbe es sie nicht. Die

Lust, die der Titel ihres Gedichtes benennt, ist genau diese Erfahrung, der Gratgang zwischen dem noch gerade Möglichen und dem Glück des Imaginierten. Und an diesem Punkt läßt sich das Glück der Dichterin absehen. Der Spaziergang wird ein Weltgang, weltweit im Kleinen, hügelauf in die Vorstellung von der Mutter, die das Kind – das lyrische Ich vielleicht – gebiert und hügelab in die eigene Existenz trägt, die sich in einer vagen, wischenden Bewegung der Anstrengung der eigenen Körper- und Poesiewerdung erinnert.

Die eingeborene Tochter, die zukünftige Dichterin, läse die Zeichen an der Wand nur in Spiegelschrift. (Oder im Spiegelstadium, wie Luce Irigaray vorschlüge, läse sie dieses Gedicht?) Der gewölbte Hügel, eine irgendwo angesiedelte Gebirgsoberfläche, Lausitz (wo Elke Erb im Sommer hingeht), Eifel (wo sie herkommt). Auf und Ab in einem geruhsam dynamischen Rhythmus ohne spektakuläre Brüche, und so ist das ganze Gedicht: Etwas atmet, braucht Raum und gewinnt Raum, aber einen vergleichsweise kleinen Raum. Blasebalg. Balg. Atemraum. Einen Raum, in dem ein tickendes, intelligentes Uhrwerk verborgen ist. Ein Zeitmesser der Erfahrung. Etwas, das ist hier das Körperliche, das Erinnerte des mütterlichen Körpers und das Erfahrene der Dislokation (Diskrepanz?) zwischen dem Weiblichen des nicht mehr gebrauchten, fruchtbar lebendigen Körpers, seiner gesellschaftlichen Auslöschung und den poetischen Phantasien, die dem Körperempfinden vollkommen konträr, vital entgegenstehen, ja, widerstehen müssen, um sich nicht selbst zu entmachten.

Etwas erinnert vage an den gespannten Hügelleib der Mutter, etwas erinnert an das Innen, und das Außen ist sehr schweigsam. Und gleichzeitig gibt es die hellsichtige Beobachtung des Außen. Ist es die Beobachtung der Mutter im eigenen Leib? Spricht hier die Schwester von Schwestern, als die sich Elke Erb immer bekannt hat, eine Dynastie des Weiblichen, die sich vorwiegend im Text fortpflanzt? Der mütterliche Hügel: das ist die objektivierte Sicht. Die Sicht der erwachsenen Tochter. Lust ist die Überschreitung des Bogens, auch des Bogens, den die Mutter gesetzt hat, auf dem sie zirkuliert. Und Schreiben ist Überschreiten ohnehin. Im Zimmer der Mütterlichkeit, im Tapetensicheren (im Gewachsenen) läßt sich geduldig brüten hinter gepolsterten Türen: George Sand. Aber das Dichten braucht eine offene Fläche, ein Eis, auf dem auch die Mutter gefährdet ist und in das sie einbrechen kann. Tote im Fallen, und eine kleine, weise, energische Person, die über den Hügel geht und all dies weiß. Elke Erb.

Krause Gedanken, die schwanken. Nachtgedanken, die dem Tageslicht standhalten sollen und müssen, die einer Überprüfung bedürfen, wie alles Geschriebene, nächtlich, täglich oder tagtäglich. Und ich erinnere mich dunkel, daß es einen anderen poetischen Hügelgänger gibt: den im Piemont beheimateten Cesare Pavese, der den Dichter in sich dem Romanautor, dem Lektor, dem italienischen Übersetzer feinst gesponnener amerikanischer Literatur opferte. So geht es nur. Nächtlich, täglich, immer. Diese Überlegungen legt der Schluß des Gedichts nahe. Ist der Genuß wiederholbar und weiter in die Zukunft zu projizieren? Reicht er aus wie ein Vorrat, von dem vielleicht lebenslang zu zehren ist? Oder legt dieser Genuß nahe, daß es nur ihn gibt, überwältigend, einzigartig »und weiter nichts«?

Elke Erb: Gänsesommer. Gedichte. Basel/Weil am Rhein 2005. S. 30.

Roland Barthes: Die Lust am Text. Frankfurt am Main 1974.

Luce Irigaray: Speculum – Spiegel des anderen Geschlechts. Frankfurt am Main 1980.

Nahtstelle: aufgetrennt

Als ich zu schreiben begann, in aller Unschuld oder schamvoll unverzagt, waren Kritik und Literatur ungeschiedene Elemente. Wie Land und Wasser, eines im anderen, ein Kondenszustand. Ich konnte mir kritische Wälder vorstellen, auch Brandrodungen und Schonungen. Wildverbiß und Totalverriß waren schädlich. Es war möglich, am Mittag an einem Gedicht zu werkeln und dann ins Rundfunkstudio zu hetzen und eine Meinung zu diesem und jenem zu formulieren und vom Blatt zu singen. Ja, es war wünschenswert, denn der kritische Drei-Minuten-Beitrag, für den ein Honorar von (sage und schreibe) 150 DM ausgezahlt wurde, deckte sich genau mit dem Betrag, den der Vermieter als Monatsmiete für meine winzige Hinterhofwohnung forderte. Und wenn ich einmal im Monat eine Buchkritik ergatterte, für die zehn Minuten zur Verfügung standen, eine angenehm ausführliche Zeit, war der Unterhalt gesichert. Und hin und wieder fand ein längerer Text einen Sendeplatz, ein Essay oder ein Feature. Das war eine feine Sache. Man mußte nur geduldig sein, mit sich selbst, mit anderen, sagte ich mir. Und glaubte mir nicht ganz. Man sage nicht Brotarbeit zu einem solchen Jonglieren mit einer unbekannten Anzahl von fliegenden Tellern. Eine analytische Fähigkeit, Gelenkigkeit des Ausdrucks und eine Beharrlichkeit, auf Eindrücken zu bestehen, waren gefragt, und kein Wischiwaschi. Sagen, was man meint, sich verständlich machen und sich trauen, etwas zu meinen und dies in den Kontext anderer Vorstellungen von Literatur zu stellen, das war ein Training des aufrechten Ganges. Die Kritikerin in mir suchte sich ihre Gegenstände, war auf der Anbieterseite, riskierte Absagen. (Ja, es gab auch solche Kritiker, die einen Stapel Fahnen ins Haus geschickt bekamen mit einer handgeschriebenen Notiz auf der Visitenkarte: Bitte 120 Zeilen. Und die die gewünschte Länge und Breite ihres Denkens maßgefertigt und pünktlich lieferten.)

Ich dachte in dieser Zeit gern an den zeitweiligen Theaterkritiker Robert Musil, dessen Vermögen in der Inflation zusammengeschmolzen war und der vorwiegend in der *Prager Presse* Theaterrezensionen schrieb, aber auch im *Pan*, in der *Frankfurter Zeitung*, der *Neuen Rundschau* Verstreutes, Essays und Kritiken veröffentlichte. All das als eine Überprüfung von Positionen, Gegenpositionen und ästhetischen Prämissen. Er ist der Typus eines »Mannes, der auch mit sich selbst nicht einverstanden ist«. Die Abstraktion von der eigenen literarischen Arbeit und die Konkretion, sich in andere ästhetische Vorstellungen einzulassen, ist ein Gratgang. Es gilt, eigene Arbeitsprinzipien dem fremden Gegenstand nicht überzustülpen und gleichzeitig offen zu sein für das, was die eigene Arbeit auch in Frage stellen kann.

Ich hatte mir mit Bedacht ein einigermaßen sprödes Dissertationsthema gewählt, ich untersuchte, in welchem Verhältnis jeweils die Information über den zu kritisierenden Gegenstand und die Wertung des Gegenstandes in den Theaterkritiken von Herbert Ihering ständen. Ihering war der große Antipode von Alfred Kerr in der Weimarer Republik. Semiotisch inspiriert, zählte, maß, wog ich Wörter. An Ihering bewunderte ich die Unbedingtheit seiner Wahrnehmung, die Gelassenheit, mit der er sich in die zeitbedingten Händel und Grabenkriege begab und – scheinbar unbeschädigt – wieder herausfand. »Ohne Tageswachsamkeit kein Zeitüberblick, ohne Einzeldokumente keine Zusammenfassung, ohne Tatsachenformulierung keine Stellungnahme«, schrieb er programmatisch. Und vor allen Dingen leuchtete mir eine Schreibhaltung ein, die er »produktive Kritik« nannte. Das heißt: Er destillierte bei seinen Analysen von Theateraufführungen heraus, was aus dem Wahrgenommenen folgen könnte – für einzelne Schauspieler und Schauspielerinnen und für Regisseure. Er dachte öffentlich nach, welche Rollen einem Schauspieler in Zukunft guttäten und was Fritz Kortner nach dem *Othello* eine Weiterentwicklung seines Stils ermöglichen könnte. Er hatte einen dramaturgischen Verstand, der sich nicht an der Theaterhierarchie wund rieb, sondern autonom Schlüsse zog, Konsequenzen anmahnte. Man könnte aus diesen meinen Bemerkungen den falschen Schluß ziehen, Ihering habe eher Kritiken und Essays für die Künstler geschrieben anstatt für Zeitungsleser, aber dies ist nicht der Fall. Er ließ die Leser an seinen Vorstellungen *für* das Theater Anteil nehmen, insgeheim bildete er sie aus als erfahrenere, im Sehen besser geschulte Theatergänger.

Eine solche produktive und auch projektive Kritik ist im Bereich der Literatur und der bildenden Kunst sehr viel schwieriger, vielleicht sogar obsolet. Denn der Schriftsteller, der bildende Künstler greift ja nicht nach Potentialitäten, er muß solche erst schaffen, sich eine innere Arbeits-Bühne schaffen, Handlungsgerüste und Arbeitsanlässe und Modalitäten er-greifen, er muß von etwas ergriffen sein, damit seine Arbeit einer eigenen Dynamik folgt. Mit anderen Worten: Der beste Literaturkenner kann ihm nicht sagen, was er tun soll, nur zurückspiegeln, was er getan hat und *wie* er es getan hat. Das, was Ihering produktive Kritik genannt hat, muß der Künstler für sich selbst leisten, seine Wege und Umwege und Stolperschritte analysieren, Schlüsse ziehen aus seinem Denk- und Probe-Handlungslabor.

Ja, ich stellte es mir schön vor in dieser Zeit des Beginnens, zu Aufführungen zu fahren mit blanken Augen und hellwachen Sinnen, nachts auf einer Schreibmaschine zu klappern und meine Kritik am anderen Morgen durchzutelefonieren. So war das, bevor die elektronische Post verschiedenartigste, glanzvolle oder mediokre Mitteilungen demokratisierte zu einem mächtig sich aufplusternden Volk der Mails, das keine Fußmärsche zu Festspielhäusern und keine Nachtreisezüge mehr duldete. Alles ist immer Jetzt, in Echtzeit wird gedacht, in Echtzeit wird gesendet und das Gesendete weggeschmissen, wenn es nicht taugt. Ja, eine solche Schreibende wäre ich damals gerne geworden, reisend, reflektierend, dem Wind, dem Wetter auf Bahnhöfen ausgesetzt, abends im dunklen Kokon des Zuschauerraums, nächtlich auf einer Olivetti, morgens mit den Zähnen klappernd. An Pausengespräche, an Sitznachbarn, an Kollegengespräche, an das Husten, Räuspern, Programmheftrascheln, an das Zuspätkommen, an geschlossene Türen dachte ich nicht. Und es war auch schon ein Platz in einer Redaktion für mich ausersehen, ein Schreibtisch, den ich gerne eingenommen hätte. Es gab nur (und das führt zu meinen gegenwärtigen Recherchen und Romanrapporten) einen alten jüdischen Kritiker, der zurückgekehrt war nach Deutschland, den man von seinem Platz hätte vertreiben müssen (der leitende Redakteur hätte dies leichthändig tun wollen), damit ich ihn hätte einnehmen können. Ich kannte den Mann, respektierte ihn, er schaute traurig, ich beschämt, wir wußten beide von dem Vorhaben, seiner frühen Verrentung und meiner frühzeitigen Installierung an seinem Schreibtisch. Die Redaktion hatte nicht dichtgehalten, und es war peinvoll für ihn, der mir leid tat, und für mich, die ich mir plötzlich zuwider war in meiner jugendlichen Vorfreude. Es war eine Zeit, in der der weibliche Ellenbogen als der verpönteste Körperteil galt. Und so war es eine unendliche Erleichterung für ihn, für mich, vielleicht auch für die aufgewühlte Redaktion, daß der Verleger eine weise Entscheidung traf: Der alte Remigrant bleibt. Und die junge Frau, die ehrgeizig mit den Hufen scharrt, wartet, sie wird andere Chancen haben.

Und so war das feine Gleichgewicht auf der Goldwaage, an das ich gedacht hatte, einfach nicht mehr auszutarieren. Die junge Kritikerin, die in ihren freien Stunden ihre eigenen Texte vorantreiben wollte, wie die Dramaturgin dies konnte (Schreibtischschublade auf und Schreibtischschublade zu, wie der Kinderarzt William Carlos Williams in Rutherford, New Jersey, in sprechstundenleeren Zeiten die Platte seines Schreibtischs hochklappte, die Schreibmaschine darunter hervorzog und darauf klapperte, bis er zum nächsten fiebernden Kind gerufen wurde), gab es nicht auf Dauer, ohne die sie tragende, ohne die sie fordernde Institution. Und so wuchs auch die Projektion auf die eigene Ängstlichkeit (Existenzangst): Hast du dich in das beobachtende Feld begeben, weil du den Verdacht hattest, auch die eigene Arbeit erfordere den analytischen, kalten, normativ geschulten Verstand, um ihn hier ein- und dort wieder auszusetzen? Dachtest du etwa, das Schreiben, das Reflektieren gehe immer? So vermessen warst du? Auch wenn der innere Leuchtturm nicht immer blinkt? So mag es gewesen sein, und so mag der Hochmut in der einen Sache den Hochmut in der anderen befördert haben, und als beide einander in ihr gar nicht hochgemutes, sondern bekümmertes Gesicht sahen, erkannten die beiden sich nicht mehr. Sie waren entfernte Jugendfreunde geworden. Doch aus dieser Bekümmernis über das Unmögliche, die aufgetrennte Nahtstelle zwischen Literatur, Essay und Kritik ist etwas ganz anderes geworden. Wie man das Schwimmen nicht verlernt, wenn man, steif und winterbleich, ein halbes Jahr keine Badeanstalt aufgesucht hat.

Essays? Essays! Als eine chronische Spurwechslerin zieht mich der Essay zu Zeiten an, in denen etwas untergründig geschieht, das noch keine Form hat, auch nicht unbedingt eine spezifische Form sucht. Notate, Arbeitsskizzen werden fortgetrieben, manchmal half eine Ermutigung oder die Fährte, auf der schon eine Forschung Fuß gefaßt hatte. Der Essay bietet Raum für ein weit ausgreifendes Denken, in dem Platz ist für Nicht-zu-Ende-Gedachtes, er lädt ein zu einem riskanten Denken. Weil er keiner Fachdisziplin angehört und auch nicht angehören möchte, muß er sich seine Schreibdisziplin selbst immer von neuem schaffen. Die Arbeit am Essay wiederum ist ein Fonds, aus dem Gedichte und lange Prosakonvolute entstehen. Die Energie des Schreibvorgangs, die Zusammenballung ist eine ähnliche. Manche Essays haben einen harten Kern, andere sind Vorläufer, Boten einer langwierigen Vorbereitung auf einen anderen Text.

Herbert Ihering: Die vereinsamte Theaterkritik. Berlin 1928.

Herbert Ihering: Die zwanziger Jahre. Berlin 1948.

Robert Musil: Gesammelte Werke. Prosa und Stücke, kleine Prosa, Aphorismen, Autobiographisches, Essays und Reden, Kritik. Reinbek 1978.

Nachweise

Mit den Bausteinen ihres Verstandes: Christine de Pizan. Ungedruckt.

Herrscherlob und Kniezittern: Anna Louisa Karsch. Ungedruckt.

Dem Essay Schwester der Erde und des Lufthauchs: Karoline von Günderrode liegt ein Text für die Süddeutsche Zeitung vom 24./25. April 1993 zugrunde. Er wurde erweitert und ergänzt.

Eine Unzeitgemäße: Annette von Droste-Hülshoff. Ursprünglich erschienen in der Süddeutschen Zeitung am 11./12. Januar 1997. Der Text wurde erweitert und aktualisiert.

Geometrie eines Paarlaufes: Bettina und Achim von Arnim: Dem Text liegt ein Artikel für die Süddeutsche Zeitung vom 1./2. August 1981 zugrunde. Er wurde stark erweitert.

Linksseitig, kunstseidig: Dame, Girl und Frau wurde zuerst gedruckt im Ausstellungsbuch Industriegebiet der Intelligenz. Literatur im Neuen Berliner Westen der 20er und 30er Jahre. Hrsg. von Ernest Wichner und Herbert Wiesner. Texte aus dem Literaturhaus. Bd. 5. Berlin 1990. Die hier abgedruckte Fassung ist gekürzt.

Die Dirigentin des großen Bahnhofs: Vicki Baum entstand im Umfeld eines Filmes über Vicki Baum, den Herbert Wiesner und ich geschrieben und gedreht haben: Ich bin eine erstklassige Schriftstellerin zweiter Güte. Die Karriere der Vicki Baum. Hessischer Rundfunk 1985. Im nachhinein lassen sich die geistigen Besitztümer, Forschungen und persönlichen Formulierungen nicht mehr auseinanderdividieren. Mit Herbert Wiesners Einverständnis schreibt also hier an manchen Stellen eine zweite Autorenstimme.

Fieber und Feuer: Emmy-Ball-Hennings. Rede zur Vernissage der Ausstellung über Emmy-Ball-Hennings im Museum Strauhof Zürich am 25. März 1999. Der Text wurde bearbeitet und aktualisiert.

»Als ob ich schon tot wäre«: Hannah Höch: Nucleus dieses Essays ist ein Text für Action Poétique. Hannah Höch, Til Brugman, Kurt Schwitters & Cie. Nr. 183. September 2008.

Die Pionierin der Sexualwissenschaft bittet um die Hand: Charlotte Wolff. Der Essay entstand aus einer Sendung für den Deutschlandfunk am 14. März 2014 und wurde ergänzt. Für Hinweise danke ich Sibylle Drews.

Topographie auf Sand und Asche: Elisabeth Langgässer. Auszug aus der Rede zur Verleihung des Elisabeth-Langgässer-Preises der Stadt Alzey am 22. Februar 1997.

»In hartes Grau verwandelt ist das Grün«: Ruth Landshoff-Yorck. Der Text erschien mit kleinen Varianten in: Not an Essence but a Positioning. German-Jewish Writers (1900–1938). Hrsg. v. Andrea Hammel, Godela Weiss-Sussex. München 2009. Die Zitate aus den unveröffentlichten Briefen an Alfred Andersch und Manfred George sind mit freundlicher Erlaubnis des Literaturarchivs Marbach wiedergegeben.

Das Weltläufige als Widerstandsform: Irene Brin. Der Text folgt weitgehend dem Nachwort in: Irene Brin: Morbidezza. Eine kleine Geschichte des Snobismus zwischen den großen Kriegen. Berlin 1981.

Die Zerstörung der kalten Ordnung: Irmgard Keun. Der Text ist entstanden aus dem Essay: Irmgard Keun: die Zerstörung der kalten Ordnung. Auch ein Versuch über das Vergessen weiblicher Kulturleistungen. In: Literaturmagazin 10. Vorbilder. Reinbek 1979. Er wurde in seiner Thesenhaftigkeit stark beschnitten, um die thematische Struktur fortzutreiben.

Ortlosigkeit, Stucktröstung: Ingeborg Bachmann. Veröffentlicht in Text und Kritik. Zeitschrift für Literatur. Ingeborg Bachmann. Heft 6. November 1995.

Als der Kalte Krieg sich beinahe erhitzte: Elisabeth Borchers. Der Text wurde im Frühjahr 2007 im Rahmen des Max Kade Research Fellowship Programms an der Washington University St. Louis geschrieben und zugunsten des Romans Shanghai fern von wo zurückgestellt und vergessen. So blieb er unveröffentlicht. Für den Hinweis auf die Anthologie movens danke ich Klaus Ramm.

So viel Ironie war nie: Christa Reinig wurde geschrieben und mündlich vorgetragen bei der Gedenk-Veranstaltung nach Christa Reinigs Tod in der Stiftung Lyrik Kabinett am 7. November 2008. Für diesen Band wurde er erweitert.

Vom Gießen und Fließen: Friederike Mayröcker. Erstveröffentlichung in manuskripte. Zeitschrift für Literatur. 38. Jg. 141. Heft. September 1998.

Gespannter Bogen, gespannte Aufmerksamkeit: Elke Erb. Der Text erschien in: Deins. 31 Reaktionen auf Elke Erb. Holderbank SO und Berlin 2011.

Nahtstelle: aufgetrennt. Der Text entstand aus einer Gabe aus Anlaß des 70. Geburtstages von Wilfried F. Schoeller. Ungedruckt.

Bildnachweis

Der Verlag hat sich bemüht, für alle Abbildungen die Rechte einzuholen. Wo dies nicht gelungen ist, bitten wir eventuelle Rechteinhaber, mit dem Verlag Kontakt aufzunehmen.

Seite 10: Bibliothèque Nationale Paris

Seite 20: anonym

Seite 48: Zeichnung von Ludwig Emil Grimm

Seite 68: Zeichnung von Adele Schopenhauer

Seite 120: © Anna Riwkin, Kungliga biblioteket, Stockholm

Seite 144: © Schweizer Literaturarchiv, Zürich

Seite 171: Hannah Höch, Das Gespräch, 1940 © Bildrecht, Wien 2015

Seite 180: © Man Ray Trust, Paris/Bildrecht, Wien 2015

Seite 294: © Stefan Moses

Seite 304: © Baldi Schwarze

Seite 316, 336, 346, 362: © Renate von Mangoldt

© IMAGNO / Otto Breicha

So fing es an.
So fing sie an.

ELFRIEDE JELINEK
wir sind lockvögel baby!
roman

Herausgegeben und mit einem Nachwort
von Juliane Vogel
300 Seiten, Leinen, € 24,-
ISBN 978-3-99027-012-7